U0918873

清朝官场三百年

之抢班夺权

砍柴人 著

湖南文艺出版社
HUNAN LITERATURE AND ART PUBLISHING HOUSE

图书在版编目（CIP）数据

清朝官场三百年．第1部，抢班夺权／砍柴人著．——长沙：湖南文艺出版社，2011.3

ISBN 978-7-5404-4784-7

Ⅰ．①清… Ⅱ．①砍… Ⅲ．①中国－古代史－清代－通俗读物 Ⅳ．① K249.09

中国版本图书馆 CIP 数据核字 (2010) 第 265008 号

上架建议：大众社科 · 历史

清朝官场三百年之抢班夺权

作　　者：砍柴人
出 版 人：刘清华
责任编辑：朱　莹
特约编辑：邱承辉
版式设计：利　锐
封面设计：蒋宏工作室
出版发行：湖南文艺出版社
（长沙市雨花区东二环一段 508 号　邮编：410014）
网　　址：www.hnwy.net
印　　刷：三河市鑫金马印装有限公司
经　　销：新华书店
开　　本：720 × 1040　1/16
字　　数：300 千字
印　　张：23.5
版　　次：2011 年 3 月第 1 版
印　　次：2011 年 3 月第 1 次印刷
书　　号：ISBN 978-7-5404-4784-7
定　　价：32.80 元

成功有秘诀吗

人生在世，短短几十年，如同白驹过隙，谁不想在这短暂的一生中，有美好的生活，实现自我的价值，身后还能青史留名？人人虽然有此愿望，但尘世间众生芸芸，命运却错落有别。同样是学富五车，才华出众，却有人借此高居庙堂，有人落魄民间；同样是辛勤工作，有人平步青云，有人却多年“隐匿”基层；同样是追随领导，有人能好风凭借力，扶摇直上，有人却落得和领导同患难，玉石俱焚。

相同的出发点，一样的目标，不是殊途同归，却是天壤之别！为什么人们的命运如此多样，到底是什么在隐隐间将众生玩弄于股掌？

在古代命相学里，一个人一生的兴衰存亡，是由几个重要的因素决定的，这就是所谓的“一命二运三风水四积阴功五读书”。细细品来，其实有些问题：命、运这两个因素无法衡量，先人墓地在哪儿已是既成现实，虽然古今中外道德宗教都对行善积德推崇之至，但需要多少阴功才能改变命运？无法衡量。

数来数去，也许最靠谱的方法只有一个，就是靠读书来改变命运。选一本好书，就是选择作者对世界的真知灼见；读一本好书，就是借助作者的点化，实现你的梦想未来。

著名作家砍柴人先生的《清朝官场三百年——抢班夺权》

正是这样的一本好书。作者从全新的角度透析了真实历史事件中的人物，客观分析了他们的性格、抉择、动机和结果，揭示出他们自身无法避免的命运。本书在尊重历史的前提下，精准地解读了历史，深刻地解剖了人性。

说到人性，从努尔哈赤塞北崛起到如今，时光已过数百年，除了脚下的大地和头顶的日月，世间唯一没有变化的就是人性。虽然金戈铁马，刀头舐血的战争岁月已成为故事，但书中描述努尔哈赤、皇太极治下的每一个人之间的明争暗斗、利用与被利用、做事与做人的纠结，却大同小异地在每个职场人身上重新演绎。人性并不是黑白分明的。无私奉献与自我索取、伟大事业与个人恩怨、公司目标与自身发展、优秀的同事与竞争的对手、自己的老板和好友的死党……很多情况下你我都有无数看似矛盾的身份与立场，而无数貌似离奇的抉择都源于复杂的身份，源于一个个势力交错的圈子。当你我强势的时候，很多人因为你的圈子的抉择和立场而荣辱变幻，当你我身为圈子中人的时候，又因为圈子而得意、失意。职场中人，每天面对的是各个圈子之间的竞争，虽然没有一朝失败、身陷囹圄的危险，却同样面临着选错圈子、选错领导被当权者判为异己、不得翻身的可能；虽然没有被作为炮灰送上战场的悲剧命运，却无法不警惕自己被当成无辜筹码投入人际斗争的圈套。

身在职场，很多事情不是你我淡然处之就能避开的。正所谓“人在江湖身不由己”，身在办公室的圈子之中，你就已经无法置身事外。许多精英刚入职场时风光无限，却因为圈子生存之道，入职十几年不见晋升，只能抱怨造化弄人；更多心怀希望但资质中等的普通人，在圈子中苟活，总是感觉自己如同棋子一般，事业成败不在自身能力却在他人勾心斗角的一念之间；更有人空有一腔抱负，深知自我能力有限，想借组织之力实现梦想，却始终不得进入圈子的法门……太多的悲剧、遗憾都是缘于对于人、对于人性、对于人组成的圈子了解不足而造成的。

今人不见古时月，今月曾经照古人，作者对于真实历史的解读犹如一把冷静透彻的手术刀，一层层剥开所谓国仇家恨、忠奸好坏各种说辞的重重包裹，揭示圈主、拥趸、帮凶的种种作为，分析了圈子、圈套、各人抉择与最终命运的必然归宿。

本书流畅的行文让人读得畅快淋漓；读过之后，又如同醍醐灌顶，让人茅塞顿开。回顾这几年的书坛，能和它相提并论的历史大作，真的是凤毛麟角。

目　录

第一章　你的无欲，换不来别人的无求

1. 圈子里，只有需要，没有是非/001
2. 没有理由，制造理由也能压制你/005
3. 出错一张牌的后果/009
4. 欲夺其权，让其赋闲/013
5. 要么改变，要么完蛋/017

第二章　多数人的需要，抵不上一个人的需要

1. 二把手的工作原则/021
2. 正事儿不一定是正确的事儿/025
3. 要想扳倒对手，首先制造混乱/029
4. 冤死，也是一种死法/033
5. 在权力核心，正确与错误是相对的/036

第三章　黑手&真相

1. 你在圈子里的位置，取决于你在领导心目中的位置/041
2. 利用，是一颗百发百中的子弹/046
3. 诡异的调查，诡诞的结果/050
4. 如果有眼无珠，就会与虎谋皮/052
5. 小事较真，前途丢分/056

第四章　从红人到废人的距离有多远

1. 老婆孩子不争气，圈子里面没地位/059

2. 一言可失位，一事可丧命/062

3. 女人的陷阱/066

4. 暗含玄机的一次对话/069

5. 不该说的话，绝对不能说/073

第五章　从盐碱地里长出来的成功

1. 该做事时，做正确的事/078

2. 离职前，一把手的真正需要/082

3. 一把手位子上的问题和麻烦/085

4. 成为别人的绊脚石，是要付出代价的/089

5. 态度比能力还重要/092

第六章　一把手上任的三把火

1. 稀释实力派的权力/097

2. 分别处理，区别对待/101

3. 一句牢骚，十年埋单/105

4. 一把手最需要什么样的人/110

5. 有些利益是不能互换的/113

第七章　没有归属感的孤独

1. 注定吃亏的伏笔/117

2. 目的不同的一次行动/120

3. 平时不把同事当兄弟的下场/124

4. 因为迷茫，所以疯狂/126

5. 每个人心中都有一把算盘/130

第八章　不做适者，就做逝者

1. 总有一些不甘寂寞的人/135
2. 跨越雷池的代价/139
3. 跳蚤的活法/142
4. 谈判桌上的文字游戏/145
5. 不能向领导随便承诺/149

第九章　借的智慧

1. 只有杀错，没有错杀/153
2. 对手也是帮手/157
3. 胡萝卜加大棒的使用要领/160
4. 伯乐的收获/164
5. 正确意见的错误提法/167
6. 用多数对付少数/172

第十章　腐朽茶几上的杯具

1. 猪与狼的肉搏/176
2. 两个圈子的两种态度/180
3. 谁专注，谁获胜/183
4. 混蛋，总有混蛋的逻辑/187
5. 引诱鹬蚌尽情地争斗/190

第十一章　员工的正确≠领导的正确

1. 如刀的谎言/194
2. 不可不除的异类/197
3. 领导，在乎的是需要，不是是非/201
4. 提前6个月的愚人节/205
5. 障碍，也有遮风避雨的功能/211

第十二章　上面瞎猜测，下面乱拆台

1．有些人，为什么一定要走/216
2．没有不想工作的员工，只有让员工无法工作的领导/220
3．领导如何用心，员工就如何用力/225
4．圈里人都不想做的事，别做/228
5．管理，不是只管不理/233

第十三章　为什么受伤的就是你

1．整人的机会/237
2．被领导感激和憎恨的员工之对比/241
3．领导让你犯个错误是很简单的/245
4．掉进准确判断出来的陷阱里/249
5．在领导的需要上，没有道理可讲/253

第十四章　研磨出来的炮灰

1．冠冕堂皇的阴谋/257
2．是功是过，取决于领导评论的角度/261
3．罪名，是可以东拼西凑的/265
4．什么样的人，会成为领导整治的对象/268

第十五章　游戏，为什么一定要有规则？

1．扔出石头，就能知道水多深/272
2．忠不忠，看行动/276
3．制度下的蛋/280
4．有心计的人晋升最快/284
5．谁会沦为两个圈子争斗的阵地/288

第十六章　把前途寄生在他人身上的下场

1. 为什么他总被派到吃亏的地方/292
2. 扣帽子的时机和技巧/296
3. 小猫进化成老虎之后/302

第十七章　理＜利

1. 软刀子的刀锋/305
2. 被圈子抛弃的背后/309
3. 领导眼里的好员工有两类/313
4. 谁是棋子的命/317

第十八章　规矩为什么要由人制定

1. 一幕精彩的双簧表演/322
2. 改制，改的是什么/326
3. 流氓年年有，现在特别多/330
4. 泄密的代价/334
5. 敲警钟的讲究/339

第十九章　无规则也是一种规则

1. 不能用正常人的思维揣测领导的想法/345
2. 写在卫生纸上的政令/350
3. 谁永远是各种游戏的受益者/352
4. 不想壮烈去死，就得窝囊活着/356
5. 该干时会下是一种能力/359

第一章
你的无欲，换不来别人的无求

1. 圈子里，只有需要，没有是非

距今356年前，在中国版图上，出现了N多圈子。不同的是，以前的大圈子在变小，小圈子在变大。相同的是，每个圈子里，无论大小，都很热闹。

从那时起，再往前推275年，有一个叫朱元璋的社会底层贫民，成为当时最大圈子的圈主，并把他用枪杆子画出来的圈子，以“明朝”命名，毫不客气地坐在圈子里唯一的龙墩上。

当圈主好啊，成为圈子里最有权、最有钱，可以啥都不缺就是缺德的人。在圈子里，随便找一个借口，或者制造一个借口，就可以搞掉一个人或一批人。让谁幸福，谁就幸福；让谁倒霉，谁就倒霉。

正因为当圈主的好处太多，圈主的位子总是被人惦记。所以，在圈主眼里，每个人都是不得不防的人。圈子里，没能人不行，能人多了也不行。经营圈子，就成为一门艺术、一门学问。

这个圈子，还有一个特点，无论圈子的稳定、和谐多么重要，圈主的儿子多么无能或者无德，圈主还是要把圈主的位子传给儿子，一代接一代地传下去，直到传不下去为止。

明朝这个大圈子，经过 16 个圈主的经营，已经烂到了不能再烂的地步。圈子成为水深火热的大坑。对圈子里面的老百姓来说，简单的三饱一倒，都已经成为非常困难的一件事。很多人，三饱没了，只剩下一倒。

既然在别人的圈子里，活着比死还难，便有人不得不举起枪杆子，要画出属于自己的圈子。画圈子的人，就有高迎祥、李自成、张献忠等人。这些人，带着自己的弟兄，在大明王朝的大圈子里，强硬而血腥地画出了属于他们的圈子。

同时，在大明圈子的东北角，有一个叫努尔哈赤的汉子，在他 24 岁那年，靠父亲塔克世留下的 13 副盔甲起家，率家族、亲戚等百十号人，也开始创建自己的圈子。他凭借过人的韬略、强悍的武力，经过 33 年的经营，画出了以建州为中心的圈子，自立为圈主。

努尔哈赤乃一代枭雄，决不甘心自己的圈子仅限于白山黑水一隅。他有人有马，有枪有钱，能抢能占，圈子自然越大越好。于是乎，他挥师向南，要把羸弱的大明圈子更名易主，据为已有。

在明朝的圈子里，冒出来一个叫袁崇焕的人，让不可一世的努尔哈赤吃尽苦头。宁远城一战，成为他 30 多年征战史上的最大败笔。

努尔哈赤上火，闹心，郁闷至极。

本来，胜败乃兵家常事，过年谁都有吃饺子的时候。可是，上了年纪的努尔哈赤，对此次失败耿耿于怀，昼夜痛思，吃不好，睡不好，折磨自己，也折磨别人。到最后，他不得不为此埋单——周身毒疽突发，走向死亡的边缘。

不可一世、杀人无数的建州圈主，对小小的毒疽，一点办法都没有，最后只能扔下他的圈子，圈子里的名誉、地位、权力、财富、臣子、16个孩子、16个老婆，独自西去。

当圈主的好处实在太多，得圈主者得一切。这是弱智者都明白的事儿，更何况努尔哈赤那些人精般的儿子。再说，他们惦记圈主的位子，也不是一天两天了。老圈主去世，新圈主未定，人人都有当圈主的机会。

老圈主努尔哈赤在世时，为了谁最适合接他的班，也是煞费苦心。他第一次确定的圈主继承人，是他的长子褚英。

在努尔哈赤逐步把褚英培养成建州未来的圈主过程中，自然要伤及一个人。这个人，就是努尔哈赤的弟弟舒尔哈齐。

努尔哈赤认为自己是建州圈子的一把手，做任何事，只须考虑自己的想法，没必要考虑别人的需要，包括弟弟舒尔哈齐的想法和需要。

最初，努尔哈赤以为爷爷、父亲报仇的理由白手起家，向各个部落宣战，并没有得到家族鼎力支持。家族里的人，非但不支持，反而拆他的台，拖他的后腿。那时的努尔哈赤，四面是敌，孤立无援。

在努尔哈赤最需要帮助的时候，弟弟舒尔哈齐一直站在他的身边，危急关头顶得住，关键时刻拿得下。为哥哥做任何事，不惜代价，不讲条件。

努尔哈赤以父、祖的13副遗甲起兵，在消灭尼堪外兰、哲陈部、完颜部、苏克素护河部、浑河部，统一建州的诸多战役中，舒尔哈齐每战必是奋不顾身、冲锋在前，做诸将的表率。

在兄弟俩一起创业的过程中，亲如一体，相互支持，配合默契。建州统一后，彼此有了自己的家业，努尔哈赤“自中称王”，舒尔哈齐称“船将”，意思是建州掌舵。

为了进一步发展、扩大建州圈子，努尔哈赤必须找一个有实力的靠山，于是他投到明政府旗下。兄弟俩一起到北京进贡，寻求明政府的支持。

明政府当时无力顾及辽东，便制定“以夷制夷”的政策，目的就是让女真各部自相残杀。于是，明政府封努尔哈赤为龙虎将军，封舒尔哈齐为都指挥使。回去之后，在建州圈子里，两个人并称“都督”，各有土地，各有军民，各自开府治事。

买卖做大了，财产多了，圈里人的想法自然也就多了。即使是亲兄弟，也会产生矛盾。不患寡而患不均，这是人性的弱点，也是诸多圈子里难以解决的问题。

努尔哈赤一直认为，建州这个圈子，是他带领大家伙用枪杆子画出来的，他自然就是建州老大；虽然舒尔哈齐在创建建州圈子的过程中，付出的比努尔哈赤只多不少，但是，他对哥哥还是异常佩服的。不过，他认为，在这个圈子里，除了努尔哈赤，别人不能与他相提并论。

努尔哈赤虽然是名副其实的建州老大，但他对这个战功卓著的弟弟，依然摆出平起平坐的样子，有事一起商量，政策一起制定，就连着装，也都要求一样，不分彼此。他清楚地知道，现在的建州，实力并非强大到不可战胜。这时，若兄弟俩为了争个高下，发生内战，最大受益者不是兄弟俩其中的胜者，而是建州的敌人。

努尔哈赤派舒尔哈齐到北京进贡时，也要求明政府，对接待弟弟的规格和他一样，不要搞出差别。朝鲜国派使者拜访努尔哈赤，努尔哈赤也是要求朝鲜使者拜访舒尔哈齐。

努尔哈赤希望他的这个弟弟，老老实实地做好他的助手，规规矩矩地做好分内的工作就可以了，千万别有想法。谁要有想法，他肯定有办法。圈子里的任何人都一样，包括他的弟弟。

舒尔哈齐对建州老大的位子，一点想法都没有。他明白哥哥为什么这样做。他对自己的言行都持非常小心、谨慎的态度，不管做什么，他对哥哥都履行事前先请示、事后必汇报的程序，从来不乱规矩。舒尔哈齐甘愿做努尔哈赤的助手。他认为，只要他塌实地做好哥哥的助手，哥哥就不会亏待他。

然而，舒尔哈齐和哥哥相处这么多年，并没有看清哥哥真实的面目。通过一件事，他才意识到，在这个圈子里，他很傻很天真。

2. 没有理由，制造理由也能压制你

1599 年 9 月，哈达部贝勒孟格布禄与叶赫贝勒纳林布禄发生矛盾，刀兵相见。孟格布禄知道自己不是纳林布禄的对手，便把 3 个儿子抵押给努尔哈赤，要求出兵相助。

努尔哈赤很爽快，命费英东、噶盖统兵两千，帮助哈达部御敌。

纳林布禄听说努尔哈赤出兵帮助哈达部，自觉不是对手，便通过明朝开原通事做中间人，和孟格布禄商量，两部可以罢兵和好，并将纳林布禄的女儿许配给孟格布禄。条件是：只要孟格布禄抓住费英东、噶盖，消灭两个人所带的两千兵丁，赎回 3 个儿子。

孟格布禄见有这样的好事，便好了伤疤忘了疼，与叶赫部相约在开原举行谈判。他派两个妻子为谈判代表，全权代理自己进行双边会谈。

努尔哈赤得知这个消息，火冒三丈。孟格布禄太不仗义，已经到了不好好处置一下都不行的地步。努尔哈赤决定发兵征讨哈达部，叫他们知道忘恩负义的代价有多大。

舒尔哈齐积极请求出战，代表建州人前去，消灭给建州添乱的孟格布禄。

舒尔哈齐并没有意识到，一直和自己平起平坐的哥哥，随着他在圈子里的势力不断扩大，人口、财富不断增多，岁月无情地流逝，控制欲望也不断膨胀。

努尔哈赤对这个弟弟，越来越感到恐惧、担心。从1583年起，那时的舒尔哈齐还不到20岁，就跟随他东征西讨。舒尔哈齐不但英勇善战，而且人缘特好。在建州诸将领中，舒尔哈齐的威望不在努尔哈赤之下。

努尔哈赤担心，有一天，他的这个弟弟会取代他，成为建州的老大。舒尔哈齐有这个能力，也有这个实力。

努尔哈赤也想在他百年之后，把他用命拼来的圈主宝座，传给他的儿子，而不是弟弟。弟弟和儿子，是不同的概念，尤其是涉及权力和财富。

当然，努尔哈赤没有证据证明舒尔哈齐对他有取而代之的想法，但是，天生的政治敏感性，拥有的巨大财富和权力，让他不得不小心身边的任何一个人。

这次舒尔哈齐对征战哈达部显现出超乎寻常的热情，让努尔哈赤感到意外。他认为，现在除了自己，任何人都不可信、不能信，包括他的亲弟弟。于是，努尔哈赤只给舒尔哈齐一千人马，做大部队的先锋，他率大军随后就到。

舒尔哈齐见哥哥只给他一千人马，这仗怎么打？分明是对他不信任嘛！还要求他率先发起进攻，这不是让他白白送死嘛！他对哥哥这次的决定很失望，也就对这次出战失去兴趣。可是，哥哥在建州是绝对的老大，他有想法没办法，只能走一步看一步。

抵达哈达城后，孟格布禄根本不惧建州兵，带着兵马要与舒尔哈齐死拼。舒尔哈齐认为，此战胜，胜利的桃子还得被哥哥摘去；不胜，自己最多也就落个烈士称号。生得渺小，死得窝囊。

舒尔哈齐命令手下人暂不应战，理由是避其锋芒，等待更理想的战机。

努尔哈赤见舒尔哈齐避而不战，异常愤怒，命令舒尔哈齐带兵撤下，他率队向前冲锋。两支队伍，相向而动，一冲一撤，相互挤在一起，混乱不堪。

哈达兵在城上居高临下，见建州兵乱了阵脚，万弩齐发，导致努尔哈赤的士兵死伤无数。

建州军毕竟是一支训练有素、作战纪律严明的队伍，经过短时间的混乱之后，他们便调整好阵形，向哈达城发起新一轮的攻击。

哈达兵从心里就对建州兵发憷，认为自己根本不是其对手。他们见建州兵遭重创后，不但没有撤退，反而发起更猛烈的攻击，恐惧心理更加严重，只好硬着头皮应战。

满洲大将扬古利，一马当先，率队攻破哈达城，活捉了孟格布禄。

努尔哈赤对不讲信誉的孟格布禄，却非常宽容，不但亲自为其松绑，还赐给他貂皮帽子、貂皮大衣，高规格奉养起来。

努尔哈赤下令：哈达城里的所有人口，带着财物，赶着牛羊，迁往建州。到建州之后，编入满洲户籍，全部由努尔哈赤的长子褚英统领。

建州人每次出征获胜，所有的战利品、人口、牲畜，努尔哈赤和舒尔哈齐都是一人一半。但是这次，舒尔哈齐挨累不讨好，什么都没有得到。努尔哈赤这样做的理由是：舒尔哈齐临阵退却。

圈子里，你可以想不到，但不要指望别人做不到。

舒尔哈齐扪心自问，自从自己跟随哥哥起兵到现在，大小战阵经历无数，哪一阵自己害怕过？这一仗自己稍微犹豫一下，就要付出这么大的代价？公平吗？

褚英得到哈达部的人口、财物之后，就成为继努尔哈赤、舒尔哈齐之后，建州圈子里的第三号人物。努尔哈赤父子，掌握了满洲三分之二的权力、人口和财物。

褚英是努尔哈赤的长子，生于1580年。他18岁那年，也就是1598年，接到努尔哈赤的命令，与小叔巴雅喇率兵一千，征讨安楚拉库。

这一战，是褚英有生以来的第一战，也是他走向政治舞台的处女战。

虎父无犬子。这次战争，褚英以攻取20处屯寨、掠夺人畜万余的显赫战绩，一战成名。努尔哈赤见儿子如此有出息，喜出望外，封褚英为贝勒，赐号“洪巴图鲁”，意为“勇士”。

努尔哈赤这样做，也是有意为培养他的接班人作准备。统一女真各部，近在咫尺；即位称王，指日可待。巩固他的权力，压制可能影响他称王的人，已经成为努尔哈赤政治上的第一要务。

舒尔哈齐的权力和财物，由原来的二分之一，变成现在的三分之一，哥哥的实力，一下子多出他一倍，这让舒尔哈齐无法接受。他觉得哥哥下手太黑、太狠、太毒。他的要求并不高，只想得到他应该得到的尊重、权利和位置。

只有寸功的褚英，就因为老爸是圈子里的一把手，一步就与战功赫赫的舒尔哈齐平起平坐，这让舒尔哈齐心里很不平衡。如果努尔哈赤去世，褚英接班，舒尔哈齐不就成了一辈子看人脸色的千年老二了吗?

舒尔哈齐不是奴才，是人才。是人才就当不了奴才。

到今天，舒尔哈齐才看清哥哥的真实嘴脸。他一直尊重的哥哥，原来是一个贪权、嗜财、野心勃勃、为实现目标不择手段的人。这个人，为了权、财，做人可以没原则，做事可以没底线。亲情，在他的实现目标的过程中，只是可用可弃的垫脚石、随手可扔的爬墙梯子。

想想自己为建州女真统一大业付出的一切，想想哥哥这样怀疑、压制自己，舒尔哈齐的心情，由失望变成绝望。一股被别人利用多年、欺骗多年的感觉，深深地包裹着他。

舒尔哈齐觉得自己并不比哥哥差什么，他完全有实力独霸一方，在他的地盘上过他想过的日子，而不应该沦为别人实现目标的廉价工具，更不想成为卸磨之后可杀可宰的驴。

既然是栋梁之才，干吗让别人当劈柴烧?

3. 出错一张牌的后果

在建州圈子里，舒尔哈齐看不到自己的前途，于是，他对圈子里的事，渐渐失去了激情。

在一个圈子里，看不到自己前途的人，无论思想和行动，都是消极的。

面对努尔哈赤不讲道理的强势，舒尔哈齐只能忍耐。他渴望哥哥能念及亲情，看在自己为建州所作贡献的分上，给他一个公正、公平的待遇。

可是，在嗜权如命的努尔哈赤的人生字典里，哪里会有“公正、公平”的词汇呢？在建州圈子里，在努尔哈赤面前，每个人都只有一个选择——要不做他的奴才，要不做他的敌人。没有第二个选择，无论是谁。

舒尔哈齐不想成为哥哥的奴才，更不想成为哥哥的敌人，他只想得到应该得到的那份利益。可是努尔哈赤不喜欢手下人跟他讨价还价。

舒尔哈齐唯一能做的，就是郁闷。他不知道自己是在为谁工作，为谁卖命，更不知道卖命工作的结果是什么。因此，他只能被动地听从安排。

女真，分为建州女真、海西女真和东海女真。其中，建州女真、海西女真实力最强，东海女真就成了其他两个女真部落的争取对象。

东海女真觉得与其被其他两个女真部落吞并，还不如现在主动投靠。他们掂量来掂量去，还是觉得努尔哈赤的建州女真适合他们。于是，他们选择投靠努尔哈赤。

努尔哈赤自然不会放过这个壮大自己实力的机会。于是，他派出舒尔哈齐、长子褚英、次子代善、义子扈尔汉、大将费英东、扬古利、常书等人，率部众3000人前去迎接。如此高规格，一是表示诚意，二是表示尊重。

天阴如夜，就在众人行军过程中，突然一道白光，掠过军旗。

舒尔哈齐大惊道："我自幼领兵打仗，从未见过如此怪异的现象，想必一定是凶兆！"当时，女真人出征，是非常迷信的。一遇到难以解释的自然天气现象，必然把它与自己的行动联系起来。舒尔哈齐提出另择黄道吉日，再去迎接。

在建州圈子里看不到前途的舒尔哈齐，已经不再像以前那样努力工作，更不想让自己作无谓的牺牲。

褚英和代善，是建州圈子里的新贵，非常想做出成绩证明自己的存在价值，自然不会放过任何一次可以立功的机会。

在建州圈子里，唯战功论，一个人，只有立下赫赫战功，才会有地位、话语权。否则，即使出身再高贵，血统再纯正，也不会获得圈里人真正的尊重和佩服。

资格最老的舒尔哈齐提出另择黄道吉日出征，这也是那些久经战阵的老将的真实想法，常书和纳布齐支持舒尔哈齐的建议。

但是，作为满洲冉冉升起的政治新星，有可能成为圈子未来接班人的褚英，根本不信这一套。他觉得，因为一道白光，就退而不去，会让老爸瞧不起自己，怀疑自己难当大任。

代善也一直在寻找机会证明自己。他自然和哥哥的想法一样，不想轻易放弃这次立功的机会。

褚英说："是福不是祸，是祸躲不过。我们可能遇到最大的麻烦，就是海西女真的截杀，那又怎么样？并且我们已经走到这里了，退回去就能避免吗？假如我们因为路遇一道白光就退回去，东海女真怎样看我们？以后父汗还怎么给我们派任务？"

"大哥说得没错，我坚持不退！"代善支持褚英。

在圈子里，很多人都明白，褚英是努尔哈赤刻意培养的接班人。在这个关键时刻，自己不支持褚英，等褚英接班掌权之后，肯定会和自己算这笔账的。舒尔哈齐虽然名为建州二把手，但在褚英崛起之后，他这个二把手已经名不符实。

于是，大部分人都选择支持褚英和代善，继续前进。

在圈子里，人们都愿意为了前途烧热灶，谁愿意赌上自己的前途暖冷锅？

迎接东海女真归顺建州女真的所有事宜，进行得非常顺利。但是，在回来的路上，他们却遇到了海西女真乌拉部的拦截。

海西女真乌拉部布占泰贝勒，得知东海女真主动归顺建州女真之后，非常生气。因为，现在海西女真和建州女真的实力相当，一旦东海女真与建州女真合二为一，努尔哈赤的实力便会迅速扩大，海西女真将无力与之抗衡。

因此，为了防止努尔哈赤一家独大，布占泰决定不惜代价，把东海和建州女真的合作，扼杀在摇篮之中。

于是，布占泰派叔父博克多带领10000多人，在舒尔哈齐、褚英等人回建州的必经之路乌碣崖埋伏，一举歼之。

舒尔哈齐等人安置好东海女真部落之后，便从蜚悠城起身，带着东海女真部落的人奔赴建州。部队抵达乌碣崖时，扈尔汉侦知有10000多乌拉部的人准备截杀他们，立即把这一消息报告给舒尔哈齐和褚英。

当时，天降鹅毛大雪，异常寒冷，不利作战。更何况，对手有备而来，人数是建州军的3倍还多，并已经占据有利地形，以逸待劳。这一仗，在谁看来，胜算的概率都不大。

舒尔哈齐对褚英和代善说："大汗曾经针对海西女真4部有过这样的指示，他说海西女真与我们实力相当，要想一举将其征服，是自取灭亡的行为。因此，我们才和乌拉部订5次婚约，7次结盟。大汗把对海西女真4部的征讨，比作伐树，需要一斧子一斧子地砍，不能轻易用兵。现在，我们应该与之谈判，晓以利害，最好避免发生冲突，让我们带着东海女真部落安全回到建州。这，才是上策。"

常书、纳布齐和舒尔哈齐关系不错，跟随努尔哈赤打过不少胜仗。但是，像今天这样毫无准备、敌我实力相差悬殊的情况并没有经历过。他说："此战我们胜算不大，与他们硬拼，吃亏的一定是我们。我的建议是先谈判，能和则和，即使暂时吃点亏也没什么。"

褚英说："叔父，你这个想法太天真了。博克多带一万多人马，来这里干什么？不就是拦截我们吗？我们求他让路，无异与虎谋皮！"

现在褚英以老大自居，根本不把舒尔哈齐的建议放在眼里。他现在想的，就是打仗、立功，为自己积累政治资本。

舒尔哈齐见褚英根本不考虑自己的建议，也不想再坚持。他说："打仗需要拼命，但是，打仗绝对不是拼命。现在敌我力量悬殊，天气恶劣，我们必须合理部署，先鼓舞士气，择机出击，攻其不备。"

褚英见舒尔哈齐如此麻烦，便说："叔父、常书、纳布齐断后，我和代善打头阵，就这样定了。"

褚英面对3倍于己的敌军毫不恐惧，他催马来到阵前，对众将领大声说："父汗自起兵以来，向来都是以少胜多，依仗的就是我们的勇气。建州兵无坚不摧，无往不胜，没有人能战胜我们！布占泰就是一个背信弃义的无耻小人。古勒山之战，他就是我们建州人的手下败将，乌拉兵对我们建州军更是闻风丧胆。今天，他们无故在此拦截我们，妄想置我们于死地。我承认，他们在人数上多于我们，现在一切条件都不利于我们。但是，狭路相逢勇者胜，我们要想回到建州见到自己的一家老小，唯一的选择就是杀死他们！"

经过褚英的一番鼓动，建州将士士气大振，高喊着要与乌拉兵决一死战。

队伍做好战斗准备之后，褚英、代善各带着500人，分左右两队，像离弦之箭一样冲向敌队帅旗之下，直奔博克多而去。

乌拉将士认为两军兵力悬殊，对手会不战自退。尽管他们人数众多，占据有利地形，但心里根本没把对手当回事儿。这时，他们见褚英、代善已将脑袋掖在裤腰带上，饿狼似的冲上来，顿时吓傻了，乱了阵脚。

褚英、代善手舞战刀，冲入敌营，砍敌如削瓜切菜。乌拉将士，从未没见过如此凶猛的战神，哪敢迎战，个个抱头鼠窜，仓皇逃命。

乌拉大军虽人数占优，但被褚英、代善冲击几个来回，阵亡、逃跑人数已经过半。这时，代善见敌军主帅博克多掉转马头要跑，立即催马紧追。片刻，代善便将博克多追上，伸手抓住博克多的捆甲绳，把他从马上拎下来。紧接着，他右手挥刀，把一个大活人，一刀便砍成两截。

此役，博克多父子当场战死，贝勒常住父子、胡克布被擒，建州军共斩乌拉军 3000 首级，获战马 5000 匹，盔甲 3000 副。

乌碣崖一战，褚英、代善迅速捞足政治资本，尤其是褚英，为自己奠定了成为建州圈子里二把手的坚实基础。此战也让努尔哈赤抓住舒尔哈齐的把柄，将其踢出建州圈子的权力核心。

努尔哈赤见儿子们已经能担重任，舒尔哈齐对他来说，已经可有可无。并且，在他实现圈子里大权独揽、政事独断的过程中，舒尔哈齐已经成为他的最大障碍，于是他将舒尔哈齐踢出决策层便顺理成章了。

4. 欲夺其权，让其赋闲

在一个圈子里，和一把手不是一条心的二把手，或者让一把手不放心的二把手，是最难受的。让一把手怀疑，又遭到三把手挑战的二把手，日子更是没法过的。

建州圈子里的二把手舒尔哈齐，不但遭到一把手努尔哈赤的怀疑，又遭到三把手褚英的挑战，处境越来越艰难了。

上有老、下有小的人，生活压力最大。在建州圈子里，舒尔哈齐上面有老大努尔哈赤的压制，下面有小辈褚英的挑战，生存压力自然小不了。

褚英一心想取代舒尔哈齐成为建州圈子里的二把手，自然不会放过任何能打击舒尔哈齐的机会。

褚英回到建州之后，把舒尔哈齐中途想班师、乌碣崖畏战主张谈判的事，添油加醋地向努尔哈赤描述了一番，暗示父亲必须严惩舒尔哈齐。

作为官场高手、打仗老手的努尔哈赤听了儿子的描述，心里自然明白舒尔哈齐并没有错。乌碣崖一战，两个儿子虽然大出风头、大获全胜，但毕竟赢得侥幸。就算自己在场，面对强大的敌人，也未必像儿子那样，毕竟那是一场输不起的战斗。儿子赢就赢在无知者无畏上。

但是，不管怎么样，儿子在这一次赌博中，创造了一个奇迹。乌拉部的脊梁被自己这两个不知天高地厚的儿子打断，精锐部队损失殆尽，为自己统一女真各部落铺平了道路，就是大有文章可做的事。

这篇文章一定要做，并且要做大、做足。

褚英要求严惩舒尔哈齐，这是短视的行为，最起码现在不是打击舒尔哈齐的最佳时机。舒尔哈齐在建州圈子里经营多年，树大根深，不是想拔就能拔掉的。再者说，如果把舒尔哈齐的言行摆出来，没有人能承认舒尔哈齐有错，难以服众。

对付舒尔哈齐这样有实力、有威望、有人缘的二把手，最好的办法不是用刀砍，而是用水煮。

只要有合适的理由，儿子是一定要提拔的。鉴于褚英、代善在乌碣崖战斗中的突出表现，努尔哈赤封赠褚英“阿尔哈图土门”的称号，“阿尔哈图土门”翻译过来就是“足智多谋”的意思。封赠代善“古英巴图鲁”荣誉称号，翻译过来就是“钢铁英雄”。

有奖就有罚。努尔哈赤以“逗留、畏战”的罪名，逮捕了常书、纳布齐，要处死他们。

努尔哈赤为什么要拿这两个人开刀呢？因为这两个人与舒尔哈齐的关系非常好，而且都身处建州圈子的决策层。努尔哈赤要想把舒尔哈齐踢出圈子的决策层，必须先断其人脉。

不怕什么都不会，就怕站错队。常书、纳布齐属于站错队的人。

在一个圈子里，如果不站在一把手的队列里，无论你有多大的能力，为圈子作出多大的贡献，都是无用的。

舒尔哈齐知道努尔哈赤这样处理常书、纳布齐的目的所在，他很直接地对努尔哈赤说：“他们二人所有的行动，都是我的安排。我所做的一切，都是为了维护建州女真的利益。如果说到犯错误，我的错误最大。你把我也杀了吧，这样才能服众。”

舒尔哈齐不是胆小怕事的人，更不是为了自己安全、利益，牺牲他人的人。这样的人，是好人，但成不了大事。

努尔哈赤没想到舒尔哈齐会这样仗义，更没想到他能在这个时候，敢将自己一军。现在，还不是把舒尔哈齐一伙一网打尽的时候。如果自己一定要那么做，在建州圈子里，将会激起民愤，引发内讧，局面很难收拾。

事情闹到这种地步，努尔哈赤只能妥协。他呵呵一笑，说道：“你这个人啊，就爱较真，他们是对我们统一女真各部作出巨大贡献的人，怎么能说杀就杀呢？我这样做，只不过是想警告大家，在我们的队伍中，玩忽职守、临阵退缩是绝对不允许的！他们的死罪免过，活罪不免！”于是，努尔哈赤改罚常书 100 两黄金，没收纳布齐所属部众。

对于舒尔哈齐，要他停止工作，回家好好反省。

这一次，努尔哈赤没有达到剪除舒尔哈齐羽翼的目的，虽然心有不甘，但也只能等机会成熟。既然兄弟俩的矛盾已经半公开化，努尔哈赤再也不敢赋予舒尔哈齐带兵的权力，这等于变相废黜了舒尔哈齐。

从那以后，舒尔哈齐就成了建州圈子里的闲人。一旦舒尔哈齐无职无权，他身边那些有追求的人，自然会向能给他们提供发展平台的努尔哈赤靠拢。

舒尔哈齐是一个事业心非常强的人，让他赋闲在家，就等于要了他的命，牢骚、抱怨自然会有。他经常对身边的人说："与其这样苟活，还不如去死。"

自从1606年努尔哈赤被蒙古喀尔喀5部推为"昆都伦汗"之后，他已经由满洲之主变成了满蒙之主，东海女真各部逐一归顺，海西女真又被褚英在乌碣崖重创，已经一蹶不振，统一女真各部的大业即将完成，他称霸一方的目标也指日可待。

在这种情况下，努尔哈赤为了在建州圈子里树立他的绝对权威，是绝对不允许任何人与他平起平坐的。那么，能跟他平起平坐的舒尔哈齐，自然成为他的重点打击目标。

努尔哈赤要铲除舒尔哈齐，不是不想下手，只缺合适的借口。

舒尔哈齐一直认为，哥哥是误会自己了。既然是误会，就一定有弄清楚的时候。自己确实没有另立山头、挑战哥哥权威的想法。他只是想帮助哥哥把买卖做大，多分点股份而已。他坚信，不做亏心事，不怕鬼敲门。

舒尔哈齐不想向哥哥解释，也觉得没必要解释。不过，在建州圈子里，以前威风八面的二把手，现在成为一无是处的闲人，这种落差让舒尔哈齐实在承受不了，面子上也挂不住。于是，他决定带着家人离开建州，等哥哥理解自己以后，再搬回来。

于是，他派儿子阿敏到黑扯木建设房舍。

舒尔哈齐移居黑扯木，并不是偷偷进行的。他这样做，就是想提醒努尔哈赤，在建州圈子里，不能就这样无缘无故无情地晾着自己。自己是栋梁之才，是不能当劈柴烧的。

5. 要么改变，要么完蛋

舒尔哈齐想移居黑扯木的消息，传到努尔哈赤的耳朵里，着实让他惊了一把。

努尔哈赤心里非常清楚，他这样对待舒尔哈齐是不公平的。但是，他也知道，他们兄弟俩在一起出生入死这么多年，在舒尔哈齐面前，他几乎是一个完全透明的人。舒尔哈齐了解他所有的弱点，掌握着他所有不能公之于众的糗事。

现在，努尔哈赤即将成为面南背北、大权独揽、说一不二的大汗，是绝对不允许一个掌握他所有卑鄙、龌龊、恶毒历史的人存在的，哪怕这个人是自己的亲弟弟，哪怕他什么都不说。

在一个完全了解他过去的人面前，他是没有权威可言的。这是努尔哈赤无法接受的。他不想在任何人面前，赤裸裸的。一个不穿衣服的人，是无法发号施令的。

从这一点来看，无论舒尔哈齐有想法也好，没想法也罢，在努尔哈赤称汗之前，他都必须在圈子里消失。

努尔哈赤拿过地图，把目光锁在黑扯木那个地方。他发现，自己这个弟弟不愧是满洲名将，选的地方太绝了。黑扯木，地处交通要冲，既和乌拉部相邻，同时距明朝边境重镇铁岭只有 80 多里路程，一旦建州用武力镇压舒尔哈齐，他有多条后路可选。

努尔哈赤心里很清楚，舒尔哈齐走到这一步，完全是被他逼的。他这两年间作的所有决定，根本就没有考虑过弟弟的感受，更没有考虑过弟弟的利益。如果他是舒尔哈齐，早公开与他宣战了，根本不会这样忍耐、等待，把希望寄托在别人的改变上。

现在，如果努尔哈赤对舒尔哈齐动武，结果只有一个，会把这位满洲名将送到大明，或者送到乌拉部。这样，就不是满洲少了一个闲人那么简单了。

老实人是可以欺负的，但把老实人逼成魔鬼，是要付出惨重代价的。为了让舒尔哈齐不再作他想,让他看到他在圈子里的前途，只有马上给他分配工作，让他忙起来才行。

二把手是不能闲置的，一旦闲置，肯定要出事、出大事的。有一个条件例外，那就是这个二把手天生一副奴骨，小富即安。

给舒尔哈齐安排一个什么样的工作呢？努尔哈赤费尽心思。给他安排的工作，既不能让他带兵，也不能让他参政，还要显示出对他的尊重。

努尔哈赤想来想去，想出了一个好办法，让舒尔哈齐代表他去北京进贡。这一招，既让舒尔哈齐远离决策层，又是对他十分有面子的安排。

努尔哈赤把舒尔哈齐找来，当众命他以建州右卫首领的身份，带着贵重的礼品，全权代表努尔哈赤出使北京。只要有工作做，舒尔哈齐就很开心，他欣然接受了努尔哈赤的安排，立即动身前往北京。

努尔哈赤统一女真各部后，实力已经不可小觑，让明政府对建州圈子不敢掉以轻心。当然，舒尔哈齐在建州圈子里的窘况，也被北京方面掌握。就准备在舒尔哈齐身上做文章，以分化满洲的力量。

这次，明政府以高规格接待了舒尔哈齐，出入有高级别官员陪伴，吃住享受诸侯待遇。

因为舒尔哈齐近来心情一直不好，回建州也无事可做，于是他就借这次出差的机会，在繁华的大都市，逗留了一个多月。

舒尔哈齐在北京受到高规格接待，不按期回去，这让敏感的努尔哈赤产生怀疑。他担心，舒尔哈齐投靠了明政府，或者是明政府为了对付他，在建州圈子里，扶持了舒尔哈齐。

舒尔哈齐回到建州之后，努尔哈赤依然没有给他安排工作。舒尔哈齐意识到，跟这位不讲道理的哥哥，说什么都没用。他不想成为建州的叛徒，不想见到满洲人自相残杀。于是，舒尔哈齐赌气搬到黑扯木居住，远离了努尔哈赤。

努尔哈赤下令，要舒尔哈齐马上搬回建州，态度异常强硬。舒尔哈齐对努尔哈赤的代表说，自己在建州一不能带兵，二不能从政，已经是多余的人。既然是多余的人，就没有必要再回到建州。

舒尔哈齐这样说，目的是想提醒哥哥，要他回去也不难，但一定得恢复他的名誉，给他应有的权力和位置。现在满洲强大了，日子好过了，但也不能把他当做一块砖头，想摆在哪里就摆在哪里。

舒尔哈齐不在努尔哈赤的视线之内，更让努尔哈赤寝食难安。舒尔哈齐就像一根鱼刺，扎在努尔哈赤的喉咙里，必须马上动手术拔掉。

舒尔哈齐是建州圈子里的二把手，在圈里圈外有着不可忽视的影响力，不能说杀就杀。怎么办?

杀，肯定不可行。放在外面任其活动，也不可行。

努尔哈赤不想再伪装了，下令逮捕舒尔哈齐在建州的两个儿子——阿尔通阿和扎萨克图，杀之，并没收了舒尔哈齐在建州的家产，烧死他的亲信武尔坤。

努尔哈赤不敢贸然派人到黑扯木抓舒尔哈齐，担心他会转投他处。他给舒尔哈齐写了一封信，在信中，他回忆了兄弟俩往昔的峥嵘岁月，又分析了两个人的矛盾根源。最后，他说他的新宅已经建成，希望兄弟过来看看，喝顿酒，好好谈一谈。

舒尔哈齐看到努尔哈赤的亲笔信，老泪纵横。他对哥哥的要求不高，只要求哥哥理解、信任、支持他，他甘愿做哥哥成就大业的好帮手。

兄弟俩如约见面。舒尔哈齐利用这次机会，阐明了他的立场和观点，提出了他认为并不过分的要求。

努尔哈赤相信舒尔哈齐对满洲、对自己的忠诚。但是，这位可怜、善良的弟弟，错就错在对哥哥的事儿知道得太多。

努尔哈赤秘密逮捕了舒尔哈齐，把他关在秘密的地方，一直关到1611年8月19日——那一天，舒尔哈齐去世。

在逮捕舒尔哈齐的同时，努尔哈赤派人去请常书和纳布齐，说舒尔哈齐从黑扯木过来了，要他们速来自己的新居，一起喝酒。

常书和纳布齐听说舒尔哈齐归来，很是高兴，急忙赶过来。当他们走到努尔哈赤家门口的时候，就被埋伏的甲士拦腰斩杀。

努尔哈赤这样处理忠诚的弟弟，内心还是有愧疚的。为了减轻愧疚感，他把舒尔哈齐的儿子阿敏过继到膝下，当亲儿子培养，并把舒尔哈齐在建州的股份一分为二，分给阿敏和代善。

努尔哈赤用卑鄙的伎俩，除掉了他的心腹大患，使他成为建州圈子里不可争议的一哥。就在他向自己的权力巅峰迈进时，圈子里另一个二把手，又成了他的心病。

第二章
多数人的需要，抵不上一个人的需要

1. 二把手的工作原则

如果说舒尔哈齐是建州圈子里隐性的二把手，那么褚英则是正大光明的二把手。

努尔哈赤特意培养、提拔褚英，也是用意深远的。在建州大圈子里，原来只有他和舒尔哈齐两个小圈子，两个小圈子的实力不相上下。为了无限缩小舒尔哈齐的圈子，努尔哈赤只有培养第三方的力量，长子褚英无疑是最好的人选。

褚英自然明白努尔哈赤的良苦用心，他工作很努力，为建州大圈子建功立业的积极性很高。不论是努尔哈赤提供的机会，还是他自己创造的机会，把工作都能做到让努尔哈赤感激、感动。在这个过程中，褚英也完成了从优秀到卓越的进化。

在努尔哈赤压制舒尔哈齐、提拔褚英的过程中，褚英坚决维护努尔哈赤的政治立场，绝对拥护、贯彻、执行努尔哈赤无论正确还是错误的各种指示，把各种工作做得很到位。

舒尔哈齐的小圈子，被努尔哈赤分化、消灭之后，为了打消其他人对未来接班人的妄想，及时填补舒尔哈齐消失后出现的权力空缺，努尔哈赤迅速把褚英确定为他的未来接班人、建州圈子里的二把手。

努尔哈赤确定褚英为接班人，有 3 个目的。

一、努尔哈赤上了年纪，精力、体力远不如当年，在各方面都需要一个值得他信任、对他忠贞不贰的人。

二、各种讨伐战争依然没有结束，有些战争还需要努尔哈赤亲自上阵指挥。万一他在某次战斗中遭遇不测，他辛苦拼来的江山不会旁落。

三、确定褚英为接班人，断了圈子里类似舒尔哈齐之人的念想。

褚英借着天时、地利、自己的能力，成为建州圈子里的二把手。但事实上，他并不知道二把手应该做什么，怎样做才正确。

在圈子里做好二把手，是很不容易的。这既是一门学问，也是一门艺术。凡事都要掌握好火候，把握好一个度。

做圈子里的二把手，有 8 个原则必须把握好。

一、准确了解一把手的喜好、忌讳、性格、习惯、追求和需要，把一把手一定要读懂、看透，但还得表现出对一把手的崇拜和敬仰之情。

二、要紧跟一把手，时时、处处维护一把手的利益、观点和立场，彻底领会一把手的经营圈子的思想，不折不扣地执行、贯彻一把手的指示精神，不得有与一把手相悖的经营理念。即使有，也要彻底掩饰，不能露出半点痕迹。

三、说话、办事一定要把一把手摆在前面，时刻证明自己只是一把手的代表。不能怀疑一把手作出的人事安排、奖惩制度、项目规划，哪怕是错误的。理解的要执行，不理解的也要执行。

四、只能体现你的执行能力和解决意识，不能体现你的预见能力和决策能力，即使你的正确预见能力很强，任何决策都非常科学、合理。在圈子里，你只能给一把手提供有答案的选择题，不能自己去做判断题。任何事情，事前要请示，事后要汇报。

五、在圈子里，不要刻意发展自己的小圈子，更不能与一把手的奴才公开为敌，与圈子里的每个人都要保持同等距离。

六、既要体现出你的能力，又不能显示出你的能力高于一把手。特别要控制你在圈子里的影响力，口碑不能太好，也不能太坏，绝对不能让你的影响力超过一把手。

七、一定要摆正你的位置，该说的一定要说，不该说的一句也不能说；该知道的一定清楚，不该知道的绝不过问。

八、低调做人，低调做事，功劳都是一把手的。

如果把这 8 点概括成一句话，那就是：正确地做事，而不是做正确的事。

褚英被努尔哈赤确定为建州圈子的接班人、二把手之后，他看到了自己在圈子里的大好前途，于是，他给自己制定了 4 条做事原则。

一、事事、时时、处处要证明自己有能力、有实力做好建州圈子的接班人，让父亲放心地把权力交给自己。

二、建州圈子利益第一，绝不允许任何人以任何理由损害圈子的利益。

三、利用每个机会，证明自己要比同龄时代的父亲有远见、有魄力。

四、战绩、政绩两手抓。如果自己带兵打仗，一定要战无不胜；如果父亲出去打仗，自己负责处理政务，一定要做得漂亮，以显示自己卓越的经营管理能力。

褚英对自己是这样要求的，也是这样做的。在舒尔哈齐去世前两个月，也就是1611年6月，努尔哈赤公开宣布褚英为他的接班人之后，褚英就开始实施自己做接班人的原则。

褚英虽然在军事、政治上表现出无与伦比的领导能力，但是在建州圈子里，有很多跟努尔哈赤白手起家的老资格，如费英东、额亦都、何和里、扈尔汉、安费扬古，这些人都是看着褚英长大的。褚英在床上屙屎撒尿的时候，这些人已经为创建建州圈子出生入死了。

褚英认为，他在建州圈子里，地位在一人之下万人之上，权力仅次于父汗努尔哈赤，除了父汗之外，别人对他都得无条件服从。所以，他对这些老资格，也是命令多于商量，支使多于请教。

现在，褚英突然站在他们面前，态度强硬地对他们指手画脚，下命令作指示，让这些老资格心里很不舒服。

褚英幼稚地想，在圈子里，权力永远是大于资历的，跟年龄、辈分无关。如果谁敢挑战他的权威，损害圈子的利益，他一定会毫不客气地祭起权力大棒，打得他心服口服。

在建州圈子里，除了“五大臣”之外，另外3个满洲新贵也迅速成长起来。褚英的3个弟弟——代善、莽古尔泰、皇太极也开始随努尔哈赤带兵打仗，都不是省油的灯。

褚英与3个弟弟，年纪相差不多，都是光着屁股玩大的，一起撒尿和泥摔泥巴，一起上树掏鸟蛋，几乎不分彼此。现在大哥成了圈子里的二把手，对弟弟们说话、办事讲原则、讲规矩，一切照章执行，丝毫不能通融，这在3个弟弟心理上形成了难以接受的巨大落差。

五大臣和三个贝勒，与褚英的关系逐渐形同水火，褚英难以接受。他自认为，他是忠于父汗的，他所做的一切，都是维护建州圈子的利益，他问心无愧。在其位，就得谋其政，怕惹人就别当官，当官就不能怕惹人。

褚英讲原则、重实际的办事风格，虽然得不到圈子里高层领导的支持，却维护了圈子里底层大多数人的利益。正因为褚英严格按照规章制度处理政务，不搞特殊化，让底层的人感到话好说、事好办。同时这些人也觉得，有这样的领导，只要自己努力工作，就不会因为出身、血统、背景等原因，而得不到应有的奖励和晋升。因此，褚英在建州圈子里的底层，口碑非常好，得到很多人的拥护。

高级管理层的厌恶、低级官员的拥护，这更激发出拥有良好群众基础的褚英的工作情绪，他发誓努力工作，一定要做出与接班人相匹配的成绩，坚决维护圈子里大多数人的利益。在他的权限之内，对那些想搞特权的人，坚决给予无情的批评和打击。

有群众的支持，褚英在圈子里的影响力越来越大，甚至高过了父汗努尔哈赤。努尔哈赤有威望，靠的是权力；褚英有威望，靠的是魅力。

褚英是在做正确的事，没错。但是，他却违背了圈子里的潜规则。潜规则要求他，只能正确地做事。

2. 正事儿不一定是正确的事儿

褚英真把自己当成了圈子里的负责人，军事、政治、经济一齐抓。努尔哈赤外出时，只要不是特别重要的事情，他就会私自拍板决定。事前不请示，事后不汇报。

褚英认为，他所做的一切，都有利于把建州圈子做大、做强。父汗既然给了他权力，他就应该把这些权力用好。他不能当“甩手掌柜”，做“二传手”，上传下达，坐而论道，不干实事。他更不能处事圆滑，好人主义，和稀泥，睁一只眼闭一只眼。

努尔哈赤提拔褚英做二把手，目的很简单，一是想断了那些跟他打天下的老臣的念想，稳定圈子里的局面；二是在他外出打仗时，后方有一个能让他放心的人坐镇。

努尔哈赤理想中的二把手，在他有生之年，应该是他卧室里的一件摆设，他随时可以操控的木偶。

按理说，年纪轻轻的褚英，已经显示出超乎寻常的军事指挥才能和政务管理天赋，甚至在某些方面，特别是在圈子里的影响力，已经超过努尔哈赤。对此，努尔哈赤应该高兴才是，其实不然。褚英与努尔哈赤理想中的二把手相差太远。

努尔哈赤需要执行力、理解力强的二把手，而不是解决意识强、决策能力强的二把手。

最让努尔哈赤恐惧的是，建州圈子里底层的人，已经逐渐向褚英靠拢。底层的人，也就是在一线做具体工作的人，他们虽然没有多高的职位，不掌握更大的权力，但却是解决问题不可或缺的人。

努尔哈赤担心，一旦这些看似不重要、没有多大权力的人，在建州这个大圈子里形成一个小圈了，对他的威胁是足够大的。

最近一段时间，五大臣和三大贝勒，经常在努尔哈赤面前抱怨，说褚英说话不讲情面，办事不留余地，命令多于请教，胁迫多于协商。

努尔哈赤也觉得，褚英向他请示的次数越来越少了，该他拍板的不该他拍板的，他都拍板，越来越不把他这个一把手放在眼里了。

眼看着褚英的小圈子越来越大，并有取代努尔哈赤的架势，这让努尔哈赤很不放心，觉得他这个儿子远比舒尔哈齐难对付，已经在逐渐挖他的墙脚了。

努尔哈赤天生就是一个嗜权如命的独裁者，他决不允许与他实力旗鼓相当的人坐在身边，那样他会没有安全感的。

随着次子代善、五子莽古尔泰、八子皇太极在各种战斗中表现突出，多次办差中呈现出卓越的能力，努尔哈赤开始着手培养这 3 个人，用他们来牵制褚英，减小褚英对他的权力侵蚀。

为了削弱褚英的实力，努尔哈赤想出一招。

有一天，努尔哈赤和褚英在一起闲聊。努尔哈赤叹了一口气说："人不服老不行啊，最近我经常感觉自己精力大不如以前了。褚英，圈子里的事儿，以后你就多为我操操心。"

褚英说："请父汗放心，儿臣一定尽心尽力，尽职尽责，不辜负父汗对我的栽培。如果父汗感觉身体不适，以后有事就吩咐儿臣去做就是了。"

努尔哈赤说："一个篱笆三个桩，一个好汉三个帮。现在，莽古尔泰、皇太极都能独立带兵打仗，出门办差了。你、阿敏、代善 3 人，都有自己的部众，你的两个弟弟是人才，能力也不差，是不是应该分一些人口、牲畜让他们管理经营呢？"

褚英想了想，说："当然可以！等我们征服了乌拉部，把乌拉部的人口和牲畜分给他们吧！"

努尔哈赤说："我老了，精力不足，管不了那么多人和事。我想把我属下的一半给莽古尔泰，把你属下的一半分给皇太极。这样既便于管理，也有利于发展壮大。"

以前，在建州圈子里，努尔哈赤、舒尔哈齐、褚英各掌控着圈子里三分之一的股份。舒尔哈齐死后，代善、阿敏均分了舒尔哈齐的股份，两个人各占总股份的六分之一。努尔哈赤和褚英属于大股东，代善、阿敏属于小股东。

现在，努尔哈赤提出，他和褚英各让出一半的股份，给莽古尔泰和皇太极，这无形中，使褚英的股份从三分之一变成六分之一，缩水一半，势力、实力就减少了一半。

褚英听到努尔哈赤这个建议，不假思索地表示反对。他认为，如果莽古尔泰、皇太极得到这些股份，那么，代善、阿敏、莽古尔泰、皇太极 4 人，在实力上便与他这个二把手相当。代善还好一点，尤其是莽古尔泰、皇太极两个人，眼里只有父汗，没有他这个哥哥，处处给他出难题。如果两个人实力和他一样，他的工作将很难开展。

努尔哈赤见褚英强烈反对他的建议，心里非常不满，愤怒地说："我还没老呢，还是建州之王，说话就不好使了吗？"

褚英也是个硬汉子，见努尔哈赤勃然大怒，便跪下说："儿臣有罪！您是建州之主，可以任意处理建州任何政务。但是，在儿臣代父汗处理政务时，莽古尔泰和皇太极，包括五大臣，不论什么事情，只考虑自己的利益，不顾国家的利益，处处为难儿臣。这样自私、狭隘的人，一旦拥有权力，恐怕更难调度！"

努尔哈赤冷笑着说："难道整个建州只有你一个人正确吗？你别忘了，这片土地是谁打下来的！"

褚英紧跟了一句，说："儿臣这样做，完全是为了更好地管理建州！也许您比儿臣还要清楚，我们身边的很多人，依仗自己是有功之臣，或者身为贵族，就目无法纪，狂攫暴敛，滥杀无辜。现在建州属地很多地方的汉人与满人的矛盾日益激化，汉人不是聚啸山林以死相抗，就是纷纷逃离，东投朝鲜，南下归明，导致很多地方百里无人，土地荒芜。如果我们对满人不加以约束，任其胡来，后果不堪设想！"

褚英说的是事实，考虑也深远。但是，这些话在努尔哈赤那里，就非常不受用。褚英把现在的建州圈子说得一无是处，这不是变相指责努尔哈赤管理无方、治国无能吗？

圈子里的领导，向来都认为自己一贯正确，不允许别人对他的能力产生怀疑。即使他真的错了，也不愿意别人公开指出。如果有人这样做，那就是与他对立，或者对抗。

努尔哈赤向褚英挥挥手，说："你先下去，这件事我会认真考虑的。"

褚英退出，在他心目中，父汗努尔哈赤是英武、睿智的人，肯定会考虑他的正确建议。从建州发展的角度出发，父汗也会支持他的。

褚英不明白，努尔哈赤作这样的人事调整，并不是从建州建设方面考虑，而是从巩固他的权力考虑的，目的就是分化褚英的权力，防止褚英短时间内做大，与他分庭抗礼。

在努尔哈赤的成长过程中，他一直认为亲情是靠不住的。他的那么些亲人、亲戚，在他最需要帮助的时候，他们为了自己的前途、财富，依然把他出卖给他的敌人。他认为，世界上唯一靠得住的，就是权力和实力。只有拥有了这两样东西，才能有地位、财富、美女，才会有人追随。

努尔哈赤手中的权力，是他用命换来的战利品，只能独享而不能分享。为此，他害死了与他出生入死的亲弟弟。

努尔哈赤扶持起来的褚英，现在看来，要比舒尔哈齐更让他担心。年轻的褚英，在各个方面表现出来的能力，已经远远超过了同龄时的努尔哈赤。最可怕的是，褚英居然在掌权后的很短时间内，在圈子里获得了良好的口碑。在圈子里的底层，褚英的支持率，要远远高过努尔哈赤。假以时日，恐怕建州圈子里的人，只知有褚英，不知有努尔哈赤了。

汗位一定要让儿子继承的，但那必须是努尔哈赤归天之后。只要努尔哈赤在世一天，他就不允许别人与他分享掌权的快乐，哪怕这个人是他的亲生儿子。褚英被确定为二把手才几天，他就敢不服从一把手的命令？要是等他羽翼丰满，有了他的小圈子，那么努尔哈赤是不是第二个舒尔哈齐？

想到这里，努尔哈赤还真的有些担心了。

3. 要想扳倒对手，首先制造混乱

努尔哈赤把褚英提拔上来，是想让他多一个帮手——服从他意志的帮手。没想到，他的这个帮手能力太强，在很多方面，两个人的政见又不同，甚至是冲突的。

努尔哈赤隐约感觉到，褚英在作战、经营、管理等方面的能力，已经远远超过他，这让他很不甘心。他是征服欲望非常强烈的人，只能指挥别人，不能被别人指挥。

这个圈子，是他用枪杆子蘸着鲜血画出来的，是完全属于他自己的。在他活着的时候，是绝对不允许别人取代他在圈子里的位置的，儿子也不行。褚英既然不是他需要的，那么，褚英在他面前就是多余的，或者是碍事的。对这个敢于挑战一把手权威、太把自己当回事儿的人，他只能将其拿掉，别无选择。

努尔哈赤不是把他的希望、命运寄托在别人身上的人。他从不奢望想别人能为他作出改变，而是习惯靠权力改变别人。

对努尔哈赤来说，剥夺褚英二把手的权力，就是说一句话那么简单，毕竟他是一把手。但是，提拔褚英为圈子里的二把手，是他的主意，现在他全面否定褚英，就意味着他承认，他先前的决定是错误的。因此，努尔哈赤不能把褚英直接拿下。师出无名，必有混乱。既然他能光明正大地把褚英提上来，就肯定能光明正大地把他拿下去。

在圈子里，一把手是一贯正确的。即使错了，需要调整，他也不会公开承认错误，继而改正错误。一把手习惯用一个错误去修正另一个错误，而不是用正确的方法改正错误。只有这样，才符合他维护自己一贯正确形象的需要。

作为圈子里的一把手，努尔哈赤深谙圈子里的斗争技巧。在圈子里，要想扳倒他的对手，首先是激化矛盾，制造混乱，利用矛盾和混乱逼对手出错，然后再利用圈子里的规则，将其拿下。

努尔哈赤派人找来莽古尔泰和皇太极。两个儿子给努尔哈赤请过安之后，站在威严的父汗面前，垂耳听训。

努尔哈赤说："你们两个已经长大成人，也非常有出息，上马杀敌以一当百，下马治国俯伏四方。看着你们成长起来，我是备感欣慰啊！但是，一人不成事，独木不成林。现在，褚英、代善、阿敏都已经开府治事，各统一方人马。为了公平起见，我也想给你们一些人口、牲畜。你们意下如何啊？”

在那个靠枪杆子说话的年代，有人有枪就意味着有一切。莽古尔泰、皇太极盼望父汗说这句话，都盼了好几年了。现在努尔哈赤答应给他们人马，两个人自然不胜感激。

两人再次跪倒，齐说：“儿臣愿为父汗效犬马之劳！”

努尔哈赤叹了一口气说：“在建州，能分出人马给你们的，只有我和褚英。前几天我和褚英商量这件事，没想到你们的这位大哥心胸狭隘、心理龌龊，找不到自己的准确位置，把自己太当回事儿了，不愿意分人口让你们管理。为此，我们还吵了一架，气得我几个晚上都睡不着觉！真是儿大不由爷，女大不由娘啊！”

莽古尔泰是一个暴脾气、直性子、四肢发达、头脑简单、贪财好利、嗜杀成性的人。他听到褚英竟敢阻止父汗把人口、牲畜、财富分给自己，顿时火冒三丈。

“父汗，褚英不把您放在眼里，也不是一天两天了。他仗着您给他的权力，把我们都当成奴隶，呼来喝去，一旦不随他意，就肆意惩罚。”

努尔哈赤看了莽古尔泰一眼说：“你说的是真的吗？”

皇太极说：“老五说的都是事实。大哥不仅对我们这些亲兄弟如此，对功高盖世的五大臣也是如此！”

努尔哈赤一拍桌子，大怒道：“褚英既然如此仗势欺人，你们为什么不向我汇报？”

皇太极低声说：“不论褚英做什么，都说是您的意思。他处处都打着您的旗号，我们怎么敢向您汇报呢？万一真的是您的意思呢？我们只能信其有，不能信其无！”

皇太极这句话，让努尔哈赤觉得褚英不能不除，不得不除。

皇太极是一个头脑灵活、预见准确、诡计多端、城府颇深、野心勃勃、善于经营的人。他早就看出努尔哈赤已经对褚英不满，褚英被废是迟早的事情。

皇太极给圈子里的人排过座次，依次为努尔哈赤、褚英、代善、阿敏，下来就是莽古尔泰和他。褚英是嫡长子，战功显著，成为父亲的接班人顺理成章。假如褚英被废，努尔哈赤极有可能把褚英的股份分给他和莽古尔泰。

这样一来，在建州圈子里，占股份最多的是努尔哈赤，代善、阿敏、莽古尔泰和皇太极都占有同样的股份，在圈子里也就拥有同样的话语权，都有机会成为未来圈主的候选人。

皇太极不怕竞争，就怕没有竞争的机会。要想赢得成为未来圈主候选人的机会，他的首要任务是搞垮褚英。所以，打击褚英，皇太极是不需动员、不惜代价、绝不手软的。

努尔哈赤见两个儿子如此配合自己，心里非常高兴，但还是装作谨慎地说："褚英还是有能力的，但是，人品、态度比能力更重要。你们说的这些，我会认真调查的。如果情况属实，对褚英必须严肃处理。管理建州，不是一两个人的事情；壮大女真，更需要大家齐心协力。"

皇太极知道五大臣早就对褚英心存不满，碍着褚英是努尔哈赤提拔的人，敢怒不敢言。于是，皇太极连夜奔走于五大臣之间，把努尔哈赤准备拿掉褚英的事情，巧妙委婉地讲出来，暗示他们，要想今后在圈子里混个好前途，就必须全力配合努尔哈赤。

那些跟着努尔哈赤白手起家、为扩大圈子出生入死的人，对褚英轻而易举地成为二把手，对他们这些劳苦功高的人指手画脚，很是不适应。最关键的是，褚英无法成为维护他们利益的代言人。

为了创建建州圈子，这群人自认为自己流血又流汗，献完青春献子孙，谋的就是功名利禄，图的就是荣华富贵。褚英对他们来说，是一个刻薄寡恩、事事较真、很难沟通的人，跟他们尿不到一个壶里。他们怎能把自己后半生的幸福赌在褚英身上？像褚英这样的人，一旦成为他们的圈主，他们肯定没有好果子吃。

于是，由代善、阿敏、莽古尔泰和皇太极组成的四大贝勒，由额亦都、费英东、何和里、安费扬古、扈尔汉组成的五大朝臣，为了各自的目的、利益和前途，迅速形成一个小圈子，与圈主努尔哈赤进行谈判。

4. 冤死，也是一种死法

四大贝勒和五大臣，联名向努尔哈赤反映，褚英不适合做建州圈子的未来圈主。褚英是个好战无德、嗜权如命的人，他若当了建州圈子的圈主，建州圈子是要倒大霉的。作为现任圈主，您得为圈子的长治久安负责，为圈里人的前途负责。

他们的理由是：

一、褚英没有人格魅力，闹得本来十分团结的四大贝勒和五大臣，已经无法合作。

二、褚英贪婪成性，还没有当上圈主呢，就惦记着其他弟弟的财产。

三、褚英嗜杀成性，对看着不顺眼的人，无论是谁，已经公开叫嚣，一旦他成为圈主，对弟弟们、大臣们要进行“三光”政策。

最后，他们警告努尔哈赤，圈子里有褚英这个糟糕的二把手，就没有四大贝勒五大臣，有我们四大贝勒五大臣，就必须把褚英从二把手的位置上拿下。

建州圈子高层这么一乱，正是努尔哈赤需要的。他就是想先把圈子里的水搅浑，然后摸到他需要的鱼。

努尔哈赤见四大贝勒五大臣一起反对褚英，心里窃喜，但表面上还得做出公正、公平的样子。他对这些人说：“你们是建州的四大贝勒和五大臣，要为自己说的话、办的事负责。我不可能只听你们一面之词，就作决定下结论，我要亲自进行缜密的调查。既然你们认为褚英有这么多条罪状，那就在罪状上签上你们的大名。如果你们不敢为自己所言负责，那就别签！”

四大贝勒五大臣知道，他们现在是给一把手配戏，当然要卖力演出。他们信誓旦旦地说，我们既然说了，就能为我们所说的话负责，刀架脖子也不改。于是，他们毫不犹豫地签名画押。

努尔哈赤把众人俱名的罪状，摆在褚英的面前，问他对此怎么看。褚英看后，联想到前几天与父汗的争吵，顿时啥都明白了。

褚英扪心自问，自从他代理国政以来，想的、做的，全是为了建州的发展和壮大，根本就没考虑过个人的前途。他不贪、不占、不畏权势，不管什么事情，涉及谁的利益，他都是本着公正、公开的原则，依法办事，按律执行。

为了整治圈子里的陈规陋习，难免会与圈子高层个别人的利益发生冲突。一些人，仗着自己有军功，为圈子做过贡献，为了维护自己的特权、特殊利益，有组织无纪律，有地位无人性，为所欲为，已经成为严重损害圈子健康的病毒。作为父汗的助手，他对这些人不能熟视无睹。因此，他不可避免地要与这些贵族发生冲突，产生矛盾。

褚英一直认为，父汗和他一样，视国家的利益高于一切。维护国家的健康发展，永远是首要任务。他所做的一切，父汗应该明白他为什么要那样做。现在看来，父汗并不是这样的人。最起码，他为国家的苦心经营，不是父汗最需要的。

褚英明白，如果没有父汗的授意，四大贝勒和五大臣，绝对不敢拿着身家性命跟他这个二把手过不去。他们敢这样公开造谣中伤自己，一定得到某种力量的支持。

在一个圈子，一个光明正大的人，面对十个心怀叵测的人，肯定要吃亏。

一个人，可以做好人，可以做好事，但不一定得到好报。

褚英对自己曾经无比尊重的父汗，对是非颠倒的圈子，从希望变成失望，从失望变成绝望。他能做的，只有沉默，也只能沉默。

努尔哈赤见褚英如此倔犟，还真有点心虚。毕竟，他知道，从建设圈子的角度看，褚英所为并没有错，而且完全正确。但是，他千不该万不该，不该站在一把手的队列之外。

努尔哈赤是一个野心勃勃的圈主，不想就此偏居东北一隅，手下有群打手，有房子有地有女人，就满足了。他要的，是更庞大、更富足的天下第一大圈子。要想实现这个目标，他必须一直牢牢地掌控着这个圈子。圈子里的人，必须对他言听计从，唯他马首是瞻。

任何圈子里，都不可能有真正的公平。褚英是有能力的人，也是努尔哈赤最不放心的人。二把手有能力却不让一把手放心，一把手就会作出对彼此都省心的选择，哪怕是不公平的。对二把手的公平，和一把手的野心相比，永远不值得一提。

人类有很多死法。冤死，就是其中的一种。

努尔哈赤肯定要在褚英面前扮演正确、正义的使者，他指着褚英大骂道："对他们的控告，你既然无话可说，我不得不认为他们说对了。我，年事已高，对外，不能舞戈伐敌；对内，不能全身心处理政务。因此，我特意把更多的战事、政事交给你，把大量的部属、牛羊甚至金银都交给你分配、处理。我这样做的目的，就是让你拿着东西收买人心，树立权威。你可倒好，被提拔没几天，就把东西全搬到自家后院仓库里去了。你自己大口吃肉，别人一点汤都喝不着。你要是偷偷摸摸地这样做，也就罢了，还得意扬扬地把这当成本事，到处炫耀，闹得天怒人怨，姑子不得睡，和尚不得安。既然你没资格当这个圈主，那就别当了！"

于是，努尔哈赤召开领导班子扩大会议。在会上，努尔哈赤宣布，对褚英实行双规审查，他的家产和部众，平均分给众人，以息众怒。

努尔哈赤出于对褚英领导能力的恐惧，再也没有给褚英任何机会。在乌拉将士的心目中，褚英是不可战胜的战神，非常恐惧。但是后来在努尔哈赤两次讨伐乌拉部时，都没有使用这张王牌。既没有让褚英随队出征，也没有命他把守建州，而是让他待在自己的家里。圈子里的人都能看出来，这个能力超强的二把手，已经被限制自由了。名为反省，实为软禁。褚英在以努尔哈赤为首的建州圈子里，已是可有可无的人，不再受重用、重视，被踢出圈子的决策层。

5. 在权力核心，正确与错误是相对的

建州圈子里的人，依仗自己兵强马壮，能杀能掠，视别人的生命如草芥，视非满族人如奴隶，一时间全部胡来、乱来，谁抢的财富多、杀人多，谁就是英雄。

民不畏死，奈何以死惧之？当地的百姓，特别是汉民，在无路可走、忍无可忍的情况下，纷纷起义，以命相搏。满汉两族的矛盾，到了不可调和的地步。

其实，老百姓要求不高，只要能有一片地种，一家人能填饱肚子，过年过节能吃顿饺子，就不作他想。然而，他们这点低得无法再低的要求，却得不到满足。

既然窝囊地活着比壮烈地死去还难，很多老实人都拿起杀人的武器。

对于这种现象，建州圈子里的很多人，不会问为什么，也懒得问为什么。有人敢造反，他们就敢镇压。

褚英对此问题看得很清楚。他认为，要想扩大建州圈子，只靠枪杆子是无法实现的，必须妥善经营、悉心打理。否则，圈子再大，有也等于无。

责任感和事业心，存在一个人的骨髓里，不会随着他的职位高低、命运的改变而改变。褚英身在家里，心忧天下。

以前一人之下、万人之上、人见人怕、鬼见鬼哭的二把手褚英，现在成为人见人欺、狗见狗吠的废人，心里自然难以平衡。他更接受不了的是，建州圈子里的人，在错误的方向上越走越远。

褚英是从来不考虑自己前途的人，他心里只有建州及建州的前途，即使现在的建州已经与他无关。

不在其位，不谋其政，但褚英做不到。只要建州圈子能健康地发展，圈子里的人和谐共处，在正确的道路上共谋大业，他允许自己一无所有、一无是处。他却不允许自己看着建州当局为了维护少数人的利益，知错不改，而自己苟且偷生。

无职无权、从旁观到悲观的褚英，只能跟身边人谈谈国计民生，借着酒劲儿，发点牢骚，抱怨当局在政治、政策上的错误。

褚英身边的人，都是努尔哈赤派来监视褚英言行的奴才。这些人，一无文化，二无才能，只有一颗人不为己天诛地灭的心。他们根本没有褚英那么高的境界，更理解不了褚英的忧虑实质。

他们善于揣摩主子的心思，然后再去满足主子的真实需要。他们是来监视褚英的，于是他们从褚英的言语中，断章取义地拼凑出证明主子正确的证据。这些人向努尔哈赤汇报说："褚英经常发牢骚，说父汗太狠了，居然因为一点破事，把我一撸到底，把我的队伍解散，分给其他的弟弟，让我成为无职无权、没枪没人没钱的光杆司令，啥事都没我的份，活着还有什么意思？"

努尔哈赤明知道褚英不会这样说，但他还是选择了相信，并以此当做继续关押褚英的证据。

圈子里，对褚英不放心的人有两个：一是努尔哈赤，二是皇太极。努尔哈赤担心聪明而又单纯的褚英，继续不管不顾地揭露他的短板，质疑他的管理能力，这有损他在圈子里一贯正确的高大形象；皇太极担心，建州圈子乱到一定程度，努尔哈赤会反思褚英的正确，重新起用他。

努尔哈赤为了达到自己的目的，选择继续关押褚英，不让他与外界接触，不给他证明自己无罪的机会。

皇太极决不允许褚英这块巨大的绊脚石存在，即使他已经无职无权。褚英活着，就有机会东山再起，因为建州的健康发展，的确需要像褚英那样有远见卓识的人。一旦褚英重新获得权力，皇太极就彻底失去竞争接班人的机会。

只有褚英死，皇太极才会感到安全。只有死人，才不会对任何活人构成威胁。

皇太极买通了褚英身边的 3 个幕僚。

墙倒众人推。以前那些在褚英面前，大贝勒长大贝勒短的 3 个幕僚，本想借他是圈子里二把手的光，成为一人得势鸡犬升天的鸡犬，没想到却成了腐尸上的蛆虫，心里怎能甘心？皇太极逐渐成为圈子里的红人，他们巴不得有一棵这样的大树靠着。

1613 年，努尔哈赤二次班师回建州，褚英的 3 个幕僚，便主动向努尔哈赤揭发褚英，控告他在家里不好好反省，在努尔哈赤带兵出征之时，便请来阴阳先生，把父汗、弟弟、出征大臣的名字写在黄表纸上，附上咒语，找个时辰焚烧，并虔诚祷告，求天神保佑建州兵败，该死的全死，不得好死。

努尔哈赤派人把褚英找来，问 3 人所控是否是事实。褚英死不承认，因为他无论怎么努力，也卑鄙不到那种程度。他单纯，但不幼稚。不管褚英承不承认，3 个他身边的幕僚，一起向老子告发儿子，无风不起浪。努尔哈赤见褚英到现在还不向他低头，依然坚持自己的立场，拒绝改变，这个有能力的儿子，对他来说，已经毫无利用价值了。

在圈子里，有能力的人才不服从一把手的意志，拒绝站在一把手的队伍里，下场远不如百无一用的奴才。

努尔哈赤想立刻处死褚英，但是，他不得不考虑这样做的后果和影响。一旦他开了屠杀亲人的先河，那么后来的掌权者，就会理直气壮地对自己的兄弟、儿子大开杀戒。这样的事，历史上比比皆是。顾及这一点，努尔哈赤决定先把褚英囚禁。

从 19 岁开始，褚英就跟随父亲过着刀头舔血的戎马生活，全身心投入协助父亲统一女真各部的伟业中，被誉为“阿尔哈图土门”、“广略贝勒”。多临战阵，有勇有谋，功劳如山。金戈铁马、气吞万里如虎。攻城拔寨，褚英如探囊取物。为了建州圈子的建设和发展，大公无私，不畏权贵，用心良苦。

褚英实在没想到，也无法想到，父汗给他的回报，居然是这样。

困在笼子里的老虎，永远不会变成老鼠。只要它走出笼子，依然是森林之王。

即使褚英不再说话，对圈子不再发表意见，但是，依然有加了 N 条修饰语的反动言论，不断地传入努尔哈赤的耳朵里。

在囚禁长子褚英的两年时间里，努尔哈赤并没有把他彻底从心里抹去。在杀与留之间，反复掂量，难以取舍。这个人，这件事，都成了努尔哈赤作为父亲、圈主难以医治的一大心病。

作为圈主，努尔哈赤不允许圈子里任何人对他构成威胁，挑战他的权威，否定他的决策。留下褚英，褚英死不悔改，死猪不怕开水烫，一条道上跑到黑。对努尔哈赤来说，褚英已经成事不足败事有余，虽不能导致他众叛亲离，但也时刻威胁到他的权威。

思来想去，努尔哈赤还是选择了让褚英消失。亲情事小，权力事大。于是，他向自己的儿子、曾经的圈子二把手，举起屠刀。

那一年，褚英 36 岁。为扩大建州圈子拼杀 15 年，被囚禁 2 年。

褚英，的确是一个优秀的管理人才，一员战场上的虎将。可惜，在建州圈子里，他不知道一把手的需要，也没摆正二把手的位置。

宝贝放错了位置，就是垃圾；英雄找不到准确的位置，就是很多人的心腹大患。

在充满巨大利益的圈子里，褚英在错误的时间，出现在错误的位置上，作出了错误的坚持。

在一个圈子里，位置越高利益自然越大，但是，风险也大。圈子里的任何位置，一把手都有具体的要求。一个人，不论在什么位置上，首先要了解一把手对这个位置的要求，圈子里对这个位置的需要。没有聪明的头脑，结实的屁股，不能强坐。即使是菩萨的莲花台，也会藏有带钩子的尖刀。

褚英仅知道自己想要什么，却不了解圈子里一把手想要他做什么，他应该为一把手做什么。于是，他做错了。

在圈子里，尤其在圈子里的权力核心，正确与错误都是相对的，不是绝对的。一旦被圈子高层认为是错误的，代价是惨重的。所以，作为一个圈子里的人，一定要牢记，要做正确的事，更要正确地做事。

权力的宝座，是一面镜子。不论任何人，只要站在这面镜子前，都会原形毕露。如果我们搞不懂圈子里的潜规则，最好别站在这面镜子面前。被领导器重、提拔，是好事，但是，一定要知道自己是由什么变来的。坐最适合自己的位子，最安全，最保险。

第三章

黑手&真相

1. 你在圈子里的位置，取决于你在领导心目中的位置

处死褚英半年后，努尔哈赤在现在的辽宁省阜新市新宾县老城，举行了开国登基大典，自称“承奉天命覆育列国英明汗”，定国号为金，建元天命。一个辖地数千里、臣民数十万的大圈子，光明正大地出现在大明王朝的东北侧，肆无忌惮地挤压大明王朝的圈子。

褚英倒台，后金圈子里二把手的位置，还是需要有人填补的。努尔哈赤在几个比较有出息的儿子中，扒拉来扒拉去，最后，内定次子代善做后金圈子里的二把手。这事虽然没有公开宣布，但圈子里的人心照不宣。

代善，是努尔哈赤的次子，和褚英是同胞兄弟。两个人虽为兄弟，性格却迥然不同。褚英，刚直不阿，精明干练，坦荡无私，心无城府。代善，宽容大度，性情软弱，待人和善，人缘不错。

代善虽然脾气好，但是在战场上却是临危不乱、视死如归、英勇善战、有勇有谋、战功显赫的悍将。万军之中，取敌将首级，如探囊取物。他不仅个人英勇，在指挥上，也是能识善断、智勇双全，能瞬间抓住敌人的错误，给予致命一击。在很多次战斗中，他表现出的冷静和果敢，甚至在努尔哈赤之上。

第一章已交代过，在1607年的乌碣崖战斗中，24岁的代善，临危不惧，以少胜多，并手刃敌帅博克多。

因代善神勇无敌，被努尔哈赤授予“古英巴图鲁”荣誉称号，翻译过来就是“钢铁英雄”的意思。足见在战场上，代善有多么的生猛、彪悍。再如，1613年，努尔哈赤亲率大军征讨乌拉部。乌拉部首领布占泰，也不是等闲之辈，率3万将士，在富勒哈城城下以逸待劳，准备趁长途奔袭的建州军立足未稳，打他个措手不及。

努尔哈赤认为，布占泰会死守城池，不会主动出击。没想到，布占泰却主动宣战，这让努尔哈赤很意外。

努尔哈赤见乌拉部大军依城布阵，阵容整齐，士气高涨。他回头看看自己的军队，由于连日长途奔袭，早已疲惫不堪，已成强弩之末。虽人数占优，一旦打起来，输赢难料。最起码，包括努尔哈赤自己，都没有做好战斗的心理准备。

一时间，这位久经沙场的老帅没了主意，不知道是战是退。

这时候，代善见努尔哈赤犹豫不定，站出来说：“我大军长途奔袭，所带粮草不多，应该速战速决。我们担心的，就是布占泰龟缩城中，跟我们打消耗战。既然这小子不知深浅，竟敢倾城而出，这不正是我们需要的吗？他们看似严阵以待，却没有趁我军阵脚未稳立即冲击，这说明什么？说明他们也没有把握一举消灭我们！”

努尔哈赤一听，觉得代善分析得没错，顿时下了开战决心。

此战中，代善身先士卒，冲锋在前，杀得乌拉部溃不成军，尸堆如山，血流成河。看似不可战胜的布占泰，弃城而逃。

总之，代善在战场上，做到了让努尔哈赤满意，甚至是感激。在褚英被杀之后，在建州圈子里，代善也就成了努尔哈赤接班人的不二人选。

代善被内定为建州圈子里的二把手之后，不像褚英高调做人，高调做事，不把圈子里的老资格放在眼里。在圈子里，代善见人三分笑，做人做事很低调。在战场上，他也没有觉得自己的命比别人金贵，依然冲锋在前，视死如归。

对一把手努尔哈赤，代善更是非常尊重，不论差事大小，都要事前先请示，事后及时汇报，而且其执行力非常强，什么事都做得非常到位，这让努尔哈赤很放心。

努尔哈赤虽然上了年纪，但依然对他的圈子面积不满意。因此，他不断带兵出征，把圈子向南扩大，从大明圈子里抢地、抢人、抢财富。

在努尔哈赤带兵出征、或者有事外出时，后金圈子里的一些日常事务，全权交给代善处理。即使是军国大事，代善也可以决断。代善代父汗执政，把圈子里的大小事，处理得很妥当，让努尔哈赤很放心。

代善并不是完美的人，他也有弱点。他的最大的弱点，就是不屑或者不善处理家里、个人生活中的细节琐事。

小事、琐事虽无关大局，但一旦成为别有用心之人炒菜的作料，就会影响一桌酒席的品位。

不怕没好事，就怕没好人。

作为圈子里的二把手，并不是把自己负责的工作做好就可以的。个人形象、生活作风、家庭和谐等诸多小问题，虽不影响圈子的发展，但却影响个人的前途。

作为二把手，一定要理顺自己和身边女人的关系。在家里，不能受枕边风干扰；在外面，和别的女人更要保持应有的距离。

男人是女人所生，一生中自然离不开女人。但是，作为一个有追求、有抱负的男人，就必须读懂身边的女人。读不懂，女人就可能成为男人的一个麻烦、一个包袱，甚至是一颗炸弹。

所以，在圈子里有前途的男人，一定要控制好和身边每个女人的距离，不然的话，就有可能被女人烦死、累死、炸死。

努尔哈赤对他选择的接班人很满意。于是,他在喝点小酒之后，不管谁在场，借着酒劲儿说："如果我真的到了那么一天，我的年轻老婆、处于婴幼儿阶段的孩子，全部托付给代善，相信代善一定能照顾好他们的。"

代善听父汗这么说，也没觉得有什么不对。父汗百年之后，照顾父汗的小老婆小孩子，自然是他不可推卸的责任和义务。即使父汗不交代，于情于理，他也会这样做。

努尔哈赤那么一说，代善那么一听，谁也没往心里去。可是，有人就把这事记在心里，并且采取了行动。这个人是谁呢？努尔哈赤的大妃、莽古尔泰的生母富蔡氏衮代。

富蔡氏衮代，虽然曾是努尔哈赤宠爱的女人，现任的大妃，但自从老爷子身边有了一个叫阿巴亥的女人后，她的日子便一天不如一天。她这个大妃，有名无实。

阿巴亥是一个什么样的女人呢？她是一个貌如天仙、聪明颖慧、颇有心计的年轻女子。在她 12 岁时，被叔叔布占泰当做礼物，送给努尔哈赤。这个天生尤物到努尔哈赤身边后，便利用她丰厚、独特的女人资本，把后金大汗据为己有，成为她忠诚的性伙伴。

这一对老夫少妻，因为在一起的时间长，阿巴亥在 9 年之间，为努尔哈赤生下 3 个儿子——阿济格、多尔衮和多铎。宫里最擅长生孩子的嘉穆瑚觉氏，9 年生产出二子三女，在阿巴亥出现之后，便立即停产。

子随母贵，一点也不假。努尔哈赤爱屋及乌，在 1620 年 9 月，

15 岁的阿济格、不满 8 岁的多尔衮、6 岁半的多铎，就被封为“和硕额真”。阿济格，多少有点战功，多尔衮、多铎还是上树掏鸟蛋、撒尿和泥的顽童，有什么资格跻身于大金国九大贵族之列？

别不平衡，这就是圈子里的特产。别说你劳苦功高，也别说你为圈子作出的贡献有多大，你在圈子里的位置，取决于你在圈主心目中的位置。如果你在圈主心里没位置，是龙也得盘着，是虎也得卧着。

莽古尔泰的生母富蔡氏衮代，现在在努尔哈赤的心目中，有她五八，没她四十，她在圈子里，自然没有地位。儿子莽古尔泰，四肢发达、头脑简单，根本不是代善、阿敏、皇太极的对手。在努尔哈赤心目中，他只是一个杀敌机器而已。如果无敌可杀，他就是个造粪机器。

在那个时代，作为女人，没个有权有势的男人依靠，要想荣华富贵，是不可能实现的。在斗争极其惨烈的后宫里，失宠的女人，犹如褪了毛的凤凰，心理、生理都会无比的落寞，怎么能甘心？

富蔡氏衮代，不甘心就这样输给阿巴亥，决定利用一切可以利用的机会，赌一把未来。赌，赌的不是名利，是寂寞。

努尔哈赤已近暮年，精力、心力大不如前。在爱新觉罗这个家族圈子里，代善已经成为预备接班人，皇太极是实力派人物。既然努尔哈赤已经靠不上，富蔡氏衮代决定先对这两个人进行感情投资。

女人拉拢男人，也不过是先送吃的、用的，见面嘘寒问暖，凑在一起聊天解闷。如果男人需要特殊服务，半推半就，潜规则嘛。

于是，富蔡氏衮代以照顾儿子生活的名义，派人给代善、皇太极送一些宫里的美味佳肴。代善对富蔡氏衮代送来的美食，想都不想，欣然接受，照单全收。代善，天生就有爱占小便宜的毛病。

皇太极见富蔡氏衮代给他送美食，就知道她的用意。当他得知代善也有一份时，他虽然接受，但不享用。

富蔡氏衮代一看代善没有拒绝她，便和他走得更近、更频繁，时时、事事都征求代善的意见，不是求他帮忙，就是让他拿主意。

代善以为，既然父汗交代过，让他照顾母亲和孩子，他就应该义不容辞地照顾好他们。

代善对富蔡氏衮代的各种要求，从不拒绝，非常愿意为其服务。

2. 利用，是一颗百发百中的子弹

代善头脑太简单了，他以为，既然父汗已经决定把他确定为接班人，那么在大金圈子里，他肯定能轻松地成为老大。唯一的条件，就是父汗去世。

他这样想，皇太极可不这样想。

皇太极是一个野心勃勃、善于经营、预见力非常强的人。他不仅在战场上智勇过人，在圈子里，进退都做得恰到好处。最可怕的是，皇太极不认命，他觉得凡事无绝对，世界上根本就不存在不能改变的事儿。

他是知道自己想要什么的人，也知道他的目标与现在他所处的位置有多大的距离，缩短这个距离应该做什么，而且一直在做。

褚英占有天时、地利、人和，具有别人无法比拟的、得天独厚的条件。可是，褚英不知道谁能决定他的命运，为了理想与决定他命运的人抗衡，最后导致他不但失去位置，还失去性命。

皇太极之所以没有向褚英开枪，是因为他没有资本。但他还是做了一些火上浇油的事儿，这和道德、品质无关，只和需要有关。

褚英下台，代善、莽古尔泰、皇太极 3 个人，成为二把手的条件基本均等，代善略有优势。

褚英能因错误失位，代善同样可以。他没有错误，那就制造机会让他犯错误。只要代善犯了致命的错误，皇太极就有机会取而代之。

莽古尔泰，皇太极没把他放在眼里。即使皇太极不和他争，圈子里的人，包括努尔哈赤，也不会让他当圈子里的二把手。

皇太极见富蔡氏衮代与代善走得那么近，关系不清不白，感觉整治代善的机会来了。即使不能把代善整倒，也要把他搞臭。

皇太极是个聪明人，他不会与代善正面交锋，也不会让努尔哈赤感觉到他是善于耍手腕的人。

怎么办？皇太极认为，在一个圈子里，利用，是一颗百发百中的子弹。利用与被利用，是圈子里的主要内容。

皇太极找到了他可以利用的人。这个人就是阿巴亥。

阿巴亥和皇太极一样，也是一个野心勃勃的人。她的目标是执掌后宫，利用一切机会影响努尔哈赤，在圈子里，为她的 3 个儿子谋取更好的前途。等努尔哈赤百年之后，她能依靠儿子继续享受荣华富贵的生活。

皇太极找到一个机会见到了阿巴亥。皇太极知道，要想讨母亲高兴，就得先夸她的孩子。

皇太极说："我这两个小兄弟，多尔衮和多铎，聪明好学，天赋过人，将来一定能成为金国的栋梁之才。"

其实，阿巴亥也把她的希望寄托在这两个孩子身上。大儿子阿济格，有勇无谋，性格粗暴，难成大事。

阿巴亥听皇太极这么说，也谦虚地说："他们的成长，和你们这些了不起的哥哥有关系，你们已经为他们树立了很好的榜样！"

皇太极摇摇头，叹了一口气说："我们这些做哥哥的，按理说，一定要成为弟弟们的榜样，但是，有些人不知道检点啊，真是看在眼里，急在心里！"

阿巴亥问："四贝勒，你是指……"

皇太极欲言又止，故意卖关子。他沉思一会儿，说："难道您不知道大贝勒和大妃富蔡氏衮代的事儿？现在外面已经传得沸沸扬扬，有些话实在不堪入耳。这事儿，恐怕只有父汗一个人不知道了。”

阿巴亥认为，富蔡氏衮代给代善、皇太极送美味佳肴的事儿，是在耍小聪明。她在努尔哈赤那里不受宠，拉拢代善和皇太极，是为她以后作打算而已。对此，阿巴亥非常不屑。

阿巴亥说：“哦，你是指送东西那件事吧？她不也给你送了吗？”

皇太极说：“她给我送，只不过是掩人耳目而已，我并没有接受，我觉得我也不应该接受。她见我不接受，就理直气壮地给大贝勒送了。她为什么给代善送，代善为什么敢接受？两个人的关系，真不好说。父汗的确说过，将来大贝勒当家，要他照顾好小弟弟们。我觉得，父汗让他照顾的是您、多尔衮和多铎吧？莽古尔泰、德格类已经长大成人，根本不需要照顾嘛！作为大金国的大妃，这样做，影响不太好吧？”

阿巴亥是何等聪明的人，她听到这里，就明白了皇太极今天见她的真正目的。

她说：“这事儿，关系到爱新觉罗家族的家风问题，一定得让汗王知道。至于汗王怎么处理，那是汗王的事儿。我们知情不报，就是对汗王不忠！”

皇太极说：“现在父汗特别信任代善，没有足够的证据，可不能乱说。父汗百年之后，大贝勒执掌大权，肯定要报复的。”

阿巴亥说：“我只为爱新觉罗家族着想，顾不了那么多。四贝勒，我也有一个不情之请，如果我因此有个什么闪失，希望你能照顾好你的3个弟弟！”

皇太极说：“照顾3个弟弟，是我义不容辞的责任。但是，我们更不想因为维护家族的名誉而使自己受损。在没有十足的把握时，一定要三思而后行。”

阿巴亥早就想好怎么办了。她知道，自己、3个儿子在圈子的位置要想往上提，她必须得到大妃的位置。只有坐上大妃的位置，她才能给儿子们强有力的支持。

阿巴亥不会做通风报信这种下三烂的事儿，这不是她的风格。她可不想破坏她在努尔哈赤心目中的完美形象。

阿巴亥找到了努尔哈赤的小老婆德因泽。德因泽尽管年轻、漂亮，但因为头脑简单，天真幼稚，没品位没素质，一直得不到努尔哈赤的宠爱。尽管如此，她并不觉得自己有问题，而是认为别的女人太有心计。所以，不甘寂寞的她，一直在寻找机会表现自己，打击情敌。

阿巴亥利用串门闲聊的机会，很随意地把富蔡氏衮代给代善、皇太极送美食的事告诉了德因泽。

德因泽觉得这是自己立功的大好机会，也不调查，也没有证据，就把道听途说的这些事儿，全部秘报给努尔哈赤。最后，她还添油加醋地补充说，富蔡氏衮代经常在晚上偷偷地溜出宫外，不知道做什么去了。

德因泽这么一说，不由得让努尔哈赤联想到，以前，他在家里宴请各位贝勒，或者召开小型会议时，富蔡氏衮代总会精心打扮，披金戴银，以女人豪华精装版出现在众人面前。她那双妩媚的眼睛，自然不自然地向代善暗送秋波。

自从有了阿巴亥，富蔡氏衮代这样的老女人，对努尔哈赤来说，有也用不着，没有也想不到。但是，只要他活着，决不允许别的男人靠近他的女人，包括他抛弃的女人。

只要是男人，都无法接受自己的女人和自己的儿子不清不白。这不仅仅是戴顶绿帽子的事儿。

代善虽然和富蔡氏衮代年纪只差10几岁，但是身份、辈分在那里摆着呢，不能随便来往，更不能胡乱来往。努尔哈赤虽然说过，让代善照顾他的老婆和孩子，那也是他死后的事。现在他还活得好好的，代善就开始照顾上了？什么意思？

作为血性汉子，努尔哈赤是绝对不允许别人给他戴绿帽子的，更不用说来自儿子的绿帽子。在德因泽面前，他不置可否，不动声色，事后，却派出扈尔汉、额尔德尼、雅逊、蒙阿图四大臣，暗地里调查代善与富蔡氏衮代的关系。

3. 诡异的调查，诡诞的结果

努尔哈赤为什么要扈尔汉牵头，调查这起家庭丑闻呢？原来，扈尔汉是努尔哈赤的干儿子,在努尔哈赤身边长大。扈尔汉长大后，努尔哈赤见他脑子机灵，能言善辩，对自己又忠诚不贰，便让他做自己的侍卫。在努尔哈赤的培养、提拔下，扈尔汉逐渐成为大金开国五大名臣之一。

聪明的努尔哈赤忽略了一点，他非常信任的 4 个大臣中，扈尔汉、雅逊、蒙阿图 3 人，均隶属正白旗。正白旗的主子，是把代善视为自己继承汗位最大一块绊脚石的皇太极。扈尔汉与代善有私人过节。

额尔德尼是正黄旗人，既是努尔哈赤信任的重臣，也是皇太极的死党。因为他是后金圈子里文化水平最高的人，精通满、蒙、汉等多种语言，掌握着后金圈子里的机要，他经常越旗到皇太极的住处通报各种消息，并为皇太极出谋划策。

这 4 个人调查代善，等于皇太极调查代善一样。诡计多端的皇太极，怎么会错过这样一个给代善致命一击的大好机会呢？

4 大臣调查的结果是：德因泽所言，句句属实。

他们给富蔡氏衮代定了 4 条罪状：

一、勾引大贝勒代善；

二、私藏财物 3 包，金帛 300；

三、私赠总兵巴笃里、参将蒙阿图妻子衣帛。其中给巴笃里妻子的是做朝服用的宝石蓝色倭缎，给蒙阿图妻子的是件绸缎朝服；

四、私自送财物给村民。

当然，后3件事情，根本不能算作富蔡氏衮代的罪过。皇太极的这几个打手，为什么要这样大做文章呢？他们不仅想搞臭代善，同时也想搞臭莽古尔泰。莽古尔泰也是后金圈子里的实力派，有资格参与接班人的竞争。富蔡氏衮代，毕竟是莽古尔泰的亲生母亲，如果她一直在大妃的位置上，在某个时候，一定会给儿子有力的支持。

其实，扈尔汉是被两方面利用了。努尔哈赤也是有头有脸的血性汉子。他派扈尔汉去调查，即使事情属实，他也希望听到绝无此事的调查结果。这样，他既保住了面子，又保护了儿子。

没承想，努尔哈赤信任的扈尔汉，给他的答案，却是他最不想要的那个。

家丑不可外扬。小家庭都是如此，更别说努尔哈赤这样的大家庭了，不可能不忌讳这一点。但是，富蔡氏衮代不可不办，给她安个什么罪名呢？勾引儿子的事儿，绝对不能拿到桌面上。努尔哈赤思来想去，决定以“私藏公共财产”的罪名，将她休弃。

定罪，不能说定就定的，得有证据，努尔哈赤派人审问富蔡氏衮代。富蔡氏衮代自然对扈尔汉恨之入骨，决定临死拉个垫背的。于是，在众人监视之下，富蔡氏衮代跑到扈尔汉的家里，说3包财物就藏在那里。

扈尔汉急了，赶紧和监视富蔡氏衮代的人向努尔哈赤解释：“我是大汗看着长大的，每次打胜仗，那些缴获的财物我都如数交公，不敢私藏一分一文，怎么可能敢私自替她私藏宫里的赃物呢？她说我替她私藏，绝对是在报复我。”

努尔哈赤为了把富蔡氏衮代的罪名坐实，一定得拿出证据来。于是他说：“我是相信你的，但是，既然人家说你帮着私藏了，我就得派人查一下。如果查不出这3包财物，就证明你是清白的。”

扈尔汉为了证明自己与此事无关，就坦然接受了努尔哈赤的搜查。没想到，在他山上的一所宅子里，还真的搜出了富蔡氏衮代所说的 3 包财物。这让一向以效忠主子为己任的扈尔汉，百口莫辩，只能拼死抵赖，发血誓说他与此事毫无关系。

扈尔汉是努尔哈赤非常信任的心腹，得力的左膀右臂，努尔哈赤从未怀疑过他的忠诚。但是，经过这件事，努尔哈赤认为，扈尔汉并不是值得他信任的人。

尽管努尔哈赤只杀了看宅子的家奴，没有给扈尔汉治罪，但扈尔汉毕竟在这次事件中，不仅没能给主子提供满意的答案，而且还把自己牵扯进去，这不得不让努尔哈赤怀疑他的变化。

这件事之后，扈尔汉便开始时时不爽，事事倒霉。他虽然仍旧有资格为扩大后金圈子东讨西伐，而且时有战功。可是，这时的他立功没人提及，犯错却有人盯着，经常被罚款降职。

看来，在一个圈子里，无论被一把手如何信任，也不能以任何名义参与一把手的家务事。神仙难断家务事，何况我们不是神仙，最好别参与，更不能积极参与。对于一把手的个人私事，特别是那些不光彩的事，不应该知道，更不能彻底掌握。

不论主动还是被动，知道了更多跟圈子一把手有关的私事，就会被一把手放心不下。结果只有两个，如果还有利用价值，就会被继续利用；没有利用价值，在圈子里很可能被动消失，或者被消灭。

4. 如果有眼无珠，就会与虎谋皮

善于经营的皇太极，为了让自己在圈子里获得好前途，一心想当圈子里的一把手。当一把手的最大好处是：自己一句话，就能决定别人的前途；圈子里的一切，都以自己的意志为转移。

皇太极为了实现他的宏伟目标，做了详细的规划。他的规划主要分两部分。第一部分，利用一切机会打击竞争对手；第二部分，创造业绩，树立好形象，发展他的圈子，团结一切可以团结的力量。

这两部分，不分前后，同时进行。

代善与富蔡氏衮代之间的绯闻，似乎对代善没有造成不良影响。儿子与后妈“私通”这件事，努尔哈赤既未公开宣布，也没私下里找代善谈话。代善在圈子里的位置，似乎没有什么变化。

阿巴亥达到了她的目的，取代了富蔡氏衮代在后宫的位置，成为努尔哈赤的大妃。

皇太极觉得这篇文章不能就此画上句号，应该再补上更精彩的一笔。

皇太极和莽古尔泰两个人，是在一起玩大的，莽古尔泰把皇太极视为亲弟弟。莽古尔泰也知道皇太极比他有头脑，有眼光，所以，他遇到棘手的问题时，都会主动向皇太极请教。

母亲富蔡氏衮代被贬，让莽古尔泰六神无主，母亲不光彩的行为，会影响到他的前途。于是，他便跑到皇太极那里，寻找应对之策。

莽古尔泰一脸愁容地坐在皇太极面前，唉声叹气。

皇太极明知故问：“三哥，你这是怎么了，一脸不高兴？”

莽古尔泰叹气道：“你这不是明知故问嘛！还不是因为我那个不争气的额娘，被贬成老百姓了，我这脸上挂不住啊！父汗这次下手也太狠了，不就是因为我娘贪图那点破东西吗？至于这样吗？”

皇太极说：“三哥，事情没那么简单。这件事我多少也了解一些，额娘这次被贬，绝不是因为私藏了那点东西，父汗也有父汉的难处。怪就怪咱们的额娘实在是不争气。其实，当不当这个大妃也无所谓，有你我二人在，还能保证额娘吃饱穿暖的。事情既然已经发生，顺其自然吧！”

“啊？额娘还有别的事儿？我怎么不知道？”

皇太极点点头，说：“额娘身为大妃，如果不是罪不可赦，父汗能如此大动肝火吗？私藏、私赠财物，还不至于把大妃贬为庶民吧？”

“难道还有别的事？你知道吗？”莽古尔汉是个急脾气，刨根究底地问。

“父汗没有公布，自然是一些难以启齿的事儿。我也是听说的，不一定准确，你就别问了。唉，事情既然到这地步了，知道又怎样，不知道又怎样？父汗肯定对此事非常震怒，说不定还要发生连坐事呢，我们根本不可能叫父汗收回成命。三哥，我们现在要做的，就是保全自己，小不忍则乱大谋啊！”皇太极一副无奈的样子。

莽古尔泰听皇太极这么说，更着急了：“老八，额娘的事，是不是你们都知道，就我不知道啊？”

皇太极说：“是额娘和大贝勒的事儿，据说还是额娘主动的！这事儿父汗能公开吗？真是家门不幸啊！我们这些做弟弟的，今后在圈子里怎么抬头啊？三哥，你和德格类是额娘的亲生儿子，城门失火，殃及池鱼，还是想办法保全自己吧。如果我们为这事儿和父汗闹，父汗不缺不明事理的儿子，更不缺道德败坏的女人！记住，我们是爱新觉罗家族的血性男人，各个都是巴图鲁，不要让妇仁之仁毁了我们的前途！”

莽古尔泰觉得皇太极说的非常有道理，站起来说：“我知道该做什么了！”

“你不能乱来啊！现在父汗正在气头上，你往枪口上撞，到时候恐怕连神仙都救不了你！”

莽古尔泰这个人，不仅头脑简单，脾气暴躁，而且还特别自私，唯利是图。他觉得额娘不仅败坏了门风，丢了父汗的脸，最要紧的，是耽误了他在圈子里的前途。

莽古尔泰认为他现在最应该做的，就是向父汗证明，他永远与父汗是站在一起的。为了维护父汗的尊严，他必须做点什么。

那天晚上，莽古尔泰喝了很多酒，借着酒劲儿，把亲生母亲杀了。

这就是皇太极想要的结果。莽古尔泰弑母，会给人一种残忍、残暴的印象。这样的人，根本没有资格参与接班人的竞争。

莽古尔泰却认为，皇太极是他最值得信赖的兄弟。

莽古尔泰杀死亲生母亲的事情，传到努尔哈赤那里，他差点被气昏过去。本来，对代善和富蔡氏衮代之间的事儿，他一直将信将疑。富蔡氏衮代向代善套近乎，这个他信，要说两个人发生关系，只是猜测，没有证据。

自从阿巴亥出现后，努尔哈赤对富蔡氏衮代冷淡了许多。他也一直想把阿巴亥立为大妃,只是没有合适的机会。现在机会来了，把富蔡氏衮代贬为庶民不是目的，目的是把阿巴亥提到大妃的位置上。至于代善和富蔡氏衮代的事，即使真有其事，他也不想再追究，就当没发生过。

努尔哈赤没想到，莽古尔泰居然因此杀了自己的亲生母亲。即使母亲该死一万次，也轮不到儿子去杀啊，那不是禽兽不如吗？连自己母亲都能杀的人，谁能保证他不能杀父亲、兄弟？

努尔哈赤对莽古尔泰的态度，从忽视变成了鄙视。他已经杀了弟弟和儿子，儿子又杀了母亲，将来会不会有人杀了他？想到这个问题，努尔哈赤不寒而栗。

对于莽古尔泰弑母一事，努尔哈赤不想追究。再追究下去，只能引发更大的杀戮。

努尔哈赤不再相信任何人。为了不被别人杀害，他只有将大权死死地攥在手里。权在手，一切才有保障。

5. 小事较真，前途丢分

在代善与富察氏衮代“送饭门”事件中，表面上，代善并没有受到什么影响，该做什么还做什么。由于“母子私通”这件事，既未公布于众，也未通知代善，或者代善与富察氏衮代根本就是清白的，导致对政治不敏感、生性淳厚的代善，不可能把事情想得那么复杂。

圈子里发生如此蹊跷之事，并未使代善进行反思，把他的政治前途和诸多细节联系起来，认真分析总结。他依然保持着大事专注、小事糊涂的做事风格，认为父子兄弟之间，不可能存在钩心斗角，尔虞我诈。别人不可能有多坏，他也不习惯把别人想得有多坏。

代善虽然身为大贝勒，后金国未来的接班人，拥有数万众人口，家私丰厚，但是，他这个人天生就爱占小便宜的毛病却一直未改。

爱占小便宜的习惯，和他在什么位置、拥有多少财富无关，应该是一种心理疾病。这就像惯偷走出家门，见到别人的东西就想偷。他偷的东西，不一定非常有价值，他也未必真正的需要。只是他出门不偷点儿东西，总感觉和丢东西一样难受。

爱占小便宜的人，如果在一件事情上，不占点小便宜，就会感觉自己吃了亏，心情是非常不愉快的。代善，就属于这类人。

作为后金国一人之下、万人之上的大贝勒，代善缺富察氏衮代送的美食吗？根本不会。但他欣然接受，坦然享受，根本不会想到小便宜会给他带来大麻烦。

随着后金圈子的势力范围不断扩大，努尔哈赤也搬了几次家。

1603 年，努尔哈赤自虎拦哈达南冈移居，搬到苏克苏护河与嘉哈河之间的赫图阿拉，在此定居。1616 年正月，努尔哈赤在此地称汗。

1619 年，后金国政府驻地从赫图阿拉搬到界凡。

1620 年，后金政府又迁都萨尔浒。

当时的满洲人，是以家庭为单位的。一个人的社会地位，富有程度，从这个人的家就能看出来。满族人的家，一般都是一个大院子，院子里有房舍若干间，不但妻子、儿女都住在里面，护卫兵丁、管家助理、家奴、奶妈、使唤丫头等人，也住在里面。儿子长大成人之后，就会分出去，重新组建自己的家。

如果这个人有权势，他所辖部众的家，都是以他的家为中心，环绕而建。

家，对满族人来说，不仅是起居的住所，也是地位、身份的象征，因为每个满族人把家都看得很重。

后金政府准备迁都萨尔浒，自然先要在萨尔浒建房子。作为一圈之主，努尔哈赤分别给众贝勒分地建房子，并派夫役平整各家宅基地。

宅基地平整完毕，代善察看之后发现，他家的宅基地要比父汗的又宽又大，觉得这样做不合适，就提出与努尔哈赤交换。努尔哈赤见代善有这片孝心，很是感动，就答应了。

父子换地之后，代善发现他得到的这片宅基地很窄，阿敏、莽古尔泰、皇太极家的宅基地都比他的宽，感觉他吃亏了。

代善发现儿子岳托的宅基地不错，如果再修整、拓宽一下，肯定要比他现在的宅基地宽大。但是，他又不好意思直接请求努尔哈赤派夫役给他重新平整宅基地，于是他找到莽古尔泰，让他跨过贝勒会议，直接找努尔哈赤商量，要父汗派 1000 名夫役重新为代善修建宅基地。

努尔哈赤并没有多想，很爽快地拨给代善 1000 名夫役，为他重新修建宅基地。

宅基地平整完毕之后，代善发现这块地比现在努尔哈赤的还大，再次动了善心，请求努尔哈赤前来居住。努尔哈赤看过之后，也觉得此地不错，就再次命人在代善之地建造大衙，把他的原住地让给代善。

代善与努尔哈赤换了 2 次宅基地，努尔哈赤建了 3 座府第。等第 3 座府第建好之后，代善又反悔了，这次他找到阿敏，要阿敏在努尔哈赤面前递个话，他跟父汗换房子吃亏了，他现在的房子，根本不够住，想再选个地方重建。

努尔哈赤也被代善折腾够了，实在不想劳民伤财了。于是，他对代善说："既然你嫌那地方狭小，咱们再换回来吧。"

代善也没客气，带着家眷住到努尔哈赤的新家。通过这样换来换去，代善不但自己没有建府第，还得到了最大最敞亮的房子，觉得自己很聪明。

经过这场三番五次的换地，代善靠他的小聪明、脸皮厚，最后以最小的代价住进最大的房子，让努尔哈赤觉得这个儿子难担大任。

一个不懂得分享、在乎尺寸得失、凡事斤斤计较的人，是有小聪明而无大智慧的人，这样的人，成不了大事。

第四章

从红人到废人的距离有多远

1. 老婆孩子不争气，圈子里面没地位

代善，在外是位生死不怕、杀人不眨眼的纯爷们，一人之下万人之上的大贝勒，大金国未来的接班人，权高位重，风光无限。在圈子里，没有他办不成的事，没有他整治不了的人。

可是，在家里有两个人却成为他的无解方程。一个是后续的老婆，一个是儿子硕托。

代善后续的老婆，长得虽然漂亮，但童年时家教不好，成年后素质不高。一点亏不吃，啥便宜都占。没文化没教养，心胸狭隘，龌龊无知，见不得别人比自己好，热衷于挑拨离间，搬弄是非。

次子硕托，典型的不知道珍惜自己、不知道珍惜别人的“富二代”，游手好闲不求上进的纨绔子弟。虽然打仗是把好手，但回到家里，却是吃喝嫖赌抽、坑蒙拐骗偷。代善虽然在万军中取上将首级如探囊取物，却拿不争气的儿子毫无办法，也打过也骂过，可是硕托依然不以无知为耻，反以堕落为荣。

在战场上，代善机智过人，勇猛无敌。在家里，他却拿这两个“活宝”没办法。

代善不在家时，那婆娘依仗代善的宠爱，对家里所有人作威作福。她对家里人只提两条要求：

一、我是这家的当家人，一切我说了算，我永远是对的；

二、如果我错了，按第一条办。

处于青春年少的硕托，本身逆反心理就比较严重。虽然他在圈子里不务正业，但打仗却是把好手。他能骑善射，从小就跟随父亲、祖父四处征讨。在努尔哈赤的儿孙之中，不论大小战斗，他和阿济格，必冲锋在前，是圈子里出了名的善战、好战分子，因此他深得努尔哈赤的喜爱。在天命元年，硕托就已经被封为台吉。

硕托自恃有战功，哪里会把无德无才的后娘放在眼里？后娘以当家人自居，更不会把这个不听话的败家子当回事。自从她嫁给代善之后，就看着硕托不顺眼，总觉得他是这个家族的丧门星，败家子。

于是，她经常在代善的跟前说硕托的坏话。

代善指望硕托和大儿子岳托一样，有理想，有抱负，多读书，多立功，使代善家族成为圈子里最有权力、最有势力、最富有的一支力量。可是硕托就像一摊扶不上墙的烂泥巴，无知者无畏，好事不做，坏事做绝。

硕托在后娘心里成了肉中刺，在代善眼里成为无药可救的不良青年。

拿着无知当个性的硕托，从不认为自己这样做有什么不对。他认为，人生短暂，就应该按着自己的真实想法活在当下，根本没必要在乎那么多。后娘的鄙视，父亲的责骂，更使硕托破罐子破摔。

努尔哈赤在称汗之前，将属下的5000户人家赏给代善，并叫他合理分配给家人。代善把这5000户人家，按着贫富程度分成几等。最富的一等，分给老婆和她的孩子，最穷的分给硕托。这让硕托心里拔凉拔凉的。

硕托认为，他贵为汗孙，在外面，他好歹是一个台吉，但在家里充其量就是一个奴才，找不到一丝的安全感。后妈对他横挑鼻子竖挑眼，鸡蛋里面找骨头。

30岁前看父敬子，30岁后看子敬父。代善夫妇对硕托失望，别人自然不会给硕托尊重。这让硕托感到在爱新觉罗家族和大金国的圈子里，他是多余的，无药可救的，这和他如何努力奋斗无关。

在代善家里，并不是每个人都对硕托这样。代善有一个小妾，年龄与硕托相仿，是个天真、浪漫、活在理想中的女孩子。她渴望风花雪月般的浪漫，想过你亲我爱的生活，但是，老代善给不了她这样的生活。她和代善之间，只有近似牲畜交配般的性交，没有灵魂与灵魂的相拥相融。

在别人眼里，硕托是一个游手好闲、不务正业的花花公子，可是在这位小妾看来，硕托却是活得潇洒，活出个性，不为名利的真正男子汉。于是，两个年轻人在一起，总有说不完的话题，彼此找到一种久违的愉悦。她对这个缺少母爱的孩子，给予对英雄一样的崇拜、关怀和照顾。

感情无处寄托的硕托，见这位小庶母理解自己，懂自己，便经常到小庶母房间来，聊聊天，说说话，发发牢骚。小庶母也甘愿做硕托的忠实听众。

硕托和代善的小妾走得很近，这让代善的后妻很不爽。于是，就指示代善的最小的小妾，到代善那里告密，说硕托和小庶母私通。

代善本来就对硕托有偏见，对儿子和自己小妾关系火热的事儿，也有所耳闻。这次有人告发，他也没有认真核实，就决定杀死这个败家子，清理门户。

硕托和庶母虽然经常来往，但肉体还没有达到零距离的速度。他们之所以交往，是因为没人真正把他们当人看。硕托见父亲仅听一面之词就要杀他，他的心情，由失望变成绝望；他对后金圈子，由旁观变成悲观。

想想自己，为大金国的利益，一不怕苦，二不怕死，常年活在刀刃上，却一无功劳，二无苦劳，没人关心少人问，最后只剩下无人认可的疲劳。父亲虽是后金国的内定接班人，可在他眼里，自己的价值，却不如卑鄙、龌龊的长舌妇。

硕托眼里流泪，心里流血。他感觉到，生己养己的后金圈子，已无他立锥之地。父亲已经对他下了必杀令，作为一条汉子，不能被人无辜地冠以“与庶母通奸”的罪名，死得不明不白。既然父亲不给他留活路，那么，他就拼出一条活路。

2. 一言可失位，一事可丧命

硕托和圈子里的另一个玩伴——和他一样活得不如意的人——二贝勒阿敏之弟斋古桑商量，在后金圈子里，他们怎么混也混不明白了，不如再找一个圈子混混。树挪死，人挪活。此处不养爷，自找留爷处。反金投明，豪赌一把。

努尔哈赤的眼线，遍布后金圈子里的每个角落。硕托与斋古桑密谋投明之事，很快就有人汇报给努尔哈赤。努尔哈赤见孙子要背叛后金，相当震惊，马上派人把硕托等人控制住，再进行调查。

在审问时，斋古桑对自己预谋叛变、反金投明的行为供认不讳。但是，无论如何威逼利诱，硕托拒不承认自己有投敌行为。

硕托拒不承认他的叛国投敌行为。父亲代善此刻却表现出让人难以理解的大公无私。无论在私下，还是在公共场合，他对硕托的行为，对硕托的不齿行径，均表示不知、遗憾和耻辱。他三番五次地求见努尔哈赤，并强烈要求，自己要亲手对儿子处以极刑，以正法典。

代善觉得自己这样做，是维护后金政府的利益，维护父汗的权威与统治地位，但是，头脑简单的他，怎么能想到，上了年纪的努尔哈赤，对“屠杀亲人”四个字，已经无比的敏感和脆弱。

努尔哈赤为了大权独揽，杀死了对他毫无威胁的弟弟；为了朝纲独断，杀死了为圈子健康发展尽心尽力的儿子。在后金圈子里，也许只有努尔哈赤自己明白，这两个人，死得很冤。他们不应该死，但他们却必须得死。

舒尔哈齐和褚英的死，像两块巨大的石头，重重地压在努尔哈赤的心头。最近这一年，不知道怎么了，他总是梦见这两个人，浑身是血地站在他的面前，冷笑着，一言不发。

在他们面前，努尔哈赤感觉自己是天下最可耻的人。他们的鲜血，时刻在拷问着他的良心。

如果时间可以倒流，努尔哈赤依然会选择杀弟弟和儿子。只有身处他那个位置上的人，才能理解他为什么这样做。遗憾的是，整个圈子里，只有他一个人处在那个位置。别人不会理解他，也无法理解他。

努尔哈赤只希望在他的儿子、孙子、子子孙孙中，不再发生类似的悲剧。

当代善提出要处死硕托时，正触及努尔哈赤心里最痛之处。他认为，代善不是无私，而是无情；是自私，而不是自省。

代善和硕托的非正常表现，让努尔哈赤感到事情并不简单，决定亲自审问硕托。

爷爷亲自过问，硕托把自己这么多年的苦水完全倒出来，并说自己走上极端，不是为了背叛后金，而是为了保命。亲爹、后妈都不允许他存在，他所有的罪名，都是后妈编造的谎言，根本不存在。

见孙子这副可怜相，做爷爷的动了恻隐之心。无论如何，努尔哈赤都不会相信，他的孙子会为了名利叛变他。于是，他又派亲信仔细查访，证明硕托所言不假。

至此，努尔哈赤决定判硕托无罪，并对硕托说："孩子，发生这样大家都不愿意看到的事情，主要是因为我没有照顾好你。要怪，就怪我吧。以前的事就让它过去吧。现在你有两个选择：一、如果你愿意回到家里，跟着父亲，那就回家去，好好读书、练功，报效国家；二、如果你不愿意回到父亲身边，就跟我一起生活。选择跟谁，随你自己。"

与父亲已经闹到水火不容、不共戴天的地步，硕托自然选择跟随努尔哈赤生活。

以前，对代善耳根子软的毛病，努尔哈赤多少有些耳闻，并没往心里去。现在，代善居然对一个妇人的谎话，不调查，不分析，不问青红皂白，就对亲生儿子下毒手。由此联想起代善在众人面前，那副假正义的面孔，努尔哈赤就恨得直咬牙。

努尔哈赤派人把代善叫来，严厉训斥说："我也有很多媳妇，有的年龄比你还小。你也是我前妻生的儿子，我啥时候因为宠爱小老婆而虐待你了？甚至连冷落都谈不上吧？硕托是你的亲生儿子，他为了这个家族的事业，哪一战不是冲锋在前？即使遭遇不公正的待遇，他也是忍了，认了。有这样的孩子，应该是父母的荣耀，怎么在你们眼里，他就成了眼中钉肉中刺，不杀不足以为快？"

代善对努尔哈赤的严厉责骂，一声也不吭。

第二天早朝，努尔哈赤又提及此事，越说越生气，又大骂代善。同时，他又对身边的贝勒、大臣说："代善平时如何对待儿子、属下，你们知道的一定比我多。只要属实，你们都给我说出来。"

贝勒、大臣你看我，我看你，都低着头，一言不发。毕竟代善是二把手，酿酒不甜，酿醋肯定会酸。一旦老汗王百年之后，代善即位，执掌圈子里的生杀大权，谁能保证他不会给自己穿小鞋呢？

多一事不如少一事，少一事不如没有事。

见贝勒、大臣谁都不说话，努尔哈赤更生气了，指着皇太极的鼻子说："皇太极，对于代善家的事，你就一点都不清楚吗？"

皇太极看看代善，又看看努尔哈赤，一副欲言又止很为难的样子。

努尔哈赤一看皇太极的表情，更生气了："有就是有，没有就是没有！说句话，就让你这位大贝勒如此为难吗？"

皇太极非常为难地说："父汗，不是我不想说，而是我不敢说。大贝勒和嫂夫人有多厉害，你可能不知道，我们可是都领教过的。特别在嫂夫人那里，哪里有道理可讲啊？她的野蛮，可是成系列的。"

努尔哈赤听皇太极这样说，又联想到硕托被抓之后，代善三番五次强烈要求亲自给儿子处以极刑的要求，不由得火冒三丈，指着代善的鼻子骂道："你一旦登上大宝，执掌八旗，是你说了算还是你媳妇说了算啊？一个如此不讲情理，偏听偏信妻子之言，就要诛杀亲生儿子的人，还有谁你不能杀，不忍杀，不敢杀？你能以莫须有的罪名杀儿子，将来你会如何对待其他兄弟、子侄？会如何对待臣子、国民？又怎能主持公道？你怎么配做爱新觉罗家族的子孙？有何德何能做一国之主？有何资格执掌后金国杀生大权？"

努尔哈赤当众宣布，废除代善预备接班人的资格，剥夺他所有的职务及权力，将其属下的幕僚、部众全部归公。

在努尔哈赤一怒之下，一句话说完之后，以前一人之下、万人之上的大金国预备接班人代善，瞬间就变成一无所有，一钱不名的老百姓了。

3. 女人的陷阱

努尔哈赤两次指定接班人，结果一个被他秘密处死，一个被他公开贬为庶民。这两个圈子里最有前途的人，因为未来圈主的位置，都丢了前途。

代善这个人，输就输在他不知道当这个圈子里的二把手，需要什么条件，该做什么样的事情。在他未当上圈主之前，应该作什么样的准备，达到什么要求。

代善天真地认为，在褚英下台之后，在后金圈子里，没有人比他更有资格、资历、资本当圈主的接班人。在努尔哈赤把他内定为接班人、他成为圈子里二把手之后，并没有认识到父汗的希望、圈子的未来，到底需要一个具有什么样能力、素质、水平的人。

最重要的一点，他没有意识到，努尔哈赤是不会把圈主的宝座和权杖，交给一个他不放心、不认可的人的。因为这个圈子是他创建的，确定未来的圈主，他必须为圈子的前途、圈里人的前途负责。为了这两个前途，他必须把他满意的人拉上来，把他不满意的人推下去。这对他来说，就是说一句话那么简单，最起码现在是。

代善是大事专注、小事马虎的人，做人做事不求细节。他觉得，成大事的男人，就不应该把注意力放在琐碎的生活小事上。国事必须认真经营，家事不必求全责备。

代善没有想到，正是家庭的琐事，把他从二把手的位子上拉下来。一个无德的妻子，一个败坏的儿子，成为他事业上的两口巨大陷阱，使他深陷其中。

作为圈子里的二把手，与一把手只差一步。一屋不扫，何以扫天下？家都管理不好，谈何治国？这是圈子里任何人都会想到的事情。

家有贤妻，男人不做横事。所谓横事，泛指愚蠢的事，冲动的事，后果相当严重的事。如果是平民百姓，无职无权无钱，媳妇素质低下、心胸狭隘、目光短浅、心理龌龊、行为卑鄙、专横霸道，受其害的，不过是丈夫、孩子、亲属和邻居。即使男人对这样的女人百依百顺，言听计从，她对男人的影响也不会有多大，因为能和这样女人在一起生活的男人，生活圈子、工作圈子不可能太大。最糟糕的结果，也就是赚钱机会少，社会交往少而已。

男人，不仅属于老婆、孩子，还属于他所在的圈子。男人也必须有一个或几个比较大的圈子，并在这些圈子里有一定的地位和影响，他才能体现出他的社会价值，创造出更多的财富。

作为男人背后的女人，要想让自己的男人在社会上有地位、有价值，就得让男人在他的各个圈子里，保持独立、自主、自由的身份。一些事情，可以建议，不能干涉，更不能为了一己私利，逼迫男人盲目取舍。

善良、淳厚、一心为国的代善，倒霉就倒霉在家里多事的女人、顽劣的儿子身上。他可能是为了使家里麻烦少一些，全家老少安宁一些，事事顺着多事的野蛮女友。可是，这个女人的利爪太长了，无处不及，结果撕毁了他的似锦前途。

代善从将军变成奴隶，媳妇傻眼了，老实了，不闹了。但是，以前无比老实的代善却愤怒了。曾经一人之下、万人之上的代善，怎能甘心就这样带着孩子老婆回乡下种地？在后金圈子里，父亲是圈主，他又不是百无一用。父亲一直企图向南扩大圈子，像他这样有丰富带兵经验、战无不胜、攻无不克的人，对父亲来说，还是有很大利用价值的。

代善和努尔哈赤之间，并没有不可调和的矛盾。这次，代善之所以倒霉，完全是因为他的防火意识淡薄，导致自家后院起火，烧掉所有。努尔哈赤对这个不争气的儿子，也是哀其不幸，怒其不争。现在，只要代善对症下药，从什么地方跌倒，从什么地方再爬起来，好好表现，在圈子里混个高薪高职的好工作，还是非常有可能的。毕竟，他的背景、身份、地位、能力、经验在那儿呢。

代善想明白了。他不就是因为家有野蛮妻子而自毁前途吗？对于从不缺女人的代善来说，这事还不简单吗？让她消失不就完了吗？对代善来说，一个给他带来灾难的女人，价值远不如一匹好马，一口好刀。

看来女人再漂亮，也不能对自己的男人要求过多、过度。漂亮的女人，男人都喜欢。但是，漂亮的女人一旦成为男人的耻辱、包袱或者祸害，后果超出男人的容忍度，她在男人心目中，就不再是天使，而是添屎了。

反过来，男人也一样。女人再软弱，如不畏死，男人也无强大可言。

总之，男人和女人在一起，谁都不能把对方逼急了。当一个人活着比死还难时，一切皆有可能发生。

代善在家反省 8 天后，提刀就把一直视他为男奴的老婆杀掉了。然后，代善提着老婆的人头，来到努尔哈赤的面前，做了深刻的检讨，以此证明他已经下决心痛改前非，洗心革面，重新做人。

努尔哈赤对代善，是哀其不幸，恨其不争。褚英和代善，都是他非常欣赏的儿子，并提供 N 多机会对他们进行培养、锻炼，结果呢，他们还是打了他这张老脸。他在圈子里，绝对是有身份、有地位的人，接班人却一而再、再而三地给他添堵、添乱。

既然代善已经做到这个份上，努尔哈赤也不能一黑到底，毕竟代善是他的儿子。于是，努尔哈赤决定恢复代善贝勒爵位，把剥夺的幕僚、部众悉数还给代善。但是从那以后，他对接班人的事，闭口不谈。

4. 暗含玄机的一次对话

代善失势之后，后金圈子里二把手的位子出现空缺。凡是有想法的贝勒，对这个位子都跃跃欲试。

努尔哈赤两次确定自己的接班人，均以失败告终。为此，他也深陷取舍矛盾之中。

努尔哈赤的矛盾在于，他的接班人在他活着的时候，应该像一条温驯听话的狗；在他死后，应该像呼风唤雨的龙。接班人，只有狗性与龙性共存一身，才符合努尔哈赤的要求。

虎父无犬子。在努尔哈赤的遗传基因中，根本没有狗性。他的那些儿子，虎性、狼性居多，各个都是能杀能抢的虎狼之辈。在他们眼里，只有目标，没有规则。

代善被废，圈子里的二把手、未来接班人，成为后金圈子里最大的一块肥肉，贝勒们各个都是垂涎欲滴，有本事的惦记，没本事的也惦记。

努尔哈赤最担心的是，圈子二把手的位子，将会成为引发父子、兄弟之间残酷杀戮的引信。他觉得在没有确定二把手最佳人选之前，圈里人和平共处、和谐发展是最重要的。

现在在后金圈子里，除舵手努尔哈赤之外，势力、实力最大的有 4 家，分别是代善、阿敏、莽古尔泰和皇太极，圈子里最大的隐患也在这 4 家之中。努尔哈赤为了分化这 4 家的权力，把德格类、岳托、济尔哈朗、阿济格、多尔衮、多铎提拔上来。

阿济格、多尔衮、多铎三人，均为阿巴亥所生。三人除阿济格略有战功外，其他两个还都是孩子。阿巴亥乃是努尔哈赤最宠爱的女人，在讲究血统论的满洲，子随母贵是无可争议、不服不行的事情。

阿巴亥的 3 个儿子，虽不主旗，但已经位列后金圈子里九大贵族之列。努尔哈赤利用3个不懂事的孩子，在圈子里为他占了3个重要位置。

为了达到圈子里势力平衡，努尔哈赤又提出八贝勒共议国政制度。这8位贝勒为：代善、阿敏、莽古尔泰、皇太极、德格类、阿济格、济尔哈朗和岳托。

这8位可以说暂时是后金圈子里最有实力的人，让他们一起参政议政，相互制约，对维护圈子里稳定、一把手的权威，防止一家独大有积极的作用。

为了防止八大和硕贝勒拉帮结派，努尔哈赤又提出八大臣辅佐八大和硕贝勒的监督制度。他授权给八大臣说："我设八大臣辅佐八大和硕贝勒，就是要求你们，平时注意他们的一言一行，一举一动。看看谁能遇事不分人己，大公无私，以国家利益为重；看看谁经常掩饰自己的错误，逞口巧辩，损公肥私。如果你们认为他们有错，就要当面提出来，并给予批评指正。如果他们不听，就来告诉我，我一定秉公处理。"

努尔哈赤通过调整制度，使后金圈子暂时处于平衡状态，没有人能威胁到他的位置。但是，他已经上了年纪，肯定会有那么一天。到那时，谁来接他的班？这个人选不能不考虑。

怎么办？确定谁？努尔哈赤在维护他绝对统治地位的基础上，从稳定局面出发，对于未来的接班人，提出一个"和稀泥"的办法。

努尔哈赤宣布，自代善之后，他不再内定接班人选。在他百年之后，在他的兄弟、儿子、侄子之中，八位和硕贝勒依据德、能、勤、绩的考核结果，推举一位能人做圈主。

虽然努尔哈赤一再公开表示，下一任圈子的领导人民主选举，公开推选，但是，话虽然这样说，圈里的人都心知肚明，未来的圈子一把手，肯定是在代善、莽古尔泰、皇太极、阿济格、多尔衮、多铎中间产生。

这几个人，有的有实力，有的有背景，没有一个是省油的灯。

努尔哈赤感觉自己精力一天不如一天，又把安排接班人的事，提到日程上来。

努尔哈赤认为，确定接班人是圈子里重要的大事，光自己瞎合计不行，得找个人商量。于是，有一天，努尔哈赤派人把阿敦找来，想听听他的意见。

阿敦是何许人也？和努尔哈赤是什么关系呢？在努尔哈赤创建八旗制度后，他自领两旗——正黄旗、镶黄旗。其中，正黄旗的常务主管就是阿敦。

努尔哈赤在赫图阿拉称汗，宣布大金国成立、自封为汗时，在隆重的登基仪式上，阿敦作为努尔哈赤的贴身保镖，带刀站在他的身边，并代表努尔哈赤接受贝勒、大臣们敬献的贺表。

由此可见，阿敦和努尔哈赤的关系绝对不一般。

努尔哈赤把阿敦叫来，聊着聊着，就聊到大金国未来接班人的话题上。

努尔哈赤似乎不经意地问道："儿子多，也麻烦。你看看我这些儿子，没有一个让我省心的。对了，你对他们都非常了解，知道的事情肯定不比我少。你帮我看看，在他们之中，谁最合适做我的接班人？"

这是一个非常敏感的话题。阿敦见努尔哈赤要求自己回答，感到十分为难。一把手的心，海底针，谁也猜不透他到底想什么。谁做接班人合适，他比谁都明白，知子莫若父。他今天问自己这个问题，是试探自己和谁走得近呢，还是想了解一下哪个儿子对宝座的欲求更强烈呢？

阿敦在努尔哈赤身边混了这么多年，猜测领导心思的功力，早就修炼到炉火纯青的地步。他说："知子莫过父亲，聪明莫过帝王。这样的事儿，没人敢想，也没资格想。我们做奴才的，将来无论谁登上汗位，都像忠诚您一样，忠诚他，服好务，办好事。"

阿敦这些听着好听，其实毫无意义，说了跟没说一样的话，不是努尔哈赤想要的。他今天叫阿敦来，就是想让他说真话、实话。

于是，努尔哈赤又追问了一句："今天你就跟我说句实话，你个人认为，谁最合适！"

阿敦被逼得没办法，只好说："在我看来，只要是智勇双全、圈里人都拥护的阿哥，都是可以的。"

其实阿敦还是在说和稀泥的话，谁知道努尔哈赤似乎心领神会，便哈哈大笑道："尽管你没明说，我也知道你说的是谁了！"

努尔哈赤这一笑，作为主子肚子里蛔虫的阿敦，自然知道努尔哈赤话里那个"谁"是谁了。在圈子里，有资格、资本、资历竞争汗位的，不外乎 4 个贝勒。代善，政治上有污点；阿敏，舒尔哈齐的儿子，属于旁支；莽古尔泰，出了名的缺心眼儿；阿济格，也就是仗着母亲的后台，才有今天的位置。他和莽古尔泰一样，四肢发达，头脑简单。皇太极，是圈里公认的智勇双全者。

但是，非常忠于努尔哈赤、忠于后金圈子的阿敦，非常了解皇太极。在阿敦看来，皇太极虽然业务能力强，但人品差了点，心太黑，脸皮厚。宅心仁厚的代善，挨了这位弟弟几闷棍，至今连棍子来自哪个方向都不知道。

在心里，阿敦还是认可代善的。最起码，代善的人品要比皇太极要好，做人有底线，做事讲原则。皇太极，为了达到自己的目的，无所不用其极。心之狠，手之黑，恶鬼都望而生畏。只有别人想不到的，没有他做不到的。

皇太极为了除掉代善这个障碍，手法几乎卑鄙到极点。他为了自己的利益，对亲哥哥都能往死里整。将来他掌握了圈子里的生杀大权，和屠夫进羊群无异，想杀谁就杀谁。

阿敦觉得代善输得太窝囊，完全是被人为地扩大了污点。虽说他是"妻管严"，但最后不还是把那位彪悍的老婆杀了吗？人非圣贤，孰能无过，知错就改便是好同志嘛。

阿敦犹豫再三，最后决定找机会见代善一面，给他提个醒。

这个机会还真的被阿敦找到了。出于对代善的同情心、圈子前途的危机感，阿敦对代善说："大贝勒，你啊，做人不能太老实，凡事得多个心眼才行。不能以为你怎样对待兄弟，就以为兄弟就会怎样对待你。大汗年纪不小了，你作为大哥的，光埋头做业务不成，很多事不能不考虑。皇太极、莽古尔泰、阿济格都在打你的主意。害人之心不可有，但防人之意不可无啊。"

代善觉得，以阿敦在努尔哈赤身边的身份和职位，他今天和自己说这些，肯定不是空穴来风。他又联想到此前让自己栽了大跟头的几件事，感觉很后怕。

5. 不该说的话，绝对不能说

代善和现在那些一切靠父母安排才能活下去的年轻人一样，上学时靠父母提供生活费，毕业靠父母安排工作，甚至包括娶媳妇买房子，也得看父母的脸色。

代善从小就习惯被努尔哈赤安排，一旦努尔哈赤不安排，他什么都不会做、不能做。像当接班人这件事，他就简单地认为，努尔哈赤已经作了这样的安排，不会再作调整。他依然像做大贝勒一样，为人处世的风格、手法依旧。对他所在的二把手位置，也就没有悉心经营，认真打理，结果吃了大亏。

好心的阿敦，一直为习惯被别人安排的代善担心，冒着生命危险提醒他，已经是不计后果的行为，说明此信息非同一般。

如果稍微有点政治头脑的人，马上就知道自己应该怎么办——扩大自己的圈子，团结一切可以团结的人，争取一切可以争取的力量。在圈主去世之后，即便他不让自己当圈主，只要自己有人有枪，圈子里的人，还不得看自己的脸色选择？

可是，在骨髓里就是政治庸人的代善，并没有这样做。他认为自己应该去找父汗，趁他还是一把手、说话还算的时候，把自己安排好。

于是，代善跑到努尔哈赤面前，一头跪倒，啥话也不说，一把鼻涕一把泪地哭个不停。

代善这么一哭，把努尔哈赤哭得晕头转向，忙问代善怎么了。可是，无论他怎么问，代善就是不说话，一个劲儿地哭。

在努尔哈赤再三追问之下，代善把阿敦说的话，一五一十地学说了一遍后，又推理道："那哥仨合伙把我往死里整，求父汗一定救我！"

努尔哈赤把莽古尔泰、皇太极、阿济格叫来，问他们是否合伙欺负代善。三人见代善并没有证据证明他们有罪，便矢口否认，说根本没有这回事儿。

努尔哈赤又把阿敦叫来询问。阿敦见缺心眼儿的代善把自己出卖了，自然无话可说，自认倒霉。

尽管阿敦是努尔哈赤的心腹，战功卓著，但这一次，他犯了做一把手亲信的大忌。领导把你当成知心人，说点知心话，你怎么能到处宣讲呢？领导把你当人，自己怎么不把自己当人呢？既然不知道怎么做一把手的亲信，那就拿法律处置一下。

一把手一旦公事公办，心腹也就不是心腹了。阿敦被以"在代善、莽古尔泰和皇太极之间，无中生有，挑拨离间，搬弄是非，居心叵测地妄谈国政，肆无忌惮地诋毁领导，情节严重，影响恶劣"的罪名，当场被捕，并移交由诸贝勒、执法大臣组成的专案组审理。

经过专案组审理，一审阿敦被判无期，圈圄，并报努尔哈赤裁决。

努尔哈赤不看过程，只看结果。他对阿敦被判决的结果，非常满意，对专案组的贝勒、大臣说："你们判得很正确。我这样说，并不是可惜他，想留他一条活命，是因为我以前在萨尔浒时曾说过，'不要用我们的手杀犯罪的人，要把他们关在有高墙的房子里'，今天，如果我们违背当初的誓言，要杀人的话，国人凭什么信赖我们呢？我们一定要把阿敦关起来，叫他生不如死。”

最后阿敦被囚禁在密室之中，不许任何人探视。家产全部充公，家人全部为奴。

要说阿敦不冤枉，也不冤枉。作为领导人的心腹，保密意识一定要过硬，不该看的不看，不该听的不听，不该说的不说，要做到有心无脑，有耳无口才行。

阿敦违反了侍卫保密工作条例，而且性质恶劣，后果严重，破坏了圈子的安定、和谐、团结，实属罪不可赦，死有余辜。

要说阿敦冤枉，的确比窦娥还冤。他做这件事，一无私心，二不谋利，只不过出于同情弱者的善心，给愚蠢的人办了一件愚蠢的事。结果，被愚蠢的人毁掉了前途。

看来，在圈子里，不能乱善良，把善良在错误的时间用在错误的人身上，就是烧身的烈火。

阿敦明显是被冤枉的，但是代善却没有站出来为他说一句公道话。诸位贝勒、大臣都坚持说努尔哈赤的决定是正确的，专案组的审理是公正的，阿敦被判无期是应该的。

圈子里的人，都不可能为了和自己无关的人，丢了工作，丢了性命，不值得。

但是，圈子里肯定有正义感的人，这个人就是三等副将博尔晋。

阿敦在台上的时候，像斋古桑、硕托、济尔哈朗等人，都围着阿敦屁股转，阿敦阿哥长、阿敦阿哥短地叫着，想着法子让阿敦高兴。现在阿敦丢职入狱，曾经宣称与阿敦关系最铁的那群人，却把阿敦当成传染病患者，避之唯恐不及。

博尔晋与阿敦官职差着好几级，平时两个人来往不多，也没深交。阿敦下狱后，圈子里几乎没有人去看望，博尔晋却去了，因为他认为阿敦所做的一切，都是为了维护圈子里所有人的利益。

博尔晋看望阿敦的事儿，在圈子里传开了。

斋古桑、硕托、济尔哈朗等人，以一副代表正义、正确的面孔出现，纷纷指责博尔晋立场不坚定，分不清大是大非，原则性不强。

博尔晋对这些人的奴才嘴脸感到恶心，他直言不讳地说："是，我这个人立场肯定不如你们坚定！你们对汗王喜欢的人，不论是谁，与其屁股接吻都觉得是一种幸福；对被汗王冷落、弃用的人，恨不得一棍打死，再踏上几脚。阿敦是汗王身边红人的时候，你们认为他这也好那也好，连放的屁都是香的。现在阿敦无职无权无势了，你们就说他是反社会反人民十恶不赦！"

济尔哈朗也急了，说："你正义，你勇敢，但是，在阿敦没有下狱之前，你怎么不找汗王理论呢？"

博尔晋愤然正色，说："你以为我不想吗？我只不过是一个三等副将，我上面还有三等大臣，在汗王面前有我说话的机会吗？"

博尔晋的话，被人添油加醋之后传到努尔哈赤那里。努尔哈赤不置可否，只是说："博尔晋既然喜欢做三等副将，那就让他做三等副将吧！"

那时，因为满洲战事频繁，参战的人只要能活着回来，晋升的速度都非常快，唯有博尔晋例外。他在 1621 年已经是三等副将，直到 1627 年皇太极即位，博尔晋去世，才晋升为一等副将。

博尔晋病逝后，皇太极以博尔晋的敕书丢失，不准博尔晋的儿子接父亲的班。这也是特例。

看来，在圈子里，说话是一定要分场合、分对象、分内容的。该说的，要委婉、要留有余地；不该说的，绝对不能说，更不能瞎说。

大儿子褚英不理想，二儿子代善太糊涂，努尔哈赤在想，自己百年之后把一把手的位子让给谁呢？这不得不让他大伤脑筋。

努尔哈赤是一个聪明过人的政治家，两次内定接班人失败后，努尔哈赤总结得出以下结论：

一、在这个圈子里，未来接班人的位置，是具有极大诱惑力的。自己一旦确定谁是未来的接班人，他都会成为别人献媚、拉拢、腐蚀的对象，也是别人打击、陷害甚至谋杀的目标。这就会导致无论谁做接班人，都会不断地犯错误。

二、现在后金圈子的首要任务，是南扩，侵吞大明的圈子。这就需要后金圈子里的人，众志成城，一致对外。未来接班人的位置，犹如一根带肉的肥骨头，他一旦过早抛出，这些藏獒般的儿子，就会把所有精力放在争抢骨头上，将引发圈子里的巨大内耗。

三、如果把这根大骨头供在圈子里的最高处，并宣布，他百年之后，由圈子里公认的有责任感、事业心、进取心的人获得，就会激发贝勒们严格要求自己，努力表现，尽力争取。这样，受益最大的，就是圈子和圈子里的人。

于是，在1622年，努尔哈赤签发了关于即位的《汗谕》，确立了八大和硕贝勒共理国政的制度，转发给各大贝勒、朝臣传阅。

这个《汗谕》，对继承人作了明确指示，可以归纳成两条：

一、继位人不能由先汗独断指定，更不能由谁自封，必须由八位和硕贝勒民主选举，全票通过。

二、如果八位和硕贝勒看走眼了，被推举的人上台后，独断专行，胡作非为，不以圈子前途为己任，八大贝勒有权将其罢免，另行推举。

努尔哈赤给他未来的接班人画了两道线。第一道线是民主，第二道线是贤德，二者缺一不可。这就让惦记汗位的人，知道如何要求自己；让不惦记汗位的人，知道如何判断别人。

这道《汗谕》签发后，让皇太极看到了希望。这么多年来，在暗中他一直为这个位置不懈努力。他缺的，就是他名正言顺获得汗位的依据。

第五章

从盐碱地里长出来的成功

1. 该做事时，做正确的事

几年间接连发生的几件倒霉事儿，使政治庸人代善不仅失去了接班的机会，也使他对做下一届圈主彻底死了心。现在，代善只想靠着多年积攒下来的老本，在圈子里混个比上不足，比下有余。他承认，凭借他的头脑，根本无法掌控后金圈子的是是非非。

代善对竞争对手皇太极，也是口服心服。的确，他把皇太极无可奈何。他想到的，皇太极已经做到；他想不到的，皇太极也已经做好准备。两个人，根本不是同一重量级的选手。在皇太极面前，代善只有伸脖子挨打的份儿。

代善的政治精神脊梁被折断以后，皇太极的机会来了。

皇太极，天生就是一个政治家，野心大，能力强，心计多，善于驾驭和掌控局面。他不但知道别人有什么，还知道自己缺什么，应该补什么。他没有褚英、代善的先天优势和机会，但他会利用他们的弱点，给自己创造机会。

在后金大圈子里，皇太极神不知鬼不觉地积极发展他的小圈子，把有能力、有资历的人，都拉到他的圈子里，为他所用。即使这些人不能与他成为朋友，也不能让其成为他的敌人。

开始时，皇太极在他的正白旗内网罗心腹，培植亲信。其中有一个人，名叫拜音图，虽然没能力，但非常有眼力，有心计。通过观察，拜音图发现，皇太极虽然暂为主旗贝勒，地位排在四大贝勒末位，但是他有野心，有战功，善经营，将来一定能成大事。

于是，拜音图主动投到皇太极门下，处处维护皇太极的利益。皇太极想到的，他已经做到；皇太极没有想到的，他已经妥善安排。皇太极对拜音图非常信任和赏识，并想尽一切办法为他谋职谋权。

直到天命末年，能摆到桌面上的战功，都没有拜音图的份儿。但是，皇太极却以“勤勉政治，善于统兵”的理由，再一次向努尔哈赤推荐拜音图。努尔哈赤看在皇太极再三推荐的分上，封拜音图为一等副将，成为正白旗掌握实权的人物。

不仅拜音图，只要是主动站在皇太极小圈子里的人，皇太极不问出身，不看战功，都会利用一切机会，为这些人谋职谋权，逐渐壮大他的小圈子的实力。

皇太极多次分析过能参与竞争汗位人选的实力。

八旗中，努尔哈赤亲自统领正黄、镶黄两旗；代善统领正红旗；莽古尔泰统领正蓝旗；阿敏统领镶蓝旗；他统领正白旗；代善的大儿子岳托掌管镶红旗；褚英的大儿子杜度掌管镶白旗。

莽古尔泰，四肢发达，头脑简单，是一个不能让任何人放心的人。他母亲和代善闹出乱伦绯闻之后，他为了保护自己的利益，取悦努尔哈赤，竟然手刃亲生母亲。近几年来，努尔哈赤再三强调，甚至逼着众贝勒发誓，父子、兄弟之间，即使有天大的矛盾，也不能相互杀戮。莽古尔泰弑母，已经触及努尔哈赤确定的高压线。这两项加在一起，导致他根本没有资本、资格竞争汗位。

阿敏，是努尔哈赤的侄子，舒尔哈齐的儿子。舒尔哈齐与努尔哈赤存在着不可调和的矛盾，被圈禁而死。努尔哈赤再无私，境界再高，也没有修炼到不考虑儿子只考虑侄子的地步。只要他的儿子不傻得非常彻底，阿敏根本没戏。

杜度，乃是褚英之子，在褚英获罪之后，努尔哈赤让他顶替罪父当上旗主，在很大程度上有照顾的意思。再说，他是晚辈，有这么多叔叔在，还轮不到他。尽管杜度身为一旗之主，努尔哈赤对他一直是限制性使用，并未给予充分信任。杜度本人，也因为父亲的原因，在后金圈子里很低调，凡事避让三分。上了年纪的努尔哈赤，对任何人都提防，他不会把汗位传给与他有杀父之仇的人，尽管这个人是孙子。

经过分析，皇太极认为，对他构成威胁的，只有代善。

还有一股势力，他不能忽视，那就是十二阿哥阿济格、十四阿哥多尔衮、十五阿哥多铎。这三个小贝勒，虽然年纪小，只有阿济格略有战功，但是，他们的母亲阿巴亥是努尔哈赤最宠爱的女人，是一个非常有头脑、有野心、善于经营的女人。正是因为有她，阿济格、多尔衮、多铎虽不主旗，又无显赫战功，却挤进后金国九大贵族之列。

对此，很多人不服，但不服不行，后台太硬了。

皇太极经过精准的分析，得出的结论是，他成为一圈之主的最大对手，就是代善和阿巴亥。这两个人，代善占有资源，阿巴亥占有资本。他在这两项上，远远不及。

发现别人的优势，确定自己的劣势，皇太极就知道他该做什么了。他告诫自己，在他夺得皇位之前，一定要在该做事时做正确的事。熟悉对手的弱点，抓住时机，给予致命一击。

在努尔哈赤创建的后金圈子里，能征善战、战功赫赫是第一政治资本。这个，皇太极有能力捞，而且没少捞。

在萨尔浒之战，攻克辽阳、沈阳，征服叶赫部，驰援科尔沁等一系列战斗中，皇太极充分显示了他的军事天赋和指挥才能，并在战斗中与一些人结下了牢固的革命友谊。

代善，虽然被努尔哈赤废过一次，但是，努尔哈赤依然对他委以重任，实力依然未减。努尔哈赤去世之后，如果他和他的儿子岳托联手，依然是后金圈子里最强大的势力。

但是，皇太极知道，代善属于抱二代、喂养二代，奴性比较强。只要努尔哈赤不抱他，不喂养他，他就不会主动争取汗位。他骨子里没有野心，一个亲王，就会让他不再追求。

在努尔哈赤对代善失望之后，皇太极对争夺汗位又采取了两步走：

一、表面上给代善足够的尊重，暗地里下黑手，使绊子，做得不动声色；

二、利用代善不善于处理父子关系，他对代善的长子岳托、三子萨哈粼进行拉拢，他这个叔叔做得比父亲做得还到位。至于代善次子硕托，已经和代善行同陌路，更好打理。

皇太极清楚地意识到，他要想在努尔哈赤去世之后顺利地获得汗位，必须在圈子里获得更有力的支持才行。支持他的人，还必须具有以下 4 个特点：

一、对后金圈子无比的忠诚，把后金圈子的前途、利益、发展放在人生首位。

二、刚直不阿，不谋私利，不畏强权，敢于担当。

三、位置靠前，能力出众，综合素质突出，在军事、政治上具有巨大发展潜力。

四、是将才而不是帅才。

皇太极经过长时间的观察、试探和验证，在后金圈子里确定了 5 个符合他发展标准的人选，这 5 个人是：代善的长子岳托、三子萨哈粼，阿敏的六弟济尔哈朗，莽古尔泰的弟弟德格类，还有他的儿子豪格。

在这5个人面前，皇太极既表现出他有理想，有抱负，对圈子有清晰、可行的规划；在做人方面，表现出他的亲和力、凝聚力、感染力和号召力；在做事方面，表现出超强的领导力，精准的预见力，决绝的执行力。

这5个人，都是对后金圈子有着极强的责任感、使命感，对人生有追求，对自己有要求的人，他们非常渴望获得一个理想的平台，做出一番事业。

皇太极是他们心目中理想的领导。他们觉得，只有在皇太极的领导下，后金圈子才能做大做强，而不是偏居东北一隅，自娱自乐。

为了各自的理想和需要，这6个人走到一起，形成牢不可破的小圈子。

以皇太极为核心的小圈子形成之后，无形中等于挖了代善、阿敏、莽古尔泰的墙脚，使他们失去了有力的支持。

皇太极通过16年的经营，在后金的大圈子里，他的小圈子已经初具规模。在他的小圈子里，具有军事、政治影响力的人，比比皆是。如果按照努尔哈赤1622年3月下发的关于汗位继承的文件，皇太极已经是继承汗位的不二人选。

皇太极为继承汗位，已经做好充分的准备。他等待的，就是努尔哈赤百年之时。这一天，随着努尔哈赤兵败宁远，很快就到来了。

2. 离职前，一把手的真正需要

1626年8月，努尔哈赤病重，他感觉自己大限将要来临，便决定离开清河汤泉疗养院，经太子河转浑河，乘船赶回沈阳。他想死在自己的皇宫里。

一行人在太子河上走了几天，挣扎在死亡边缘的努尔哈赤，预感自己已经无法坚持到沈阳，就命人火速通知大妃阿巴亥，以最短的时间最快的速度到船上待驾。

努尔哈赤临死之前，他最不放心的人，就是阿巴亥。

关于继承人，努尔哈赤已经确定了“八王推选”的制度。在他死后，至于八王推选谁，正确不正确，都无关紧要，毕竟八王还有罢免新汗王的权利。

努尔哈赤要保证这套“八王共治”的政治体系，在他死后能够正常运转，首要条件是，八王在军事、经济上的实力均衡，才能起到相互制约、相互监督的作用。

但是，精明、能干、野心勃勃的阿巴亥，不在这个政治体系之内，她的 3 个儿子，虽然靠父汗宠爱，拥有一定数量的牛录、财物，但因年纪小、资历浅，根本不可能与其他贝勒、尤其是四个大贝勒抗衡。

但是，一个精明能干的女人，加上 3 个逐渐长大的儿子，再加上他们已经拥有的资本，就是严重破坏“八王共治”政治体系的潜在力量。

阿巴亥现在拥有多大的力量呢?

努尔哈赤掌管正黄、镶黄两旗，共 60 个牛录。因为宠爱阿巴亥，他把自己旗下的 45 个牛录，一分为三，分别分给阿济格、多尔衮和多铎。在 1620 年，他又把 3 人提拔为和硕贝勒，位列后金圈子里九大贵族。

阿巴亥的娘家乌拉部，也是潜在的一部分力量。

如果阿巴亥再拉拢八旗中任何一旗力量，八旗中，几乎没有人能与她抗衡。努尔哈赤用大半生时间创建的后金圈子，很可能被这个女人控制。

这是努尔哈赤最不愿意看到的结果。因此，他经过反复盘算后，偷偷拟就一道遗旨，要求阿巴亥必须在他死后殉葬，为儿子们顺利接班扫除障碍。亲情和爱情，在政治需要中，已经是一文不值的筹码了。

在儿子们做好即位准备之前，为了防止阿巴亥提前行动，努尔哈赤必须让阿巴亥远离沈阳那个权力中心，并把她放在他的视线之内，这样才安全。

阿巴亥接到通知，知道事情不妙，从沈阳起程，乘船日夜兼程，迎接宠爱她24年的大汗。

当努尔哈赤的船队从太子河转入浑河之后，与阿巴亥的乘船相遇。阿巴亥转到努尔哈赤的船上，这对老夫少妻，在一起度过了一段短暂而又神秘的时光。

无论是名医、妙药，还是美人的悉心照顾，在此时，对曾经叱咤风云的努尔哈赤来说，都已经苍白无力。在离皇宫40里的瑷鸡堡，努尔哈赤便撒手人寰。这位在位11年，活到68岁的老人，临终前没有留下任何遗言。

船上的负责人，派人把汗王晏驾的消息，以最快的速度通知在沈阳的大小贝勒，做好祭奠的准备。然后，由群臣轮番抬着努尔哈赤的遗体，走了一下午，天黑前抵达沈阳，进入皇宫。

努尔哈赤临终前与阿巴亥单独相处，任何人不能接近，这让很多人感到恐慌，尤其是皇太极。他不知道，父汗在临死前，会给他宠爱的大妃留下什么指示，特别是关于汗位方面的。

阿巴亥是一个精明又有手腕的女人，不可小觑。为了3个儿子，她不会在大汗临终前，仅仅尽一个妻子的义务。如果父汗一改常态，把圈主的位子交给阿济格、多尔衮、多铎中的一个人，经营了16年小圈子的皇太极，最好的结果也不过是一个摄政亲王。

这，绝对不是皇太极想要的结果。

皇太极得知努尔哈赤将不久于人世，便召集岳托、萨哈粼、德格类、济尔哈朗、豪格以及所有心腹、亲信，并当众约定：“大汗生前并未指定谁继承汗位，如果有谁敢在继承汗位上做手脚，我们一定要奋力除之！”

3. 一把手位子上的问题和麻烦

努尔哈赤去世，后金圈子里出现权力真空。这让在沈阳的一群贝勒们忙活起来。

由谁继承汗位，努尔哈赤并没有明确的指示。既然前任大汗没有明确指示，就得按照大汗关于确定后金政府下一届领导人的指示精神，由八大贝勒共议、选举产生。

代善不是不想继承汗位，而是他在被贬为庶民之后，努尔哈赤去世之前，并没有为接班作任何准备。现在机会来了，他不能不去试一下，看看自己能有多大的机会。

代善决定先找最可能支持他继位的人——大儿子岳托、三儿子萨哈粼探下口风，看看他们的态度。代善这两个儿子，还是相当有出息的，未成年便跟着努尔哈赤东征西讨，在马背上喝刀头血长大，并立下赫赫战功，均被封为贝勒。尤其是大儿子岳托，虽非主旗贝勒，但实际上已经掌管着镶红旗，在圈子里，已经是不可忽视的人物。

没等代善去找两个儿子，两个儿子却为接班人的事，主动来和代善商量。岳托和萨哈粼已经决定拥护皇太极即位，他们前来劝代善也拥护皇太极。

岳托对代善说：“大汗晏驾了，他临终前并没有指定谁来当这个家。国不可一日无君，您是八大贝勒之首，现在应该站出来主事，尽快推举出后金政府新一届领导人。”

代善点点头，说：“你们说的没错，我也正想为此事找你们商量呢。在八大贝勒中，你们认为谁最适合做我们的大汗呢？”

萨哈粼说："从私而论，我们当然愿意您继位！"

代善又看看岳托，岳托说："父亲曾是先汗内定的继承人，又位列四大贝勒之首，同时我们家掌控着正红、镶红两旗，实力不在其他家族之下。我们作为儿子的，当然希望父亲继承汗位。但是，我们认为，成为后金的大汗，是荣誉，更是责任。如果父亲继承汗位，您想过汗位上的问题、困难和麻烦吗？"

代善不知道两个儿子口袋里卖的是什么药，也不好意思直接表态自己愿意继位。他见岳托这样问自己，一时间找不到答案。

代善一直习惯听从努尔哈赤的安排，已经丧失了独立思考问题的能力。他一直认为，后金圈子兵强马壮，钱粮充足，四周已无抗衡之力，在军事、财政、外交三大方面，处于强势地位，继位称汗，不过是按着父汗的既定方针，按部就班地执行就是了。

代善说："我看不出有什么问题！"

萨哈粼说："说一句大不敬的话，先汗在进入辽东地区之后，所实行的政策基本都是错误的。"

"先汗进入辽东后实行的政策都是错误的？错在哪里？我们不是照样拿下铁岭、辽阳、沈阳了吗？"代善反问道。

岳托说："事情不能这样看，要看现在这些地方是什么样的情况。我们在萨尔浒、开原，遇到汉人就斩尽杀绝；在占领铁岭、辽阳、沈阳后，对当地的汉人也进行了不同程度的屠杀。不被屠杀的，也被掠掳为奴。我们疯狂和毫无人性的屠杀和掠夺，使这些地方的汉人惊恐不安，纷纷逃离，导致四季无人耕牧。"

萨哈粼接着说："我们一直错误地认为，杀戮是解决问题的最好办法。我们的官吏在战事停止之后，依然肆无忌惮地追索汉人的财物，妄杀汉人性命。这就导致汉人不得不采取各种方式对抗满人。在凤凰城，一个叫玛勒图的满人只身上街，被汉人用棍子打死；乌里堪纳布齐牛录下属两个人，前往盖州，也被汉人杀死；尚间崖有 3 个满人前往广宁，被蒙古人杀死……现在，满族人上街，都得 10 人以上结伴而行才安全！”

岳托说：“这还是轻的！1621 年，金州有两个秀才聚集 10 人合谋作乱；镇江陈良策造反，活捉了守城游击佟养正，送给明朝。随后，镇江所属汤站、险山两堡农民，也跟着造反；1623 年，复州 11000 多男丁叛逃投明；1625 年，海州张屯的人，秘密联络毛文龙，袭击本屯满人。这一年，镇江、凤城、岫岩、长岛、双山、平顶山、海州、鞍山、首山、彰义等 10 余地的农民，纷纷造反，公开反抗我政府！”

萨哈粼说：“其实，这些农民，要求并不高，他们只想一家人吃饱穿暖，过一个太平的日子。可是，在我们满人统治的地方，连这样最基本的要求都得不到满足，他们除了造反，还有别的出路吗？对此，先汗只有一个政策——武力镇压。这个政策，不但不能解决问题，而且进一步激化了满汉的矛盾！”

岳托说：“我们说的是社会问题，我们的经济更不容乐观。由于我们长年发动战争，经济惨遭破坏的程度，已经无法想象。由于我们错误地执行屠杀和奴役的政策，导致我国国内农民纷纷逃离家园，各地壮丁锐减，田地荒芜。天灾人祸，使各地粮食奇缺，物价飞涨。现在，买一斗米要花 8 两银子，买一匹好马要花 300 两银子，一匹蟒缎要花 150 两银子。民间盗贼横行，凶杀、抢劫案件屡屡发生，造反事件更是此起彼伏。可以说，我国的经济已经到了崩盘、破产的地步！先汗留给我们的，不是国富民丰的国家，而是千疮百孔的烂摊子。请问父亲，如果你继承汗位，有解决这些问题的办法吗？”

这些问题，代善从来没有想过。他和努尔哈赤的思维是一样的，天下没有杀不怕的人，没有抢不到的财富。只要有权有枪，就会有地位有财富，能获得更多的奴隶和美女。

哥俩这么一分析，让代善惊出一身冷汗。如果他当了大汗，依然会执行努尔哈赤的政策，那样，后金政府可能在错误的道路上越走越远。弄不好，父汗辛辛苦苦打下来的江山，就会断送在他的手里。

岳托继续说：“先汗在世时，确定了他晏驾之后，实行八王共治。您想想，在八王之中，有谁和您肝胆相照？如果您继位，有谁会无条件地支持您？有谁会处处给您出难题？假如大部分人都不支持您，甚至反对您，您这个汗王能当几天？一旦被八王否定，您的下场是什么？”

代善掰着手指头数了数，八王之中，只有岳托能支持他，阿敏、莽古尔泰、皇太极、德格类、阿济格、济尔哈朗，与他根本不是一路人。在八旗之中，他的家族也仅仅掌握着正红、镶红两旗的力量，最大的正黄、镶黄两旗，不在他的掌控之中。

如果这些人都跟他过不去，一起举手表决，就会把他从大汗的位子上拿下来，他只能无条件服从，根本没有与之抗衡的力量。

萨哈粼说：“现在，后金圈子里想当大汗的人，绝对不止您一人，最起码，其他三大贝勒都有此想法。如果大家谁也不让谁，最后只能刀兵相见，八旗人马自相残杀。四大贝勒实力差不多，最后的结果，只能是鱼死网破。而真正受益的，是明政府，或者蒙古某部。到那时，我们不死在亲人的马刀之下，也得成为大明或者蒙古的俘虏。”

代善这个人，虽然他是政治庸人，但大局观、责任感还是非常强的，权力的欲望不是很重。他听了两个儿子的分析后，结合自身的情况，觉得他确实没有能力解决大汗位子上的问题。这个大汗，并没有他想象中的那么好当。

代善认为，他当不当这个大汗无所谓，最关键的，是几个兄弟不能因为争夺汗位自相残杀，导致父汗多年的经营毁于一旦。后金圈子从无到有、从弱到强，也是他刀头饮血、舍命相争的结果。作为后金圈子里年纪最长的贝勒，他应该以大局为重，把大汗位子委托给一个能人，让后金圈子再续辉煌。他作为圈子里的大贝勒，无疑也是最大的受益者。

代善说："看来，我虽然有继位的资格，却无当大汗的能力。你们看，谁当大汗最合适？"

岳托、萨哈粼见代善这么问，便直言不讳地说："我们看八叔皇太极最合适。他的军事、政治素质都过硬，为人处世的口碑也不错。先汗在世时，一直重用他，他也为后金开疆拓土作出了很大的贡献。他的综合能力，在八王中也是数一数二的。为防止内乱，我们应该让他速继大位。"

代善听两个有出息的儿子这么说，心里拔凉拔凉的。好在他对当圈主的欲望不是很强烈，当上是运气，当不上也应该。再说，他也认为，他还真没有皇太极那么多手腕和人缘，他绝对斗不过皇太极。即使他勉强能坐上大汗的位子，皇太极那群人，也不允许他坐稳的。

代善认为，既然他当不上一把手，那就抓住这个机会，成为新圈主的得力推手，好好表现一把，让皇太极彻底高兴。这样，等皇太极登上汗位之后，就会赏给他一个更好的位子。

代善权衡利弊，认为与其费力争一个充满风险的汗位，还不如做一个高薪省心的大贝勒。于是，他对两个儿子说："我也有让你八叔继位的想法！你们的意见，上迎天意，下顺民心，谁敢不从！由我牵头，去找二贝勒阿敏、三贝勒莽古尔泰商议一下。"

4. 成为别人的绊脚石，是要付出代价的

阿巴亥陪努尔哈赤走完人生最后一段旅程。

两个人在一起朝夕相处，生活了三四天。至于两个人在一起说了什么，做了什么，至今都是一个谜。

对于努尔哈赤的身体状况，大家都心知肚明。但是，一个行将就木的汗王，和他最宠爱的大妃在一起，却让很多人感到恐慌。

因为，从 1626 年 8 月 7 日起，努尔哈赤从本溪汤泉乘船到浑河，是顺水行舟。如果他想赶在咽气之前到沈阳交代后事，就不会在河上漂流 5 天之久。自从阿巴亥上船之后，船行速度异常的缓慢，像是故意拖延时间。在常人看来，非常不正常。

阿巴亥主持后宫工作，长达 24 年之久。面对后宫那么多佳丽的激烈竞争，阿巴亥大妃的位置岿然不动，受宠程度有增无减。她靠的不仅仅是漂亮的脸蛋、性感的身材，还有聪明的头脑、过人的智慧。

阿巴亥有 3 个儿子。她想把其中一个培养成努尔哈赤的接班人，是很正常的想法。她有条件，也有能力。

见到努尔哈赤,阿巴亥不会不知道丈夫的病情。在那么多天里，她能不谈 3 个儿子的未来吗？对母子将来的生活，努尔哈赤能不作安排吗？

无论两个人谈了什么，即使谈的只是情和爱，与国家无关，与政治无关，那也会让皇太极寝食不安。父汗要交代身后事，应该向八大贝勒交代，为什么要单独召见一个女人呢？

这件不合常理的事情，别说让惦记汗位的皇太极惊恐，就连其他手握大权的贝勒也是高度紧张。太多的“为什么”，浮现在这些人的脑海里。也有太多的“难道”，让这些人不得不多想。

努尔哈赤已经没指望了。那些想另找靠山的人，开始分析后金圈子里的各个小圈子，合计着自己应该站到哪个圈子里受益最大，捞得更多。也不能怪那些人世俗，在关键时刻，没有人不去考虑自己的前途。

现在在掌握国家大权的四大贝勒眼里，他们最大的麻烦，不是谁接班，而是阿巴亥这个女人。她要是从船上下来，就有可能打破后金圈子里原有的平静、平衡。

四大贝勒，无论由谁掌舵、当家，都会好过阿巴亥垂帘听政。阿巴亥，现在是四大贝勒的共同敌人。不论她在船上得到大汗什么样的最高指示，下船后，他们都不能执行。这是岸上每个人的真实想法。

后金圈子里的各个小圈子，此刻达到了团结的高峰。大家放弃一切分歧，高度的统一，目标就是干掉阿巴亥。至于彼此的矛盾，也要等干掉阿巴亥以后再说。她是努尔哈赤最宠爱的女人，对努尔哈赤的儿子们来说，她却是不可捉摸的魔鬼。

以代善为首、皇太极为辅的临时圈子迅速形成，一个巨大的阴谋也就此诞生。只要努尔哈赤去世，阿巴亥上岸，就会马上实施。

种种迹象表明，努尔哈赤和阿巴亥在一起的日子，很可能什么都不涉及，也没有谈及。努尔哈赤坚持了他关于接班人的文件精神——由八大贝勒共同推举。在临死之前，努尔哈赤担心阿巴亥会有异常活动，所以才让她离开她的圈子，与他像平常夫妻那样，过几天与什么都无关的日子。

在复杂圈子里的复杂时刻，每个人都无法简单。你可以不复杂，但是，复杂的人也会把你想复杂。

努尔哈赤已死，遗体弃舟登岸。阿巴亥还沉浸在丧夫巨痛之中，以代善为首的大小贝勒们就找到了她，宣布一个她难以接受的通知：大汗生前留有遗言，他死后一定要大妃阿巴亥、庶妃阿迹根、德因泽殉葬。

殉葬？努尔哈赤从未在阿巴亥面前表示过。即使在他临死之前，也没有提及一个字。

殉葬，对阿巴亥来说没有什么。但是，她实在放不下 20 刚出头的大儿子阿济格，仅仅 14 岁的次子多尔衮，不满 12 岁的三子多铎。儿子们那么小，父母双亡，他们将来依靠谁？

但是，阿巴亥找不到她活下去的理由。那些如狼似虎的侄子们，倒是找到了她必死的理由——先汗的遗命。

在女真人及早期满洲社会，一旦丈夫要求老婆为他殉葬，女人应该是无条件接受的。死法，就是用弓弦把自己勒死。

阿巴亥现在才明白，在后金圈子里，尽管她聪明绝顶，但是她依然没有读懂圈子里的潜规则。在不该出现的地方出现，或者成为某个人某些人实现目标的障碍，都是要付出代价的。也许，在阿巴亥决定出现在垂死的努尔哈赤跟前时，就注定她已经“被殉葬”。

殉葬，是自愿的。被丈夫要求殉葬，是女人的一种荣誉，不得违背，也不能违背。一旦拒绝，就会得到更糟糕的一种死法。

以前满口道义的侄子们，现在以汗命忠实执行者的身份出现在阿巴亥面前时，脸上是冷冰冰的。在他们杀气十足的目光里，这个聪明的女人不想争辩了。

她想做的，能做的，只有哀求他们：“我的两个儿子，也是你们的兄弟，多尔衮和多铎，年纪尚小，希望你们这些当哥哥的，看在你们是同一个父亲的分上，把他们养大成人。”

在得到众贝勒的确切答复之后，阿巴亥精心梳洗打扮之后，拿起弓弦，在她 37 岁的生命旅途上，画上了休止符。

阿巴亥自杀之后，诸贝勒将她与努尔哈赤的遗体同柩，于当天上午把努尔哈赤的灵柩抬出宫，暂时安厝在沈阳城的西北角。

不管是不是敌人，阿巴亥被除掉了。代善和皇太极两个圈子组成的临时统一战线也就此瓦解，他们又开始为自己在后金圈子里的前途盘算。

5. 态度比能力还重要

安葬完努尔哈赤之后，代善、岳托、萨哈粼把拥护皇太极继位的想法，告诉了阿敏、莽古尔泰。

其实，阿敏、莽古尔泰，已经由济尔哈朗、德格类做通了他们的思想工作。

阿敏自认为，他是努尔哈赤的侄子，在父亲舒尔哈齐被杀之后，他能保住性命并成为四大贝勒之一，已是万幸。他虽然为后金圈子的建设出工出力，但在这个圈子里，他一直找不到归属感，有一种打短工、被利用的感觉。所以，他想找一个地方，带一批人另起炉灶。

一直惦记自立门户的人，根本不在乎这个圈子谁当家，阿敏想把他支持新汗王即位作为换取他能顺利脱离后金圈子的筹码。

莽古尔泰认为自己有弑母的政治污点，在圈子里人缘也不好，没有人会支持他继承汗位。他继承不了，就得让与他关系最好的人继承，那么，皇太极是最佳人选。当德格类帮他分析完当汗王的各种利弊之后，他便答应支持皇太极继位。

代善、阿敏、莽古尔泰三大贝勒，岳托、萨哈粼、德格类、济尔哈朗四小贝勒，一起支持皇太极继位，其他的贝勒，如阿巴泰、阿济格、多尔衮、多铎、杜度、硕托这些有职无权的小贝勒，只能表示同意。

众贝勒一致拥护皇太极即位，意见达到惊人的统一。于是，在安排好努尔哈赤灵柩的第二天，由代善牵头，起草一份劝进书，请求皇太极继承汗位，统领后金圈子。

皇太极对这个代表权力、财富、地位的汗位，整整惦记了16年。为了有一天能坐上这个位子，他苦心经营了16年，接班的各方面条件基本成熟。现在努尔哈赤已死，他继位已经是水到渠成的事儿。但是，颇有心计的他，这时候还得表现出他非常不愿意接这个苦差使的态度。

代善带着众贝勒，来到皇太极府上，虔诚地请求他继位，带领众弟兄谋幸福，赚财富。皇太极一改往日的霸道，说："先汗生前并没有指示我继承汗位，说明我在先汗的眼里，是没有资格、没有能力接他的班。现在，我上面有大贝勒代善、二贝勒阿敏，三贝勒莽古尔泰，即使轮也轮不到我啊。如果大家逼着我继位，我担心这会违背先汗的意愿，也会遭到上天的惩罚。再者说，继承汗位之人，必须上敬兄长，下爱子弟，必须勤于治理国家政务，赏罚合情合理更要合法，还要爱养百姓，实行善政，这确实是个苦差使儿。我能吃几碗干饭，自己还是很清楚的，带兵打仗还凑合，要说统领群臣打天下，为后金百姓谋幸福，这事太大，我实在干不了。”

皇太极说得很决然。对这个送上门的汗位，他坚决不要。

皇太极嘴上这样说，心里可不是这样想的。他这样说，已经向大家表明：你们支持我当大汗，我就会这样做，我才是后金圈子里接替汗位的不二人选。你们谁想坐，要好好掂量掂量，能不能达到我说的标准。

其他贝勒也是老江湖，当然明白皇太极的意思。他推辞不继位，有以下 3 个意思：

一、以前大家都怀疑，皇太极为了这个汗位，经常在私下搞小动作，使绊子，打闷棍，拉帮结派，收买人心。现在汗位空出来，让他坐，他为了证明自己过去是清白的、无辜的，也会谦虚一下，告诉大家，他不是那样的人。

二、大家是不是真心推举他做掌门人，他还看不准，他要观察一下。尤其是曾经作为预备接班人的代善，对他继位是支持还是反对，一定要摸清楚。

三、即使他继位，也要向大家表明，其实他并不愿接这个烂摊子，是大家强硬地把他推上来的。既然大家逼着他当，就得表个态，以后对他这个圈主是啥态度。表态以后，就得按规矩办事。

皇太极这么做，就是标准的既当舒服的婊子，又立高大牌坊的行为。

这时候的代善，一点也不糊涂。代善知道，他没有能力在后金圈子里当老大，他连自己的儿子都摆不平，还怎么当？既然他当不上，那么就利用好这个机会，大赚特赚一把，成为新一届领导人即位的积极拥护者。

在推选新一届领导人时，态度决定前途。既然新领导上任已经是不可逆转的事实，即使你有一千个不愿意，也得咬牙含泪证明自己非常支持、拥护新一届领导走马上任。

在特殊时期，你说一句否定新领导的话，在新领导上任后，就会换来几百双小鞋穿在你的脚上。

皇太极越推辞，代善就越坚定他的劝谏之心。他带领一群大小贝勒，在皇太极面前软磨硬泡，再三恳请。

12个小时过去了，皇太极觉得戏演得差不多了，便决定不再装了。于是，他十分为难地答应了大家的请求，同意出任后金国第二任领导人。但是，他有一个要求，要与代善、阿敏、莽古尔泰一起执政，四人一起管理国家。

谁都没有想到，以前霸道、专横的皇太极，在这个时候会提出这样的要求，令代善、阿敏、莽古尔泰三人，既惊喜又意外。于是，圈子里最有实力的3个人，都觉得自己在正确的时候，做了一件正确的事——积极拥护皇太极继位。

这3个人，自己没有当上大汗，却为什么这么高兴呢？

因为，皇太极虽然当上了大汗，他却忠诚地延续了努尔哈赤提出的八大和硕贝勒共治国政的制度。这样，后金圈子的真正权力，还是集中在代善、阿敏、莽古尔泰和皇太极4个人手里。

在4个人当中，皇太极是小老弟，圈子里的什么事，在这种体制下，事事依然得向三个哥哥请示、汇报。这样，皇太极虽然是大汗，也不过是后金圈子的名誉大汗，实际权力和以前差不多。

9月1日，皇太极焚香告天，在大政殿接受群臣的九叩大礼，正式走马上任，并确定，明年为天聪元年。

皇太极当上后金政府的一把手，代善心里不是不服，而是不踏实。他，毕竟曾经是大汗法定接班人。虽然因为犯错误被撸下来，但是，新任领导肯定对他不放心，尤其是他手里还掌握着两旗人马。

代善已经想死心塌地地跟着皇太极混了，只要能保住原来的职位和薪水，他就心满意足。可是，他以前毕竟不是皇太极圈子里的人，现在积极地拥护他，大有临时抱佛脚的嫌疑。

为了彻底打消皇太极的疑虑，代善主动要求带领各位兄弟盟誓。誓言很长，核心的意思有以下 3 点：

一、我们这些人，经过缜密考虑，民主决议，达成一致意见，诚心推举皇太极为新一届领导人，成为圈子的领导核心。如果在我们当中，有对他嫉妒、不服、干出有损领导权威的事、说不尊重领导的话、图谋汗位的人，一定会不得好死。

二、代善、阿敏、莽古尔泰 3 人，一定要善待自己的儿子和孙子，教导他们忠诚大汗，老老实实做人，规规矩矩做事。如果虐待、诬陷、折磨他们，逼他们干有损国家利益、家族利益的事儿，一定会遭到报应。如果我们做长辈的做得很好，而小辈子们不听规劝、教导，私自做出影响圈子和谐、不利圈子团结的事，人人得而诛之。

三、我们这些人，如果违背父辈和哥哥们的训导，不忠于大汗，心怀不轨，在圈子里搬弄是非，造谣生事，做出违法乱纪的事儿，一定会上遭天谴，下受地责，损身折寿，不得好死。如果我们一心为国，心无杂念，恪尽职守，就会得到上天的眷顾和保佑。

在新一届领导人走马上任的关键时刻，皇太极最大一块心病——代善，做了很多令皇太极意想不到、感动又感激的事情。特别是在处理阿巴亥这件事上，代善表现出了对新领导的高度忠诚。这给代善的政治前途，加了很多分。

众贝勒盟誓之后，皇太极带领各位小贝勒，向代善、阿敏、莽古尔泰 3 位大贝勒，行三拜礼，正式宣布，后金圈子进入皇太极时代。

第六章 一把手上任的三把火

1. 稀释实力派的权力

皇太极平稳接班，成为后金国新一届领导人，开始处理后金圈子里的大事小情。

皇太极既不是兄弟中的老大，也不是绝对的实力派。老领导在位时，并没有暗示他做接班人，他之所以能成为后金圈子里的老大，是用足了父汗制定的贵族共和政体的政策，并积极经营、壮大他的圈子。是在别人都没有为继承汗位作准备时，他作了充分的准备，捡了一个大便宜。因此，作为新一任领导人，他的底气自然不是很足。

皇太极把他的位置摆得很正。虽然他已经成为后金圈子里的一把手，但是他知道，真正的权力并未掌握在他手里。他更像圈子里的办公室主任，圈子里大小事情的决策，都得把三大贝勒四小贝勒召集来，共商共议。

在手里没有足够大的权力、在圈子里没有绝对权威的时候，皇太极选择了老老实实地继承、规规矩矩地服从、平平稳稳地过渡等经营手法。

初登汗位，皇太极极力贯彻努尔哈赤在位时的政策，不打折扣地执行。对于把他推上汗位、甘为臣子的3个实力派的哥哥——代善、阿敏和莽古尔泰，更是毕恭毕敬，礼数十足。不论圈子里的大小会议，或者一般非正式场合，他都坚持和3个哥哥平起平坐，没有显出他这个大汗和其他3个人有实质性的区别。

代善、阿敏和莽古尔泰推举皇太极继位，也是无奈之举。3个人，对圈子，都有大局观，都不想因为抢班夺权，使圈子陷入混乱之中。四大贝勒因为争当老大，互不相让，乃至兵戎相见，那么，受益的不是圈子里的人，而是圈子外的大明、朝鲜和蒙古。

既然自己当不上一把手，又不想把圈子搞乱，3个人便选择了对自己最为有利的代理人——皇太极。

皇太极当上老大以后，确实没有辜负3个人的期望，最起码他们在圈子里的地位、权力、利益并没有受到什么损害，因此他们都把精力放在扩展圈子的大事上。圈子越大，财富、美女就越多。

皇太极是对人生有追求的人，他可不想一直在圈子里当类似办公室主任的老大。他想成为圈子里说一不二、人见人怕、鬼见鬼哭，具有绝对赏罚权力的皇帝，而不是事事都得请示报告、看人脸色行事的小老弟。

有想法，有欲望，更要有行动。没有具体的行动，想法、欲望就是一种折磨人的痛苦。在没有实力采取行动时，巨大的耐心、积极的准备、不动声色的发展，是重要的，也是必要的。

皇太极刚刚即位，稳定高于一切，他不得不无条件地执行努尔哈赤制定的八大和硕贝勒共治国政的根本制度，这让皇太极很郁闷。开会时，不论他有什么意见，三大贝勒不同意，他说了也等于白说。3 个人，高兴时，举手同意；不高兴，不行就是不行，连个冠冕堂皇的理由都懒得找。

3 个哥哥把小弟推到一把手的位置上，总觉得这个小弟欠了他们的莫大人情。3 人认为，皇太极这个汗王，是做给其他人看的，跟他们无关。现在在圈子里，虽然皇太极和死去的努尔哈赤的地位一样，但是，在他们心目中，他依然是努尔哈赤时代的皇太极。

上班时，皇太极或多或少的还能找到点儿汗王的感觉，三大贝勒还有所收敛，那是做给外人看的。可是，下班后，无论在 3 人家里，还是在皇太极的后宫，三大贝勒仍然以哥哥自居，对他，连名字都懒得叫，老八老八的，像叫他们的儿子。

尤其是哥几个吃饭的时候，三大贝勒连让都不让，3 个大屁股，齐刷刷地坐到上座去，作为一把手的皇太极，只能陪在一侧，给老哥仨倒茶敬酒……

皇太极不是窝囊人，但是他这个大汗当得的确很窝囊、窝火。他想，尽管他现在捡了个大汗当，有名无实，手里没有让三大贝勒恐惧的东西。他的小圈子，人手不够，势力不大，要是按照他的脾气办事，三大贝勒有能力、也有实力把他从汗位上拿掉，根本不费吹灰之力。

他要想说了算，只有赶紧组织他的小圈子。也只有他的小圈子强大，他在大圈子里，才能有话语权，拍板权。

三大贝勒，各有各的小圈子，根本不是铁板一块。皇太极决定，他争取权力的第一步，就是向 3 个人手中权力“掺沙子”，稀释 3 个人的权力，让更多人加入到领导班子。这样就不会发生 3 个人一举手，就把他否决掉的事情。

刚上台不久，皇太极就和三大贝勒商量说，我们四处征讨，靠的就是八旗子弟的力量。我们现在南有大明，西有蒙古，东有朝鲜，朝鲜和大明的关系还不错。而我们处于三者中央，若是实力不足，很容易被三家做掉。为了壮大八旗、为了我们更方便掌握各旗的情况，我建议，扩大八旗总管旗务大臣的权限，允许他们和贝勒们一起共议国政。各旗的行军、狩猎、出行等事务，都由其主管大臣指挥、调度。主管旗务大臣的资格，必须具有固山额真资格。

皇太极提出这个建议，并没有遭到三大贝勒的反对，因为每旗都有人参加。代善问，什么人才有资格担任主管旗务大臣呢？

皇太极说："他们应该由各旗旗主推荐。但是，一定是有资历、战功、威望的人。"

在没有人反对的情况下，皇太极又提出，将来每旗的人口、牲口、房屋等，都会不断增多，一个旗主、一个主管旗务大臣肯定管理不过来。这就需要在原来两名佐旗大臣的基础上，再增设两名调遣大臣，服务于两名佐管旗务大臣，主要负责上下传达的任务。

这样的确有利于旗务的管理，而且每旗都一样，三大贝勒也没有反对。

几天后，各旗主把他们推选的主管旗务大臣的名单列出来，差不多都是各旗的头面人物，皇太极没有否定谁，让这些人直接进入领导班子，参加领导班子的常务会议。

这些进入领导班子的新成员，都有谁呢？

正黄旗是纳穆泰，开国元勋扬古利的弟弟；佐管旗务大臣是拜音图、楞格礼；调遣大臣是巴布泰、霸奇兰。

镶黄旗是达尔汉，努尔哈赤的女婿杨书之子；佐管旗务大臣是伊逊、达珠瑚；调遣大臣是多诺依、扬善。

正红旗是和硕图，五大臣之一何和里之子；佐管旗务大臣是布尔吉、叶克舒；调遣大臣是汤古代、察哈喇。

镶红旗是博尔晋，佐管旗务大臣是武善、绰和诺，调遣大臣是哈哈纳、叶臣。

正蓝旗是托博辉，佐管旗务大臣是屯布噜、萨壁翰，调遣大臣是昂阿喇觉罗、色勒。

镶蓝旗是固三泰，努尔哈赤的女婿；佐管旗务大臣是舒赛、康喀赉；调遣大臣是穆克坦、额孟格。

正白旗是喀克笃礼，佐管旗务大臣是孟阿图、阿山，调遣大臣是康古礼、阿达海。

镶白旗是车尔格，佐管旗务大臣是武拜、萨穆什喀，调遣大臣是图格尔、伊尔登。

2. 分别处理，区别对待

进入领导班子的这些人，并不是皇太极的嫡系和亲信，这个他早就考虑到了。但是，在管理棋盘上，皇太极下这一着妙棋，对他有 3 大好处。

一、领导班子内，多了 8 个人，班子成员，由原来的 8 个人，变成 16 个人，变相稀释了三大贝勒手中的权力。

二、皇太极领导两个旗，在领导班子里，就占有 3 票，在表决权上很主动。如果以后相机拉拢其他主旗大臣，这样，他的个人意图，就不会被轻易否决。

三、各旗的主管旗务大臣、佐管旗务大臣、调遣大臣，虽然服从旗主，但是，在一定程度上，对旗主也起到了制约作用。

四、皇太极可以名正言顺地把他想提拔的人，提拔上来。这些人，虽然非常忠诚于他，但一无出身、二无战功，像拜音图、巩阿岱、锡翰 3 兄弟。通过这次职务增扩，拜音图就可以晋升为正黄旗旗务佐管大臣。

按常规，皇太极即位之后，应该到阿济格、多尔衮、多铎主管的正黄旗、镶黄旗当旗主。但是，正白旗是他经营多年的嫡系部队，怎么可能为了一面旗子的颜色扔掉呢？

大汗要掌管正黄旗、镶黄旗，这是祖制，无法更改。怎么能变通一下呢？拜音图给皇太极出了一个主意——换旗不换人。

这一招太高明了。皇太极提出这个建议，根本没人会反对。他不想让出自己经营多年的队伍，别人同样也不想。于是，皇太极的正白旗、镶白旗换成了正黄旗、镶黄旗，阿济格、多尔衮、多铎三兄弟的两黄旗，变成了两白旗，皆大欢喜。

皇太极原来只掌控正白旗，镶白旗原来由杜度掌控，怎么到了皇太极手里呢？这里要交代一下。

在努尔哈赤去世1年前，也就是1625年，努尔哈赤最疼爱的3个儿子，阿济格、多尔衮、多铎3人中，阿济格和多铎已经执掌正黄旗和镶黄旗，唯有多尔衮没有。努尔哈赤便找个理由把杜度降为普通贝勒之后又把他排在毛孩子多铎后面去了。

杜度把镶白旗旗主的位子腾出来，没等努尔哈赤给多尔衮找到接管镶白旗的理由时，他就病了，病得还不轻。命都保不住了，他自然无暇顾及这事。在皇太极即位之时，镶白旗基本处于无主状态。皇太极继位后，并没有按照努尔哈赤的意思，把镶白旗旗主的位子给多尔衮，而是通过换旗的手段，据为己有。代善、阿敏、莽古尔泰知道皇太极这样做，对杜度、特别是对多尔衮很不公平，但是，多尔衮仗着他投胎投得好，就与刀头舔血多年的三大贝勒平起平坐，三大贝勒更难以接受，还不如做个顺手人情呢。

在没继位之前，皇太极身边已经有了“五大金刚”——岳托、萨哈粼、德格类、济尔哈朗、豪格。这5个人，都是能征善战的少壮派，在小贝勒当中，非常有影响力。

岳托是代善的长子，萨哈粼是代善的三子，德格类是莽古尔泰的弟弟，济尔哈朗是阿敏的弟弟，豪格是皇太极的长子。除自己的儿子以外，皇太极把这4个人拉进他的小圈子，为他效力，就等于挖了三大贝勒的墙脚，抽了他们的肋骨。

皇太极把圈子里的人分成三等。

第一等里，有代善、阿敏和莽古尔泰3个权高位重的人物。

对这3个人，采取尊重、维护、谦让、团结的态度。同时，还要积极向他们小圈子里掺沙子，分化、瓦解、削弱他们的实力。一旦抓住他们的错误，就以维护大圈子利益的名义，狠狠打击。

第二等里，有硕托、阿济格、阿巴泰、杜度、多尔衮等人。对这些人，采取胡萝卜加大棒的政策，在观察中使用，在使用中观察。一旦发现不能为己所用，便采取严厉打压措施。

第三等里，有岳托、济尔哈朗、谭泰、德格类、萨哈粼、拜音图、巩阿岱、锡翰、洛托、佟养性、范文程、高鸿中等人，给予足够大的舞台和空间，人尽其才。有功时，毫不吝啬地奖励和晋升。同时在物质、精神上，给予关怀和照顾，使他们成为他的人。

皇太极要想成为后金圈子里说一不二绝对权威的人物，就得找机会扳倒三大贝勒，对其他各旗拥有掌控权。

对于这么大的骨头，肯定得一口一口地啃。先啃哪里，后啃哪里，一定要仔细观察，缜密思考，抓住机会有理有据地下口。

那就得先从没实力、没后台的阿济格、多尔衮、多铎3个小贝勒掌管的两白旗下手。他们是依靠母亲阿巴亥在努尔哈赤那里受宠，获得旗主位置的。现在，宠他们的父母不在了，没人替他们撑腰，不打白不打，打了也白打。

阿敏排在皇太极打击目标的第二位。阿敏不是努尔哈赤的亲儿子，而皇太极、代善、莽古尔泰是同父异母的兄弟，远近不一样。阿敏政治上有污点，为人简单粗暴，人缘不怎么好。最关键的是，他没有独立的小圈子，虽有资历，但靠得住的人不多，特别是在领导班子里。

对于阿敏，没有特好的机会，不能轻举妄动。对于阿济格，有机会要打，没有机会制造机会也要打。

1626年12月，皇太极即位5个月后，他就找到了打击阿济格、多尔衮、多铎3个小兄弟的机会。

蒙古扎伦卫儿宰吐贝勒儿子厄参台吉，逃离故地，投奔阿济格。

皇太极非常不愿意看到阿济格实力壮大，也没有开会商量，就命令厄参及其带来的属下，搬到正蓝旗德格类那里，归德格类管辖。

德格类虽属正蓝旗，但他是皇太极的死党。壮大德格类的实力，就等于壮大了皇太极的实力。

厄参要是投奔代善、阿敏、莽古尔泰旗下，皇太极肯定不能说什么。他不是没意见，而是不敢有意见。

为什么这么说呢？因为在努尔哈赤在世时，就制定了对待前来投诚的蒙古贝勒、台吉的政策。

此政策大致有以下两点：

一、凡来投金者，全部优待。分配工作，定职称，给房子和安家费。

二、尊重本人的意愿，愿意把户口落在哪个旗，就编入哪个旗，后金政府不作要求。

厄参投金，阿济格接收，都是在政策允许范围内，没有违规违法之举。他们这样做，虽不违规，却违背皇太极的意愿。

皇太极在三大贝勒默许的情况下，派德格类跟阿济格谈判，让阿济格交出厄参及其部众。

阿济格是一个愣头青，是把面子看得比命还重要的人。他是镶白旗的旗主、当家人，如果他连投靠他的人都保护不了，让外旗人骑在脖子上屙屎撒尿，以后在镶白旗怎么混？今天允许别人带走一个厄参，明天就会有副将被绑走。大家把镶白旗当成免费超市，谁缺什么少什么都来拿，镶白旗能经得住几回拿？日后，在镶白旗，他还有什么权威，谁还会服他？

阿济格对德格类说："这事，没商量，你从哪里来回哪里去。厄参自愿加入镶白旗，我愿意收留，这是双方自愿的选择，一合情，二合理，三合法。"

德格类是什么人啊？会武术的流氓。现在有莽古尔泰这个有权有势的亲哥做后台、大汗皇太极撑腰，哪里会把靠出身当上旗主的阿济格放在眼里？他早就对阿济格、多尔衮、多铎 3 兄弟靠母亲吹枕边风，当上两旗旗主感到不平衡。现在发泄愤怒的机会来了，他还能怕阿济格来硬的？

德格类指着阿济格的鼻子说："小子，让厄参加入正蓝旗，是大汗的意思，我跟你好说好商量，是给你面子，别蹬鼻子上脸给脸不要脸啊！"

德格类仗势欺人，阿济格寸步不让，两个愣头青话不投机就动手了。德格类耍横，阿济格拼命，抽刀砍在德格类的脑袋上，砍出一个口子，血流不止。

皇太极见阿济格不服，就召开会议商量。与会者，只有多尔衮、多铎是阿济格的人。多尔衮是非常有心计的人，知道自己在后金圈子里属于弱势群体，该忍的要忍，不该忍的也要忍，保命才是第一。开批斗阿济格的会议上，他选择了沉默。多铎还是不懂事的孩子，虽为旗主，也只有虚名而已。

这个象征性的会议，开不开结果都一样。最后，大家一致认为，把厄参编入正蓝旗，隶属德格类。本着治病救人的原则，对阿济格处以 1000 两白银罚银、鞍马 4 匹、盔甲 4 副、马 7 匹。

这件不公平的事，提醒了间接受害人多尔衮，让他明白在后金圈子里，他应该怎么做。直接受害人阿济格，却没有意识到问题的根源所在，他不知道自己不应该做什么。

皇太极利用圈子里的各种矛盾，捏了阿济格这个软柿子。对于不服他的，暂时又搞不倒的，只能实行先记账、后算账的办法。

3. 一句牢骚，十年埋单

皇太极名不正、言不顺地成为后金圈子里的老大，自然有人不服。这些不服者中，第一个跳出来的，就是努尔哈赤的第七个儿子——阿巴泰。

阿巴泰是努尔哈赤侧室伊尔根觉罗氏所生。母亲属于侧氏，阿巴泰虽为皇子，但在论出身排辈的年代，地位自然不高。他要想出人头地，就得靠自己奋斗。

阿巴泰确实具有军事指挥天赋，个人又很英勇善战，在努尔哈赤艰苦创业过程中，他为父亲成为后金圈主，立下赫赫战功，成为圈子里年轻有为的将领之一。

也正是因为阿巴泰为后金圈子的创立作出了卓越的贡献，让他觉得自己能力强，战功多，是圈子里不可或缺、不可代替的人物，所以一般人他都不放在眼里。

小弟皇太极即位称汗，阿巴泰心里不服，但也没办法。因为比他有资历的大哥代善、二哥阿敏、三哥莽古尔泰都支持皇太极，他也就没什么可反对的。

阿巴泰认为，在先汗当政的时候，都把他当回事儿，皇太极做了老大，更不能小瞧他。虽然他不能和其他三大贝勒平起平坐，但也应该让他与其他小贝勒有点差距才行。

皇太极当了大汗，他没功劳也有苦劳，怎么着也得赏他一个和硕贝勒。没想到皇太极只给了他一个普通贝勒，让他对这位新当家的很失望。

就在皇太极因为自己坐上圈子里头把交椅而请大家吃饭时，阿巴泰发现，他虽然被提升了，但在皇太极心目中，他和那些没有战功的贝勒们依然没什么两样。

吃饭时，阿巴泰之所以心里不爽，是因为皇太极没有让他和那些大贝勒坐一桌，而是让他和那些小贝勒在一起。这就证明，皇太极虽然口口声声说兄弟一律平等，但是在他心目中，还是把兄弟分成了三六九等。

阿巴泰喝点闷酒，心里不舒服。回家后，他就和属下扬古利、达尔汉发牢骚说："本贝勒可以负责地说，为了大金国，我是出外披甲带兵征讨，在内安置户民调集粮饷，立下汗马功劳。皇太极当了大汗，论什么也得给我一个和硕贝勒当吧？嘿，和那些寸功未立的屁孩子一样，也给我一个破贝勒，打发要饭的呢？父汗在位时，恩格德尔额驸兄弟和土谢图额驸那样身份的人来时，父汗都让我和四大贝勒一起陪吃饭。现在可倒好，把我归置到无名小贝勒那拨儿去了。这不是明显地把村长不当干部吗？以后，别说皇太极请我吃饭，就是请我吃龙肉，用八抬大轿抬我，我都不去了！人有脸，树有皮。他不怕寒碜，我还怕丢人呢！”

阿巴泰把扬古利、达尔汉当做知心人了。可是，扬古利这个人，是非常忠诚大汗的人。特别是在皇太极即位以后，对他家族的人，都予以重用、提拔。

扬古利连家都没回，直接找到皇太极，把阿巴泰的话添油加醋地学说了一遍。

扬古利认为，皇太极已经是后金圈子的大汗，他决不允许别人在背后有破坏圈子团结、否定新圈主的言论。他一定会把阿巴泰治罪，给自己立功。

让人没想到的是，皇太极听了扬古利的汇报，好像并没往心里去，而是责备扬古利说：“阿巴泰不高兴，发牢骚，你作为他的属下，应该好好劝解、安慰他才是，有必要跑到这里告诉我吗？赶紧回去，好好照顾他！”

通过阿巴泰的牢骚，皇太极看出阿巴泰对他当大汗，明显就是不服嘛。但是皇太极深知，他初登汗位，一切不稳。他现在要做的，就是能忍的要忍，不能忍的也要忍。什么都不说，什么都不做。

天折腾下雨，人折腾有祸。让那些先跳出来的人，尽情地折腾吧，折腾过了，自然有人要惩罚他。

阿巴泰虽然对皇太极有意见，但他还是忠于后金大圈子的，处处维护着大圈子的利益。大圈子需要他时，他依然能带着牢骚把事情做好。

天聪元年，也就是1627年，5月，皇太极带兵征讨锦州，让阿巴泰、杜度留守沈阳。英勇善战的阿巴泰，虽然没有随队出征，却把家里处理得井井有条。皇太极这一仗没打好，灰头土脸地回来一看，没想到这个对他有意见的老七，把家里管理得这么好，心里非常感激，给阿巴泰记一大功。

正因为阿巴泰这一次做得让皇太极感激，一直想给爱面子的阿巴泰一个补偿。12月，蒙古察哈尔部昂坤杜棱率部投诚，皇太极很高兴，决定摆大宴招待昂坤杜棱，并让贝勒们作陪。

当然，这样高规格的饭局，一定要派人去请阿巴泰。皇太极没想到，阿巴泰是一个说话算数的汉子，上次他说过，以后不再吃皇太极家的饭，这次果真没来。

不来就不来吧，找个合适的理由推托一下，也就罢了。但是，阿巴泰一不说他没空，二没说他有病，而是专门派副将纳穆泰前来陈述不来的理由。

纳穆泰按着阿巴泰的原话对皇太极说："我家主人不能前来陪酒了，因为他没有裘皮大衣穿。先汗给的裘皮大皮，已经破了、小了，洗洗改改给儿子穿了。况且，我这么大年纪，如果来陪酒，还得和小贝勒挤在一起，跟年轻人有代沟，没什么话说，挺尴尬的。还有，听说蒙古贝勒明安、巴克的座位都在我前面。作为皇子，我在弟兄里的地位如此低下，实在不好意思。所以这个宴会我就不参加了。"

皇太极见阿巴泰对他有意见，而且意见还不小，派个副将跟他说这些不着调的话，分明是不把他这个大汗放在眼里。这次他不能忍了，得站出来表个态。

皇太极把阿巴泰的牢骚话，当着众贝勒的面讲出来。他说："作为当哥的，阿巴泰对我这个弟弟有啥意见，我都不在乎，谁让我是弟弟呢？但是，我作为其他小弟弟的哥哥，怎么能够允许他如此不把小弟弟们放在眼里呢？"

皇太极这些话，说得太高明了。他没有说，我是大汗，阿巴泰是臣子，大汗请臣子吃饭，已经给足面子了，他不但不来，而且还冷嘲热讽，根本没把我这个大汗放在眼里。而是说，他可以不拿我当哥哥，我必须拿自己当弟弟。但是，我作为小弟弟的哥哥，绝不允许他欺负小弟弟。我有责任、有义务维护小弟弟们的利益。

阿巴泰无理取闹，激起了众怒，不仅比他小的弟弟、侄子们不干了，连老好人代善也坐不住了，他觉得自己应该站出来，帮皇太极说话。

那些小贝勒们，自然也生阿巴泰的气。你要有本事和皇太极叫板，就光明正大地站出来与他单挑，没本事单挑，就掩好爪子老实趴着，别拿我们说事儿。和我们坐一起吃饭就跌份了？你好意思说，我们还不好意思听呢！

阿敏和莽古尔泰也不同情阿巴泰。你算老几啊？想跟我们老哥几个平起平坐？我们横刀跃马时，你还撒尿和泥呢！

代善带着大小贝勒，一起来到阿巴泰家里，毫不留情地对他展开批评教育。

代善指着阿巴泰的鼻子教训道："父汗在位时，你也没成为五大臣。那时候，德格类、济尔哈朗、杜度、岳托早已经随班听政，你也没资格参加。也就是靠出生在大汗家，你才有机会获得6个牛录，位子仅次于贝勒。老八当家了，把你晋升为贝勒，还亏待你了？欺负你了？你想跟阿济格、多尔衮、多铎比是吧？你用鞋底子照照自己，那几个贝勒，都比你先入的八分之列！现在你当上贝勒，还不满足，惦记着与我们这些人平起平坐，已经非常过分了。人心不足蛇吞象，如果你当上大贝勒，你还惦记什么呢？惦记着当大汗？你目无尊长，心无法纪，是很危险的。现在，你要彻底反思，为你的言行负责，并且改过自新。如果你认为自己没错，依然我行我素，会吃大亏的！"

代善一通数落，让阿巴泰无言以对，只好承认自己有错，愿意为自己的言行负责。

对阿巴泰皇太极并没有深究，只是罚他4个雕鞍马，4副甲胄，8个素鞍马。

其实无论谁即位，只要不是阿巴泰自己，他都会发牢骚，但也只是发发牢骚而已，不会有实际的行动。他有能力，但心无城府，不甘寂寞，希望领导别忽略他的存在，平时要关注，开会要表扬，仅此而已。

这样的人，一旦觉得自己不在领导的视线之内就难受，就要不负责任地发牢骚，甚至骂街。他从不会想发牢骚、说关于领导、圈子负面话的严重性，更不会考虑这样做会给自己带来什么。

新上任的领导，对圈里人的一言一行，都会时刻关注的，在意的。说他好话，他不一定记着；说他坏话，就会记一辈子。

业务能力超强的阿巴泰，就是因为发了几句不合时宜的牢骚，被皇太极记住了。因此，阿巴泰一生都要为这几句牢骚埋单。

4. 一把手最需要什么样的人

皇太极即位之后，就看出在爱新觉罗家族内部，没有一个省油灯。在这个家族里，出身大于能力，最好的例子就是多铎，小屁孩子一个，寸功未立，就能当上旗主；人缘大于成绩，典型的例子就是皇太极，因为会笼络人心，在圈主位置出现空缺时，大家一致推荐了他。

皇太极虽然当上了一把手，但是在三大贝勒眼里，他不过是一个名誉大汗而已。三大贝勒加上他们的儿子，就是大汗宝座下面的腿，想什么时候撤，就什么时候撤，摔他个五脏暴裂，尸骨不存。

善于经营的皇太极认为，积极在家族内培养力量是必要的，但是比较困难，一时半会见不到效果。因为这些人认为他继承汗位，不是父汗任命，全仗弟兄捧场。他们对新汗王不重视，因为他们手里握着弹劾、罢免新汗王的权力。

实力、势力，决定着皇太极屁股下面的位子能坐多久。

皇太极认为，既然在短时间内清除不了圈子里反对他的势力，那就在家族之外培养支持他的力量。后金国的建立，是很多家族打拼的结果。其他家族的力量，也是维护后金国发展、稳定不可或缺的力量。

皇太极之所以这样认为，有他的道理。

比如，有两个同样大的孩子，一个是邻居家的，一个是自己的儿子。你同时给他们每人一两银子，儿子会认为，你给他银子是你的义务，应该做的，可以毫不领情、心安理得地接受，还可能因为不够买一个玩具生你的气。

邻居家的孩子，得到你白送的一两银子，会非常高兴，由衷地感谢你，觉得你是一位可敬、善良、仁慈的人，会一直对你心存感激，寻机报答你。

因此皇太极即位后，经过细心的甄别，在他管辖的两个黄旗中，选择了开国元勋扬古利、费英东家族。他封扬古利为“超品公”，其弟纳穆泰总管为正黄旗总管旗务大臣，楞格礼为正黄旗固山额真、佐管旗务大臣；任费英东之侄伊逊、多诺依扬善为镶黄旗佐管旗务大臣；调遣大臣。重点培养扬古利从弟谭泰、费英东的侄子鳌拜，给他们足够大的发展空间。

扬古利是谁呢？他就是告发阿巴泰的那个人。这个人有什么背景呢？扬古利的老家在珲春，父亲郎柱，担任库尔喀部部长。在扬古利不到 14 岁的时候，郎柱与发展迅猛的努尔哈赤结盟。按照当时部落结盟的规矩，扬古利作为库尔喀部的人质，被送到努尔哈赤的手下。

后来，库尔喀部的人不服郎柱，起兵造反，包围扬古利的家，杀死郎柱。扬古利的母亲在危难之际，表现得非常勇敢。她把小儿子纳穆泰绑在背上，刀砍箭射，杀死数人，突出重围，投奔了努尔哈赤。

14 岁的扬古利，发誓要为父亲报仇。恰巧杀郎柱的人，也来向努尔哈赤投降。扬古利见到此人，二话不说，举刀杀死他，并割掉他的耳鼻，活活生吞。

努尔哈赤那里没有优待俘虏一说，扬古利手刃仇人，不但不违法，还被看成英雄壮举。努尔哈赤见扬古利是条血性汉子，就把他的女儿许配给扬古利。后来定旗制，努尔哈赤就把扬古利安排在他的正黄旗。

在后来的大小战争中，扬古利把他的勇猛、无畏、严谨、智慧、忠诚，展现得淋漓尽致。

1599 年，努尔哈赤征讨哈达部。哈达根本不把努尔哈赤放在眼里，上下动员，一致对抗，全力迎战，拼死守城。努尔哈赤率兵围城，一攻一防，激战 6 个昼夜。扬古利身先士卒，第一个攻上城楼，活捉哈达。

1607 年，扬古利又随努尔哈赤征讨辉发部。他一马当先，冲过敌人两道封锁线，第一个入城。

1625 年，扬古利随努尔哈赤再次征讨辉发部，昼夜急行军，杀奔多壁城。不巧，那时天降大雨，河水暴涨，很多人望河兴叹。扬古利二话不说，带着属下脱衣下河，大胜而归。

……

扬古利在天命年间，尤其在萨尔浒大战、开铁大战、辽沈大战中，战绩更为突出。在攻下辽沈之后，因扬古利战功卓著，努尔哈赤命他为亚八贝勒，统领左翼兵，授一等总兵官。也正因为他打仗玩命，努尔哈赤还叮嘱他不要什么时候都冲在最前面。

扬古利虽然战功赫赫，但他为人低调，不计得失，而且忠于职守，视报效后金为己任。皇太极即位后，他又尽心尽力辅佐皇太极。在他心目中，只有国家，只有工作，而无其他。不论谁当一把手，他都会一如既往地支持，并对工作无比的热情。

这样的员工，皇太极能不重用吗？

费英东，排在努尔哈赤时代“五大臣”之首。他跟随努尔哈赤东征西讨30年，在内啥事都管，在外是敌便杀，紧要关头顶得住，关键时刻拿得下，而且对努尔哈赤无比忠诚。他的姐夫兑沁巴颜想谋反，他知道后，不徇私情，抓住杀死。他死后，被称为“开创佐命第一臣”。

费英东，武艺高强，膂力过人。不论什么样的战斗，遇到什么样的敌人，他必冲锋在前，勇不可挡。

经过30多年的经营和征战，费英东帮助努尔哈赤统一建州、西海、东海女真各部。1615年，费英东成为理国政听讼五人制的议决大事和指挥作战的领导核心成员之一。定旗制时，费英东隶属镶黄旗，总领左翼军。

1616年，努尔哈赤称汗，费英东成为十大讼官之一，负责审理各种案件。他一向秉公执法，大公无私，不论是谁触犯法律，他都不徇私情，按律处理，口碑非常好。

在参与治理国家时，他也是殚精竭虑，无私忘我地工作。特别是在努尔哈赤犯错误的时候，毫不顾忌，忠直敢言，经常和努尔哈赤争个面红耳赤。

皇太极想成大事，这样的人必不可少。遗憾的是，在1620年，费英东去世。他之所以重用费英东家族的人，是想给别人提个醒，他就需要忠诚大汗、无私奉献的人。

5. 有些利益是不能互换的

让皇太极最不放心的，是二贝勒阿敏。

阿敏在四大贝勒中，是绝对的实力派。他是努尔哈赤的侄子，舒尔哈齐的次子。他从小就跟随努尔哈赤打天下，参加统一女真诸部的大小战争无数。

阿敏的父亲舒尔哈齐，和努尔哈赤一起起兵打天下。后来家业大了，努尔哈赤想自己一家独大，处处压制舒尔哈奇。1609年，在建州圈子里没地位、没工作，处于赋闲状态的舒尔哈奇，决定携众属搬到黑扯木。阿敏派属下到那里跑马圈地，伐木建房，只等一切准备完毕，脱离建州圈子，不给努尔哈赤添乱，不给自己添堵。

努尔哈赤得到舒尔哈奇要脱离建州圈子的消息，非常生气。于是他便诱捕舒尔哈齐和阿敏，杀了他们的心腹大臣。

努尔哈赤把弟弟关起来，限制其自由，对阿敏也想一杀了之。可是其他贝勒平时和阿敏关系处得不错，都给阿敏求情，说阿敏随父叛变，也是出于无奈，念其年轻无知，又立过战功，再给他一个立功赎罪的机会。

努尔哈赤念其有才华，又看在众贝勒的面上，对阿敏宽大处理，把他过继为子。阿敏身在矮檐下，不得不低头，违心地做了努尔哈赤的杀人机器。

阿敏22岁就担任领兵主帅，讨伐布占泰，逼布占泰求和。后来，因军功卓著，他由台吉晋升为大贝勒，参与国政。努尔哈赤设立八旗，阿敏任镶蓝旗的主旗贝勒。

尽管努尔哈赤待阿敏不薄，但是杀父之仇怎能说忘就忘？虽然和代善、莽古尔泰、皇太极并称开国四大贝勒，但在阿敏看来，他的出身和不光彩的历史，很难和其他三大贝勒对等。独门立户、自己当家的愿望，在他心中一直没有泯灭。

努尔哈赤去世后，阿敏对继承汗位连想都没想。他出身旁支，努尔哈赤的儿子、亲信绝对不允许汗位旁落。虽然他是四大贝勒之一，也只能充当一个看客。

阿敏不是普通的看客，他手下有人有枪。他当不上，但是，他支持的人，一定能当得上。

岳托、萨哈粼与代善决定拥护皇太极，找阿敏商量。在阿敏看来，无论是代善、莽古尔泰，还是皇太极当大汗，对他来说没什么太大区别。于是，他就点头同意。

就在众贝勒为努尔哈赤守灵时，阿敏派心腹傅尔丹找到皇太极，说："我家主人可以支持你继位，但也是有条件的。这个条件是你当上大汗之后，给我们划一个地方，或者我们自己去找个地方，让我家主人当个藩王就可以。"

阿敏和代善的追求不一样。代善只想成为一个高职高薪的金领，有房有车有钱花，听差办事，吃喝不愁。阿敏想成为一个小圈子的一把手，哪怕圈子再小，也要自己说了算，不想看别人脸色。

阿敏认为在这个时候，他提出这样的条件并不过分。最起码，他没有破坏后金圈子的稳定，让新领导顺利接班。

皇太极没想到阿敏会有这个想法，更没想到他阿敏会在这个时候向他提出这样的交换条件。

这事不小，皇太极赶紧找来正白旗的贝勒、大臣开会，商议此事。因为事关皇太极继位大事，别人也不好说什么，都在观望他的态度。谁都不知道，一旦皇太极坚持继位，又不答应阿敏的条件，阿敏会有什么样的反应。如果两家兵戎相见，在这个非常时期，恐怕没有真正的赢家。

皇太极不是弱者。他认为自己虽然为了这个位子精心准备了16年，但是即使他接受有损后金圈子完整的条件，当上了大汗，也是很难服众的。如果他答应了阿敏，那么代善、莽古尔泰也提出类似的条件呢？他答不答应？

皇太极对大家说："如果我答应阿敏可以外出独立为王，那么，其他五旗的主旗贝勒，是不是也可以外出独立为王？既然大家都可以自立为王，那还要我当这个大汗有什么用？即使我用这个条件交换到汗位，我这个大汗还能管谁？四大贝勒各自为政，我们的军力、财力、物力都会削弱，我们前有大明，后有朝鲜、蒙古，我们能打谁？谁又不能打我们？"

皇太极对阿敏的行为表示很伤心，很失望。他接着说："我宁可不当这个大汗，也不会接受阿敏的条件！因为这样做，是让大金国自食苦果，自取灭亡。先汗出生入死地打拼、呕心沥血地经营，才有这个大金国，才有我们各位的现在。我们做晚辈的，不扩大他的基业也就罢了，还要破坏它，对国、对家、对个人来说，都是有百害而无一利啊！"

皇太极一通慷慨激昂的演讲，打动了与会的每个人。的确，皇太极没有为一己私利，拿大家的前途做筹码，与别人进行交换。仅凭这一点，他就是合格的领导人。于是，大家纷纷表示，无论如何也不能答应阿敏的条件。皇太极必须当这个大汗，阿敏必须收回他的条件。

皇太极自然要考虑他这样做的后果。在这个非常时期，内乱是他最不想要的。于是，他找来一直效忠他的济尔哈朗，想看看他的态度。济尔哈朗是阿敏的弟弟，他的选择，自然会影响到阿敏的选择。

皇太极把傅尔丹的话又重复了一遍，然后问济尔哈朗，是否知道这件事。

济尔哈朗自然明白皇太极把他找来的意思，他很直接地说："我哥跟我提过这件事，我当时就觉得他是瞎胡闹，劝他别没事找事。他就骂我是软弱无能，家族里的白眼狼。老八，你放心，不管我哥怎么折腾，我都会支持你的。"

皇太极为公，阿敏谋私，两边的支持率相差悬殊。阿敏见自己的弟弟都站在皇太极那一边，如果他硬来，吃亏的只能是他。他不但达不到他的目的，恐怕一场火并之后，他连尸首都难以保全。

阿敏衡量利弊后，表示愿意无条件支持皇太极。

这件事，阿敏没忘，一直找机会闹独立。皇太极更忘不了，但是现在还不是拿下阿敏的时候。这个带兵打仗的天才，皇太极还能用得着。只要他做得不出格，先凑合着用吧。

第七章

没有归属感的孤独

1. 注定吃亏的伏笔

阿敏的成长环境，注定他的人格不可能完整。

阿敏的青少年是在打打杀杀中度过的，这就会让他认为，暴力是解决问题的最好办法——不是杀人，就是被人杀。武力是否强大，决定一切。这就决定阿敏对复杂问题缺少分析、推敲和衡量。

在父亲被囚之后，阿敏从刀下得以生还，被人收养，心里怎能没有阴影？因为有这样的政治污点，背后难免有人指指点点，使他有强烈的自卑心理。为了活得有尊严，他不得不在战场上杀更多的人，抢更多的东西，证明他存在的价值。

因为阿敏为后金的建立立过汗马功劳，能力在圈子里数一数二，又使他很自负，瞧不起靠关系、靠出身获得爵位的那些人，也不愿意靠近那些人。他认为，自己所得的一切，不是别人的恩赐，全是自己用命换来的。

在缺少关爱的环境中长大的阿敏，没读过几天书，修养自然不高，性格必然属于喜怒无常、心硬口冷型，说话不考虑听者的感受，办事随意性非常强。

努尔哈赤死后，阿敏在兄弟中按年龄虽排行老二，但他战功最多，资格最老，所以说话、办事更是由着性子来。他觉得，别人帮他办任何事，都是应该应分、理所当然的，不知道感恩；如果别人帮他做 100 件事，前 99 件办得非常好，最后 1 件办砸了，他只记得最后没办好的那件事。

按理说，阿敏经常带兵打仗，有很多培养自己嫡系的机会。正是因为他有这样的性格、这样的处事习惯，使很多人对他抱着惹不起、躲得起的态度，根本不愿意与他交往、接近。就连他的亲弟弟济尔哈朗，对他也是敬而远之。

因为不知道尊重，也不知道感恩，又很自负，把谁都不放在眼里，导致阿敏在后金圈子里混了这么多年，也没交下几个知心朋友，只有镶蓝旗的主管旗务大臣固三泰、副将傅尔丹、佐旗大臣孟坦、舒赛等人，跟他的关系还算过得去。在他的镶蓝旗，很多人都抱着拿人钱财、替人消灾，当一天和尚撞一天钟的想法，混工资，混日子。很多人怕阿敏，但不服他，更不尊重他，跟着他，只不过想从他这里多捞点好处而已。

阿敏在继位这件事上，从没想过，更没准备过。不过，他对掌握两旗兵力的代善父子三人一起拥护皇太极做大汗这件事，也是非常瞧不起的。在他眼里，代善就是一个软包蛋，不会有大出息的窝囊废。

阿敏见到代善，虽然一口一个二哥地叫着，却打心眼里就瞧不上这个没脾气、没骨气、没霸气的“三无”贝勒。

皇太极登基后两个月，也就是 1626 年 10 月，蒙古扎鲁特部趁后金国新领导班子刚刚成立，内部不稳，就起来闹事。皇太极把 3 个大贝勒、10 个小贝勒请来开会，研究应对之策。

代善、阿敏自然主张出战。于是留皇太极看家，代善和阿敏带着后金精锐部队前去征讨。

仗，打得异常顺利，后金军轻松擒获了酋长巴克等 14 个贝勒，又杀死了鄂尔寨图贝勒，缴获牛羊、马匹无数。

两个大贝勒带的都是自己的人，打仗好说，分赃就不好分了。对于值钱的战利品，两家人都想多得，自然就产生了纠纷。阿敏手下人异常蛮横，只要他们看中的，不管谁缴获的战利品，都想强行霸占，谁不服就动刀子。代善手下人也不是吃素的，向代善请示该怎么办。代善来了，可是阿敏手下人连代善的面子也不给，还指着代善的鼻子骂："谁怕谁啊，谁又能把谁怎么样？我们可不像某些人，抱粗腿，捧臭脚！"

代善大局观比较强，也知道阿敏的性格，在这个特殊时期，不能因为仨瓜俩枣内讧。于是他选择了忍让,压制手下人不要冲动，两家还得以战事为重。

世界上没有不透风的墙，阿敏手下人的话传到了皇太极的耳朵里，皇太极又把这事记到阿敏的账上。

此战中也有受益者，这两个人就是紧跟皇太极的岳托和萨哈粼。部队凯旋后，因为岳托在这次征战中表现突出，皇太极就和代善商量，让代善把他名下的镶红旗让出来，交给岳托管理，让他担任主旗贝勒。

代善知道皇太极的意思。他属下有两个旗,. 皇太极属下有两个旗，两个人旗鼓相当，皇太极总惦记这件事。代善现在是甘为人臣，不作他想，那么他就不能让领导不放心。再者说，把旗主的位子让给儿子，也是肥水没流外人田，肉烂在自家锅里，也没吃亏。于是代善点头同意，皇太极就正式任命岳托为镶红旗的主旗贝勒。

通过这一仗，萨哈粼被晋升为贝勒，也提了一级。

皇太极这么做，就是向年轻人表明，凡是站在我这个小圈子里的人，无论是谁，都会有好处。

2. 目的不同的一次行动

努尔哈赤扔下的后金圈子，本身就是一个烂摊子。代善有自知之明，当初没有去争当一把手，他不想做操心的苦主，只想做省心的王爷。

这个烂摊子到皇太极手里没过几个月，东北就出乱子了。

东北朝鲜的乱子从来就没断过。朝鲜只承认大明，不承认后金。在努尔哈赤去世前的一两年内，朝鲜在很多事情上都支持明政府。

许多汉人不堪忍受后金政府横征暴敛、滥杀无辜的政策，纷纷逃到朝鲜。后金政府曾经多次要求朝鲜政府对逃到朝鲜的难民，应该悉数遣返。朝鲜政府对后金的要求不但置之不理，还把逃过鸭绿江的辽民遣送到明朝去。

这还是小事。最让后金政府无法接受的是，朝鲜当局允许明朝政府在其领土上驻军。明朝将领毛文龙，常年在皮岛驻兵。不堪忍受后金政府暴政的老百姓，跑过去有数十万人之多，被朝鲜当局安置在铁山、蛇梁等地。毛文龙以皮岛、铁山为据点，不断骚扰后金政府后方。在1624至1626年，他分批次派人沿鸭绿江，或跨长白山袭击后金的耀州、鞍山驿、萨尔浒等地，闹得这些地方不得安宁。

朝鲜政府允许明兵和汉族难民耕种他们的土地。对于刚过去的难民，在经济上还给予资助和救济。

1626年冬，皇太极即位后，朝鲜政府一次性拨给毛文龙的军队 1 万石粮食。毛文龙又要求朝鲜政府再补助 4 万石，朝鲜方面欣然接受。朝鲜这么做分明是向后金政府叫板，不把皇太极的新政府放在眼里。皇太极心里一直惦记着北京皇宫里的龙椅，如果他不把朝鲜制伏，想打到北京去，那是不可能的事儿。只要他的军队离开沈阳，毛文龙就会派兵到他的地盘上来。

1627 年刚过完年，还没过正月十五，皇太极就等不及了。

他召开领导班子扩大会议，商议征讨朝鲜的有关事宜。朝鲜是后金圈子里每个人的心病，出兵朝鲜是当务之急，没人反对。关键的问题，就是谁担任这次出兵的总指挥。

阿敏主动请缨，要求带兵出征朝鲜。代善、莽古尔泰与其他贝勒举手支持。

阿敏有他的打算，这次带兵出去，占据朝鲜，是他脱离后金圈子的最佳时机。代善、莽古尔泰等其他贝勒支持阿敏，是因为他们认为，阿敏对朝作战经验丰富，是出征朝鲜的不二人选。

阿敏对朝作战，确实算得上经验丰富。

1619 年在萨尔浒之战中，努尔哈赤派阿敏率领 2000 兵马，迎击东路明军。阿敏在瓦尔喀什山谷设下埋伏。等到刘綎率领的明军主力部队通过后，断其退路，与代善、皇太极等人把明军包围、歼灭。阿敏随即进军富察之野，重创朝鲜军主力部队，迫使朝鲜领兵元帅姜弘率余部 5000 多人投降。

1621 年，在朝鲜驻军的明将毛文龙，由朝鲜境内出兵，攻打镇江。又是阿敏带兵 5000，经镇江进入朝鲜，还击毛文龙部，一举斩明军游击、千总、兵民 1500 多人，大获全胜。

阿敏站出来，主动要求为新领导分忧。但是，皇太极却无法高兴，他担心阿敏有去无返。他知道，这次出兵朝鲜事关重大，只能胜，不能败。对朝作战，阿敏确实是最佳统帅人选，也只有他去，胜算最大。

万一他带着精兵出去，把朝鲜倒是消灭了，阿敏却留下了，自己还指望谁？思来想去，皇太极还是决定派阿敏去，不过，他又派出了忠诚他的济尔哈朗、岳托，中间派阿济格、硕托、杜度等人一同前往。

皇太极把他的担心，告诉给济尔哈朗和岳托，再三叮嘱他们，把前线的情况及时回报，注意阿敏的一举一动。不论是胜是败，一定要把阿敏带回来，实在不成，就采取非常手段。

这一次，阿敏铁了心要把朝鲜征服。他在用兵上，几乎调动了他所有的指挥天赋，达到了出神入化的地步。

阿敏带领3万八旗精兵，悄无声息地逼近凤凰城。同时，他又安排总兵官楞格礼等人为先锋。楞格礼带着一批人，穿上朝鲜百姓的衣服，神不知鬼不觉地干掉朝军的哨兵，先后3次混入朝鲜义州，刺探军情后潜伏下来，准备做内应。

正月十三四更天，掌握了城内所有情况的阿敏，突然出现在义州城下。阿敏指挥士兵立即架梯攻城。艾博博带人率先登城，杀死水门口守将，打开城门，放后金兵进城，直奔守城总兵李莞的帅府。

李莞没想到后金兵会突然出现在他的面前，仓促迎战，结果被杀，判官崔鸣亮自尽。阿敏占领义州后，全歼城内朝鲜兵，对百姓实行三光政策，放兵任意抢、烧、杀、掠、奸。

阿敏偷袭义州成功后，立即分兵两路。一路继续东进，一路向南，进攻铁山。

南下的金兵，抓住几个朝鲜人做向导，他们化装成朝鲜人，秘密直扑毛文龙的驻地铁山、宣川。当时正是冰冻之时，海面都结成厚厚的冰，使后金兵能迅速靠近毛文龙的驻地。

恰巧毛文龙那几天没有住在铁山半岛，搬到云从岛去了。后金兵找不到毛文龙，就把当地的明兵和辽东难民通通杀尽。

东进的骑兵，如入无人之境，风卷落叶一样占领了定州、郭山、昌城等地。平壤等地的朝鲜守军，被凶残、彪悍的后金兵吓破苦胆，哪里还敢抵抗？不论当官的还是当兵的，本着保命第一的原则，能跑多快就跑多快。

阿敏只带3万人马，攻占这么多城池，一面要留兵守城，一面还要继续进军，3万人明显不够用。阿敏给皇太极写信，要求增派人马。皇太极为了彻底拿掉朝鲜这个“后患”，就答应了阿敏所有的请求，命令阿敏便宜行事。然后他派出蒙古兵，前去驻守义州等地。

后方无忧，阿敏带兵继续深入，渡江攻克安州。在安州休整4天后，阿敏带兵直奔平壤。平壤守城巡抚、总兵不战自逃，阿敏不费吹灰之力占领平壤。当天，阿敏命军队渡大同江，进驻中和城。

从夜占义州，到兵驻中和城，阿敏只用了15天的时间。这时，大半个朝鲜领土，已经在阿敏的掌控之下。

阿敏入朝作战如此顺利，还得感谢朝鲜统治集团的腐败无能。

在朝鲜统治集团内部，已经形成大小不一的圈子，有的圈子干事，有的圈子捞钱，有的圈子整人，散沙一样，各有目的，各行其事。

干事圈子里的人，坚守城池，在领导逃跑、兵力不足情况下，既缺武器，又没粮草，饿着肚子殊死抵抗，结果流尽最后一滴血。

捞钱圈子里的人，听说后金兵前来，不管自己是什么身份，均收拾细软，带着家眷和值钱的东西，有多远就跑多远。

整人圈子里的人，在朝鲜国王李倧面前继续出馊主意，把平时看不上的人，继续往火坑里推，死一个少一个。为了维护小圈子的利益，他们请求国王向阿敏讲和。

阿敏为了彻底消灭朝鲜王室，提出议和的条件只有一条：要朝鲜断绝与明朝的一切关系，归顺后金政府，年年进贡，岁岁来朝。

阿敏之所以提出这样的条件，是因为他知道朝鲜国王李倧不会轻易答应，这样就为他进一步进兵找到了借口。

3. 平时不把同事当兄弟的下场

别看阿敏提出的条件很简单，却让朝鲜国王李倧非常难以接受。

有的大臣为了尊严，主张和后金军血战到底，这是李倧不同意的。李倧者丢掉王位，重者丧命。无论轻重，都是他不想要的，他还想继续当国王，享受荣华富贵。

阿敏提出的条件，简直是要他的命。他不想和明朝断绝关系，也不甘心成为后金这帮强盗的小弟，每年送点东西是小事，在这群没文化的粗人面前低三下四，实在是挺为难的。

就在李倧打也不是，和也不是的时候，阿敏又下令进军，占领黄州城，再前进到平山安营扎寨。

李倧带着王妃、子女逃到江华岛，他的长子自己跑到全州城去了。阿敏步步进逼，摆出不和便杀的架势，让李倧也顾及不了那么多了，赶紧派人和阿敏谈判，要求阿敏先退兵，后议和。

阿敏没心情和李倧讨价还价，就派刘兴祚带兵去江华岛。刘兴祚见到李倧，连损带骂，毫不客气。同时他警告李倧，跟你议和是给你面子；如果给脸不要脸，杀你就像踩死蚂蚁一样简单。

李倧实在没办法，什么条件也不敢提了，答应无条件接受议和。然后，他派人备一份厚礼送给阿敏，以示诚意。

3 月 3 日，阿敏派总兵官刘兴祚、巴克什库尔缠作为金政府谈判代表，到江华岛与李倧及其大臣正式举行会盟仪式，仪式要按满族习俗进行。

朝鲜国王李倧投降，接受议和，按常理阿敏应该班师回朝了。但是，阿敏没有丝毫班师的意思。

皇太极派去的几个亲信着急了。

岳托是有大局观的人。他认为现在后金国精兵倾国而出，连蒙古兵也出来不少，沈阳只是一座空城。这时候，如果明军派出几万人马，不费吹灰之力，就能占领后金国大半个领土。

岳托向济尔哈朗表达了他的担心，两个人意见一致，认为后金军应该迅速班师，以防明军偷袭。

于是两个人找到阿敏，提出迅速班师的理由。阿敏自然知道，后金大军倾巢而出，后方空虚，他理应迅速带兵回到沈阳。但是，他出来的时候，就没打算回去。现在在朝鲜，他就是老大。朝鲜这个地方不错，连王宫都是现成的，美女也多，钱粮也不少，他没有理由放着国王不当，回去看皇太极的脸色吧？

阿敏委婉地对二人说："我在沈阳时，就听说朝鲜的王宫建得不错，非常想去看看。我们来一趟朝鲜不容易，以后也不一定有机会。班师的事，不着急。"

岳托和济尔哈朗听阿敏这么说，惊出一身冷汗。阿敏的心思，果然被皇太极看透了，不想回去了。二人更不能由着阿敏性子来，又把尽快班师的 N 个理由陈述一遍，强烈要求阿敏马上下令班师回国。

阿敏看看身边的人，好像没有一个能帮他说话的，真后悔当初没交下几个兄弟。他左看右看，发现了杜度，觉得这个人也许同意留下。

杜度是褚英的儿子。阿敏认为，褚英是被努尔哈赤害死的，努尔哈赤又以莫须有的罪名，把他从镶白旗旗主的位子上拿下来。皇太极即位后，不但不把镶白旗还给杜度，还据为己有。这杀父之仇，夺旗之恨，杜度不能不在乎。

于是，阿敏赶紧拉住杜度的手说："他们着急，就让他们走吧，我不拦着。咱们叔侄好不容易来一趟朝鲜，开开眼界再说。他们想把他们的人带走也没关系，不给我们粮饷也不要紧，大不了我们在这个地方开荒种地！"

杜度一见阿敏要分裂组织，另立中央，也不敢马虎。岳托和济尔哈朗是皇太极身边的红人，他要站到阿敏那头，肯定没有好果子吃。杜度不傻，他知道入朝军队由八旗人组成，打仗时，三军用命，一往无前，那是为后金国和皇太极打天下，绝对不是为阿敏抢地盘。各旗领导人对阿敏没有好印象，还有，各旗领导的家属都在沈阳呢，没有几个不想回去的。如果闹僵了，动武了，别看阿敏是总指挥，到时候恐怕没几个人能服从他的指挥了。

杜度想到这里，赶紧说："大贝勒，我那边还有点急事儿，班师不班师，你们说了算。我先过去了啊！"说完，他就跑出去了。

岳托和济尔哈朗见阿敏铁心要留下，怎么劝也不好使，只好回到自己的大营，派人到各个旗里发通知，要求所有负责人前来开会。岳托主持了由各旗领导参加的会议，商量是否及时班师回朝。在岳托陈述完马上班师的理由后，有七旗领导赞同马上班师，越快越好。他们之所以赞同，是因为这次出征，他们抢到的值钱东西太多了，必须赶紧运回家去。只有阿敏所在的镶蓝旗旗务主管固三泰、佐管旗务大臣孟坦等人同意留下。

阿敏看到这个情况，觉得当初自己想得太简单了。如果他强行留下，就算七旗人不把他怎么样，剩下的这点儿人马，根本无法让他在朝鲜称王称霸。他在朝鲜杀了那么多人，大军班师后，朝鲜人能不找他算账吗？

阿敏很失望，但也没办法，只好同意马上班师回朝。

4. 因为迷茫，所以疯狂

由于没有实现当初出兵朝鲜的愿望，阿敏很郁闷，把怨气都撒在朝鲜人身上。在班师之前，阿敏命令八旗各军，随意疯抢 3 天，见什么好就抢什么，想杀谁就杀谁。

岳托认为，这次出兵朝鲜，是为后金政府免去后顾之忧，朝、金已经修好结盟，就应该好好对待人家，免得日后后金征明，朝鲜在后方搞小动作。朝鲜就在后金后方，酿酒不会甜，做醋肯定会酸。现在两家议和，发誓成为兄弟关系，怎么能想抢就抢呢?这不破坏两家关系吗?

岳托对阿敏说："我们已经和朝鲜结盟，并发过誓言，我们不能违背誓言吧?"

阿敏一看岳托就来气，没好气儿地说："我又没和朝鲜发誓，哪有违背誓言一说?不抢白不抢，抢了也白抢!一定要抢，必须要抢，这机会不多，得珍惜!"

八旗子弟多年来四处乱抢，每到一处，不抢点金钱美女，就觉得自己被别人抢了似的。别看他们在班师问题上不听阿敏的，可在抢东西上，绝对响应阿敏的号召。

3 日之内，后金兵所到之处，朝鲜百姓的子女财兽，荡然无存。

阿敏还特意安排手下，为他抢了一个非常有姿色的朝鲜美女。

大军回到沈阳之后，便有人向皇太极报告说，阿敏这次抢到一个天上难寻、地上难找的美女，要多漂亮就有多漂亮。

皇太极一听说有这样的美女，赶紧命人到阿敏那里，趁阿敏不在的时候，把美女接到宫里，准备晚上好好享受一下这个人间尤物。

阿敏回来一看，见自己好不容易抢到的美女被皇太极弄去了，气不打一处来,气冲冲地闯进皇宫找皇太极。宫中的侍卫告诉阿敏，今天大汗睡得特早，已经休息了，你有事明天再来吧。阿敏大声告诉侍卫，他是来找皇太极要美女来的，让他赶紧交出美女。

这美女，确实是漂亮，皇太极哪里舍得送走?于是，他就命令侍卫告诉阿敏，那个美女已经陪皇太极睡下了。

自己抢来的美女，让皇太极给睡了，阿敏愤愤不平。上朝议事时，他的脸阴沉得能挤出水来，说话火药味儿十足，见谁跟谁吵。下朝后，见谁就跟谁说皇太极霸占他女人的事。

皇太极也生气，自己是大汗，阿敏是臣子，臣子送大汗一个美女怎么了？不应该吗？怎么就没完没了呢？

阿敏这次没有实现他分家另过的愿望，回来后美女又被皇太极强行占去，他已经被这两件事折磨疯了，说话、办事不管不顾，不分场合地抱怨："我上辈子作了什么孽，怎么就让我这辈子托生成人了呢？我是怎么混的呢，都不如山脚下的树，山顶上的石头。树的结果，免不了被人伐倒烧炭，最起码还落个热乎劲儿呢；石头的结果，大不了就是任人在身上屙屎撒尿，但还能闻到臊臭味儿！"

阿敏可以不要命，但皇太极不能不要脸啊。阿敏不停地折腾，搞得皇太极很狼狈。在美女这件事上，皇太极自觉理亏，毕竟他做得有点过，找什么理由也说不过去。

阿敏没完没了、不管不顾地折腾，皇太极实在受不了了，实在没办法，只好忍痛割爱，把那个美女赐给正黄旗的总管楞格礼。

阿敏在朝鲜的一言一行，一举一动，早就有人报告给皇太极。再加上这次美女事件，皇太极和阿敏彻底结下梁子。但是，暂时皇太极还没有理由、没有实力把阿敏怎么样，只能把他列为后金圈子里打击对象中的黑桃 A，老小子，你不服是吧？没关系，咱们走着瞧。

阿敏，还真是有点摆不正自己的位置了。在朝鲜，那么好的机会，他都没有实力实现分家另过，就已经证明，他根本不具备另起炉灶的条件。既然那件事不能做，回来就应该老老实实地做好自己的工作，把房子弄大点，美女搞多点，子女教育好一点，这辈子也算成功了。

一朝君子一朝臣，这是历史规律。作为圈子里的老员工，尽管能力强，资历高，功劳大，但也是新一届领导最抵触的。在新领导眼里，员工的态度比能力重要，立场比贡献重要，站队比责任重要。

既然自己无法当上新领导，也没有甩手走人另起炉灶的实力，老员工在新领导上任时，摆正自己的位置是最重要的。首先，你是圈子里的老员工，但也是新领导手下的新员工。少说多做，带头支持新领导，才是最应该做的。

新一届领导，上任伊始，在圈子里可能没威信，没有自己的打手和帮手，但是，新领导毕竟是圈子里的一把手，掌握、支配着整个圈子里的资源和财富，发展自己的小圈子是非常容易的。

老员工，资格再老，能力再强，也是员工。新领导再嫩，也是领导。作为老员工，你有能力让新领导一时不愉快，但是，新领导绝对能让你一世不愉快。

阿敏在皇太极眼里，已经被定格成圈子里不听话、难管理的害群之马。这样的人，能力越强，对皇太极的危害就越大。阿敏的能力，是后金国需要的，却不是皇太极需要的。在皇太极心目中，什么事都应该先他后国才可以。无论这个老员工能力有多强，对后金国贡献有多大，只要是他不需要的，铲除是早晚的事。只要有合适的机会、充分的理由，他决不会手软。

皇太极认为，既然他暂时不能把阿敏怎么样，那就放纵他，让他尽情地犯错误吧。

只有理想，没有实现理想的手段，找不到自己准确位置的阿敏，在以皇太极为中心的后金圈子里，因为迷茫，所以疯狂。

征服朝鲜之后，后金国的粮食奇缺无比。粮食，成为限制八旗发展壮大的一大瓶颈。各旗旗主，都为粮食发愁，却不知道怎么办，去抢，也得吃饱了才有力气抢啊。

皇太极召开领导班子会议，商量出一个解决办法，改变各旗的驻防边界，扩大开垦土地范围。两黄旗，移驻铁岭；两白旗，搬到安平；两红旗，落户石城。阿敏负责的镶蓝旗，分驻张义站、靖远堡。

现在阿敏对皇太极的任何安排，都觉得是故意难为他。他认为，镶蓝旗分到的地方，土地贫瘠，人口贫困，就私下命人搬到他一直心仪的黑扯木，开荒种地。

阿敏到其他旗地盘上种地之事，被反映到皇太极那里。皇太极召开班子会议，大家一致认为，阿敏做得不对，定阿敏负责的镶蓝旗有罪，把镶蓝旗收获的粮食全部充公。

阿敏根本没把挨罚当回事儿，后来，他干脆放弃靖远堡，搬到黑扯木。他这么做，让老实人代善、暴脾气莽古尔泰看不过去了。靖远堡战略位置很重要，阿敏私自离开防地，这是拿八旗安全开玩笑，两个人找到阿敏，愤怒指责他的行为。

皇太极对阿敏目无大汗的行为，也是气得咬牙切齿，但是，他现在能做的，只能是记账，记得清清楚楚，等时机一到，一笔一笔跟阿敏清算。

5. 每个人心中都有一把算盘

努尔哈赤在攻打宁远时，身受重伤，损失惨重，大败而归，并因此一病而亡。这是满洲人的耻辱，不能不雪。

皇太极即位半年多了，在军事上不能没有行动。阿敏用 3 个月的时间，占领大半个朝鲜，把朝鲜国王李倧打得服服帖帖，老老实实。以前能征惯战的皇太极，此时坐不住了，他要征讨锦州和宁远，为父汗报仇，同时他也想证明，他是有能力握好老汗王交过来的枪的。

征讨大明，对八旗子弟来说，无须动员。一年前，锦州城下的耻辱，凡参战的人都无法忘记。于是，当皇太极提出攻打锦州时，没有人会反对。

1627 年 5 月，皇太极以为老汗王复仇的名义起兵，带着代善、阿敏、莽古尔泰三大贝勒，阿济格、岳托、济尔哈朗、萨哈粼等小贝勒，直扑锦州。

济尔哈朗和阿济格，带着八旗精锐骑兵，作为先锋队，对锦州城发起攻击。锦州守将紧闭城门，在城头上，居高临下，用炮火轰击满洲骑兵，给八旗兵以重创。

满洲骑兵虽然骁勇，但是在攻坚战中，也无法发挥其威力，几次冲击下来，八旗子弟损失惨重，而锦州城毫发未损。

14 天内，八旗兵对锦州城发起数次攻击，都没有成功。锦州城久攻不下，皇太极一筹莫展。锦州守将确实不好对付。看来此次拿下锦州城，毫无希望。于是，他提出，移师宁远碰碰运气。

5 月下旬，皇太极率大军抵达宁远城下。宁远守将，就是曾经让努尔哈赤非常头疼的明朝名将袁崇焕。

皇太极、代善、阿敏、莽古尔泰 4 个人，到前线察看地形，寻找攻城办法。久经沙场的三大贝勒，发现宁远城下的地形，非常不适合后金骑兵作战。如果袁崇焕守城不出，善于野战的后金骑兵毫无优势可言。

这一次，是皇太极即位之后第一次亲率大兵出战，如果得不到锦州，再拿不下宁远，他的老脸实在没地方搁。现在，三大贝勒还没从上一次宁远大败的阴影中走出来，对袁崇焕的大炮心有余悸。如果皇太极接受他们的建议放弃宁远，那就意味着此次出兵再一次失败。

皇太极骑虎难下，为了尊严，决定殊死一搏。

他对三大贝勒喊道："锦州拿不下来，宁远又不可攻，我们这些人到这里走亲戚来了？这次不战而退，日后如何张我国威？"

皇太极为了自己的面子，把强攻宁远上升到政治高度，让三大贝勒无话可说。明知不可为而为之，这不是拿着将士的性命开玩笑吗？你要脸不要命，我们可不陪着。三大贝勒不下作战命令，他们所辖士兵自然不会参加战斗。

站在大军最前面的，只剩下皇太极和阿济格。皇太极也豁出去了，带着本旗人马，冒死冲锋。阿济格是个好员工，虽然他心里嫉恨皇太极，但这个时候，为了后金军的整体利益，想不了那么多，也跟着冲上去。

皇太极的五大金刚，见主子都冲上去了，自然不含糊，也跟着冲上去。这时，三大贝勒也不能看笑话了，指挥队伍殿后，做做样子。

战斗的结果，被三大贝勒言中。八旗军这次的损失比一年前有过之而无不及。

身为觉罗室宗的大将军拜山阵亡，代善的儿子瓦克达、济尔哈朗、萨哈粼等贝勒受伤。

皇太极为了自己的尊严和面子，让兄弟们付出惨重代价。皇太极打是打不赢了，只能和袁崇焕议和，心不甘情不愿地退回沈阳。

皇太极是善于总结的人。在这次兵败中，他发现，他现在拿三大贝勒没办法。这三个老家伙，根本不顾及他这个汗王的面子，他们想怎么着就怎么着。但是这群以济尔哈朗为首的小贝勒，还是比较好拉拢的。要想对付老贝勒，就得用好这几个小贝勒。在小贝勒中，培养他的中坚力量。

怎么对付这些小贝勒，光给他们位子、财物肯定不行，必须扶持一批，打掉一批，这样才能让他们找准自己的位置。

12 月，皇太极就找到一个理由，处罚了一直对他不服的阿巴泰。这件事，在本章前面已经作过介绍。

在小贝勒当中，皇太极经过长时间观察，发现一位值得培养、提拔的人。这个人，就是多尔衮。

按理说，阿济格、多尔衮、多铎三兄弟，是皇太极即位后的最大受害者。首先，他们的母亲阿巴亥“被殉葬”，被人冠冕堂皇地夺走一旗人口。阿济格虽然作战勇敢，只因心直口快，胸无城府，在三大贝勒和皇太极面前不知眉高眼低，导致被罚成了家常便饭。

阿济格虽然年龄大，但不争气，多尔衮、多铎年纪小，和大贝勒们无法斗争。他们能做的，只有逆来顺受，忍气吞声，任三大贝勒和皇太极呼来喝去，随意摆布。

3个没娘孩子当中，吃亏最大的应属多尔衮。因为，在父汗去世之前，阿济格和多铎已经是一旗之主。努尔哈赤为了把多尔衮也提拔成旗主，找理由罢免了杜度镶白旗旗主的职务，并公开表示过，这个旗主由多尔衮担任。

伟大的父汗来不及把多尔衮安排到镶白旗旗主的位子上，就急匆匆驾鹤西行，多尔衮也就错失进入八大和硕贝勒行列的机会。

多尔衮虽然年幼，但是父亲的勇敢、母亲智慧的基因，毫无遗漏地遗传给他，使他自幼头脑冷静，聪敏过人。他知道，皇太极即位后他吃了很大的亏，但是，如果他像阿济格那样，抱怨、咒骂、硬碰、蛮干，公开反对皇太极，或者破罐子破摔，只能遭来更残酷的打击。三大贝勒和皇太极握有生杀大权，找个理由弄死他这个不到14岁的毛孩子，就像踩死一只蚂蚁那么简单。看着不顺眼，想着不顺心，就是他们杀人的理由，或者他们杀谁，根本不需要理由。

识时务的多尔衮发现，三大贝勒和皇太极之间，并不是铁板一块，他们每个人都在组建自己的小圈子。在每个人心里，都有一把打得叮当乱响的算盘，都在为自己的利益不停地斗争。

作为弱势群体的多尔衮意识到，同父同母的哥哥阿济格，已经是4个人的眼中钉、肉中刺，根本不是这四个人的对手，他吃亏、挨整治是早晚的事，而他却感觉良好。如果他不和阿济格划清界限，总有一天，会遭到4个人外科手术式的精准打击。

多尔衮看出，在4个人斗争中，代善没有野心，没有追求；阿敏心里阴暗，不善经营；莽古尔泰有勇无谋，冲动少虑。只有皇太极，野心勃勃，智勇双全，既能韬光养晦，又能主动经营。最重要的是，现在皇太极占有有利的位置，最后的赢家，非皇太极莫属。

于是多尔衮对他的人生开始进行规划，并附有明确的行动准则。

一、紧跟皇太极，他永远是对的。时时事事站在他的立场上。

二、抓住一切机会，证明自己有足够大的利用价值。

三、获得皇太极的信任和支持，积极培养自己的势力和力量。

多尔衮没有把他的计划写在纸上，而是记在心里，并开始付诸行动。皇太极为了实现他大权独揽的目标，正在四处寻找高素质的打手。于是两个人几乎一拍即合，很容易走到了一起。

1628 年，多尔衮的表现机会来了。蒙古察哈尔多罗特部，屡次截杀后金国使臣，让皇太极很没面子。他看到蒙古察哈尔多罗特部兵力不强，就决定捏捏这个不老实的软柿子。

于是，皇太极带着两个孩子——多尔衮、多铎，率领偏师前去讨伐。

这是多尔衮有生以来第一次上战场，虽然有些心虚，但是在出征前，他就暗暗告诫自己，这一次一定要严格遵守军纪，服从指挥调度。还有，一定要发挥他的聪明才智，带好兵，打好仗，既要表现出他的勇猛，又要突出他的谋略。

15 岁半的多尔衮，为这次上阵作了充分的准备。在战场上，他的表现的确非常出众，让皇太极眼前一亮。回来之后，皇太极便赐给多尔衮“墨里根代青”称号，意思是既聪明又智慧。

机会，永远属于有追求、有准备的人。多尔衮取得了皇太极的欣赏和信任，必然得到重用。几个月后，多尔衮就获得了本属于他的东西。

第八章

不做适者，就做逝者

1. 总有一些不甘寂寞的人

皇太极经过全面的考察，认为多尔衮乖巧、听话，处处维护他的利益，无论什么事情，都能和他保持意见统一，便决定给多尔衮一个更大的发展平台，使其迅速成为他最有力的打手。

这个平台在哪里呢？皇太极已经为多尔衮准备好了，那就是阿济格的正白旗旗主位子。

皇太极对阿济格还是了解的。这个人像一头犟毛驴，干活是把好手，但脾气不好。说话、办事不过脑子，关键时刻掉链子。他虽然没有当老大的野心，但也是别人当老大的障碍。这样的人，可以做执行任务的打手，却成不了可靠重用的心腹。

阿济格可以用，但不能重用。使用时，一定要边敲打边使用，不能闲置不用。

现在皇太极拥有正黄旗、镶黄旗，如果把正白旗旗主由阿济格换成多尔衮，再由多尔衮拉拢少不更事的多铎，他便能直接或间接掌控4个旗的兵力。再加上一直大力支持他的岳托主管的镶红旗，他真正的当家作主，指日可待。

拿掉一旗之主、固山贝勒是一件大事，需要一个很大的借口。

阿济格也是一个不识时务的人。自从皇太极即位以来，他虽然一直为后金政府建功立业，努力不打折，但是，皇太极对他依然不阴不阳，不冷不热，动辄就敲打一下。他若是有心眼儿的人，肯定得琢磨琢磨了。

可是这个头脑简单、四肢发达的阔少阿济格，从不把皇太极当回事儿。你有你的千条计，我有我的铁板规。阿济格认为，自己出身好，能打仗，掌控一旗人马，靠本事吃饭，干吗要对皇太极这个傀儡大汗点头哈腰啊？

多铎随皇太极征讨蒙古察哈尔多罗特部归来后，在后金圈子里一直混得很差的阿达海找到阿济格，说要为多铎做媒，女方是阿布泰的女儿。

阿达海是什么人？

阿达海是阿尔塔什额驸的次子，归顺努尔哈赤之后，他和3个兄弟被安排在代善手下听差。阿达海仗着自己有点本事，目空四海，桀骜不驯，根本不把代善放在眼里。对于这个难以摆布的人，努尔哈赤不可能把他安排在重要的岗位上，这让阿达海心里很不舒服，经常认为自己是英雄无用武之地，珍珠掉进粪坑里。

后金当局对阿达海闲置不用，让他成为后金圈子里可有可无的人，他难以接受。于是，阿达海就带着自己的人投奔明军，希望在那边获得高薪高职的好前途。没想到阿达海投明之事办得不周密，走漏了消息。阿敏奉命连夜追捕。在后金圈子里，所有人都不能容忍的两件事情是：一、打败仗，二、投降。

后金当局虽然不重用阿达海，但绝不允许他另找工作。阿敏追上阿达海兄弟之后，便痛下杀手，射伤阿达海的哥哥阿山、射死阿山两个儿子。阿达海拼命反抗，砍伤阿敏的属下穆先谭，冲出包围圈，跑到了明朝那边。明朝那面对这个眼高手低，没有多大利用价值的人，更是不屑。阿达海没办法，又跑了回来。

那时努尔哈赤四处征战，确实非常缺人手，阿达海回来后，认罪态度很好，又有戴罪立功之心，得到了努尔哈赤的宽大处理。

努尔哈赤对三心二意的阿达海自然不放心。他认为代善管理能力不行，就把这个难侍候的阿达海留在身边，边观察边使用。

阿达海兄弟为了谋个饭碗，只能用工作业绩证明他们还有利用价值。他们跟着努尔哈赤东征西讨，立了不少战功，晋升为副将。

阿布泰又是谁呢?

阿布泰，就是努尔哈赤宠妃阿巴亥的弟弟，也是努尔哈赤的女婿。他在努尔哈赤时代曾经是权倾一时、威震朝野、炙手可热的人物。

阿布泰是乌拉国满泰贝勒的第三子。满泰被手下人杀死之后，弟弟布占泰抢班夺权，阿布泰逃到叶赫部藏身保命。努尔哈赤征服叶赫部后，阿布泰被带到后金。因为姐姐阿巴亥是努尔哈赤身边的红人，努尔哈赤便把女儿许配给阿布泰，他就有了双重皇亲国戚的身份。

阿布泰绝对不仅仅是靠女人升官发财的人。他跟着努尔哈赤，参加了统一女真各部的大小战斗无数，出生入死，战功显赫，深得努尔哈赤的喜爱。1621 年，阿布泰就已经和汤古代、扬古利等开国功臣平起平坐了。

1622 年，阿布泰虽然是三等副将军衔，却是掌管一旗人马的固山贝勒，后晋升为三等总兵官，在八督堂之中，名列第二。第一督堂乌尔古岱因过革职，阿布泰就坐到乌尔古岱的位子上，成为处理后金军政事务的要员。

1622至1625年，在这4年中，阿布泰成为后金国一人之下、万人之上的人物，出外带兵打仗，在内处理政务，显赫一时。

皇太极即位之后，阿巴亥殉葬，四大贝勒自然要一起对付阿布泰。随着努尔哈赤的去世，阿布泰的政治生涯开始走下坡路，动不动就被降职。在皇太极即位不到3年的时间里，阿布泰从第一督堂降4级，一直降到游击。

阿布泰已经无职无权，但是皇太极对这个曾经权倾朝野的国舅爷还是很恐惧，因此就对他的势力进行孤立、限制。皇太极公开宣布：凡是贝勒级别的人，儿子不许娶阿布泰的女儿，女人不能嫁给阿布泰的儿子。

皇太极立下这个规定，明眼人都知道这就是警告大家，任何人都不能与阿布泰发生关系，否则后果很严重。

阿达海在皇太极时代也不得势，这种不甘寂寞的人，根本不把皇太极的警告放在眼里，私自把他的女儿嫁给了阿布泰的儿子。

两个失势又不甘寂寞的人总想闹出点儿动静来，阿达海向阿布泰提出，把阿布泰的女儿嫁给镶白旗主多铎，表妹嫁表哥，亲上加亲。阿布泰对此建议非常同意。

长兄如父。努尔哈赤不在世，多铎婚姻大事，自然由阿济格做主。阿达海向阿济格提出这桩婚事后，阿济格连想都没想就答应了，大摇大摆地到阿布泰家为弟弟相亲。

阿济格认为，皇太极虽然讨厌阿布泰，并宣布过贝勒级人物不能与他成为亲戚，这确实欺人太甚。他不吃这一套，偏让弟弟与阿布泰女儿成亲。不就是娶妻吗，多大的事啊！

在一个圈子里，圈主画出的线是不能触及的。大脑神经错位的阿济格、阿布泰、阿达海，私下决定的嫁娶小事，却触动了皇太极最敏感的那条线。

那条线的一端，拴着巨大当量的地雷，瞬间被3人拉响。

2. 跨越雷池的代价

阿济格代多铎到阿布泰家相亲这件事，很快就传到了皇太极那里。皇太极听了，又气又喜。

皇太极为什么生气呢？

他能不生气吗？他三令五申地强调，在后金圈子里凡是贝勒级别的人，都不能与阿布泰发生任何关系。多铎因为是努尔哈赤和宠妃阿巴亥所生的老小，当时深受两个后金圈子里最有权势的人宠眷。在他12岁时，老爸就送给他30个牛录，并成为当时正黄旗、现在正白旗的和硕贝勒。

多铎的地位和财富，基本都是靠继承得来的，所以他就不知道什么是珍惜，生活奢靡，贪图享乐。他主要有两大嗜好，一是好玩，二是好色。他只对奇装异服、听曲唱戏、漂亮女孩感兴趣，其他事情他很少过问，也懒得过问。

皇太极认为，多铎现在还是一个不更事的孩子，如果不赶紧下手把他拉到自己的小圈子里来，他极有可能被别人利用。虽然多铎看上去就是一个玩世不恭的纨绔子弟，但毕竟他是一旗之主，成事不足，但败事肯定有余。

阿济格这个不知道眉高眼低的家伙，他打仗勇敢，热衷杀掠，平时作风粗鲁，性格暴躁，贪财好货，遇事不加考虑，容易冲动。在天命末年，他已经是议政贝勒，但是他非常讨厌开会，说正事儿时没正形，对治理国家的政务一窍不通。

努尔哈赤去世，他也不想接班，谁接班对他来说都无所谓。只要有仗打，多分一些抢到的东西，他就心满意足。

在皇太极看来，阿济格没有野心，不会和三个大贝勒搅在一起，但也不像多尔衮那么听话。这样的人，对他有用，但一定要看管好才行。

这个阿布泰，自皇太极上台以来，因为他是阿巴亥的哥哥，不得不对他一贬再贬，限制他的活动范围及其可支配的资源，以此确保皇太极汗位的安全。作为一旗之主的阿济格，就应该看出新领导的意图，摆正自己的位置，不能和阿巴泰有来往。

阿达海和阿布泰，他们的不甘寂寞，在后金圈子里是出了名的。阿达海不是贝勒，他和阿布泰成亲，尽管皇太极暂时找不出理由干涉，但也一直在寻找合适的机会整治他。

现在阿达海主动当媒人，积极撮合阿布泰女儿和多铎的婚事，阿布泰一口答应，阿济格毫不反对。在皇太极看来，这 3 个人利用这件事走到一起，绝不是娶媳妇嫁闺女那么简单。

自己不是简单的人，就容易认为别人做事都有目的。

皇太极不能不担心。阿济格、多铎手里握着两个旗的兵力，但是，他们年纪小，内心还比较纯净，权力欲望还不强烈。但是，阿布泰是哥仨的亲舅舅，四大贝勒逼死亲妹妹这一页，不会轻易翻过去。还有这两个不甘寂寞的人，一旦能支配两旗的兵力，还真说不好要闹出什么动静来。

虽然阿布泰现在只是一个小小的游击，但是他毕竟在后金圈子里经营多年，权力不在影响力还在。四大贝勒逼死阿巴亥，让阿布泰失去靠山，让 3 个孩子失去亲娘，此乃不共戴天的仇恨。好在阿济格头脑简单，两个小家伙好哄。

如果阿布泰的女儿成为多铎的媳妇，两家亲上加亲，一个德高望重、老谋深算、善于经营、长于厮杀的老头，和 3 个孩子走在一起，老头必然会成为他们的幕后总策划，为了消灭共同的敌人，啥事都有可能干得出来。

特别是阿济格，阿布泰如果在他身边时不时地煽风点火，他一冲动，就能上天擒龙下海抓鳖，更不用说杀人放火了。这家伙，向来奉行“不怕事、不拒绝、不负责”的“三不”主义，基本属于八旗里的一颗不定时的炸弹。如果让这样的人掌控一旗，再加上不甘寂寞的阿布泰掺和，新汗和三大贝勒，就没有省心的时候。

没有阿布泰，多尔衮、多铎会成为皇太极的超级打手。有了阿布泰，多尔衮和多铎就会成为皇太极的死对头。所以两家联姻的事，皇太极绝不能睁一只眼闭一只眼，任一个强有力的小圈子，在他的眼皮底下悄然形成。

想到这件事，皇太极也高兴，因为这也是打击阿济格、拉拢多尔衮的绝佳机会。

1628 年 3 月 29 日，皇太极召开了领导班子扩大会议，并在会议上提出，废黜阿济格镶白旗旗主资格、罢免其固山贝勒爵位，让其弟弟多尔衮继任。理由是，阿济格私自允许多铎与罪人阿布泰之女结婚。

在八旗里，杀人都不算事儿，谁跟谁结婚还能算事儿啊？阿济格平时飞扬跋扈，后金圈子里的人，能惹的他都惹了，不能惹的他也都惹了。皇太极找到惩罚阿济格的由头，大家自然一致通过，没有异议。

让多尔衮接任，皇太极也有充分的理由。依据努尔哈赤生前制定的八旗制度和共治国政制度中，“八王之中，若有庸才，则将其更换，由其儿子或弟弟继任”这一条款。按这条款解释，本着为正白旗未来发展负责的精神，必须罢免阿济格，因其儿子尚小，由其弟弟多尔衮继任。

在与会人眼里，多尔衮可比阿济格好相处多了。他们一致认为，多尔衮人品好，素质高，爱学习，尊长辈，是接替阿济格的不二人选。

说阿济格的孩子小，多铎当上镶黄旗旗主时，有多大？也不大。说白了，就算阿济格的儿子正当年，也不会让他接替这个位置，免得阿济格怀恨在心，变本加厉地与皇太极作对。

若干年后，这些支持多尔衮的人都后悔了。阿济格虽然讨厌，但他只会撕人的脸。多尔衮可爱，却能要人的命。

多尔衮知道，这是皇太极想办法提拔自己，心里暗喜，却不动声色。他知道，他要对付皇太极，一旗的力量根本不够，还得继续实行紧跟、热捧、绝对服从的策略，他要在皇太极这棵大树的庇护下，茁壮成长。

3. 跳蚤的活法

皇太极可不是外战外行、内战内行的人，他野心极大，不仅想在后金圈子里说一不二，也不甘心偏居东北一隅，在他的小圈子里称王称霸。他要的是华夏之大唯我一家的真正天子。

在后金圈子外面，皇太极有两个敌人，一个是前面的袁崇焕，一个是身后的毛文龙。这两个人，是他图谋中原不可不除的最大障碍。

袁崇焕驻扎宁远，守在后金兵进关的要道之上。他打败了战无不胜的努尔哈赤，要了天命汗的命，又把刚即位的皇太极打得灰头土脸，颜面不存。

毛文龙，盘踞在朝鲜海域各岛，依靠海上优势，时不时地骚扰后金国的后方，使皇太极在沈阳不敢轻举妄动。

袁崇焕是皇太极前面的虎，毛文龙是皇太极身后的狼。这一狼一虎，对他们无能的主子还非常忠诚，拉不了，打不得，让想图谋中原的皇太极寝食难安。

那么，如此让皇太极不省心的袁崇焕、毛文龙，到底是什么人呢?

袁崇焕现已是中国妇孺皆知的人物，这里不必赘叙。毛文龙这个人，有必要在这里交代一下。

毛文龙，字镇南，浙江仁和人。他年轻时，家里穷困潦倒，因为他看过几本类似麻衣相术之类的书，便以替人测字看相谋生，四海为家，浪迹江湖。后来他来到山海关外边塞，度过20多年行伍生涯。他先在李成梁手下当兵，1605 年武科及第，转投王化贞手下任游击之职，负责练兵。

1621 年，辽东巡抚王化贞、辽东经略熊廷弼，准备派一个人到后金后方发展武装，打游击战，以此牵制和分散后金的兵力。于是他们选中了毛文龙。毛文龙欣然领命，只带着家丁、军士 200 余人，深入后金后方，招募流民。毛文龙等人把皮岛开发成敌后根据地，并以此为中心向辽东半岛发展，星星之火逐渐成为燎原之势。

1621 年，毛文龙亲自率领 3000 人马，夜袭镇江，生擒佟养真及其子佟松年等 60 多人。镇江大捷以后，全辽震动，宽甸、汤站、险山等城堡相继归降，一举收复辽东半岛数百里。在毛文龙收复辽东半岛之前，明军无一胜，后金无一负。因此明政府升他为参将，不久又晋升为平辽总兵。

1622 年 8 至 10 月期间，毛文龙又向后金出兵，收复失地，接连攻克后金占领的樱桃涡、涡站、满浦、昌城等地。

1623 年，毛文龙又派人深入后金领地，揭露后金政府的暴行，培养反金骨干，使大批辽民跑到毛文龙管辖之地。同时毛文龙还派人领导小规模的起义，激发后金百姓反对后金政府暴政的勇气和斗志。

由于毛文龙不断地派人在暗地活动，那些年，后金地区官民关系非常紧张，反抗后金残暴统治的运动此起彼伏，接连不断。今天这里的官员被骗杀死，明天那里满人食物中毒，让满族人惶惶不可终日。

毛文龙成为后金政府官员的心病，一致申请政府速派人围剿。他们三番五次地对努尔哈赤说："毛贼四处出击，神出鬼没，防不胜防，政府应该迅速派兵围剿，不能任其发展！只要毛文龙存在，国内每天都会有暴乱发生，官民时刻不得安宁。"

1624 年 4 月，毛文龙派出一支特潜小分队，沿鸭绿江秘密北上，进入长白山区，在后金的大后方从事暗杀、袭击、骚扰活动。后金军对这股武装力量没有重视，导致在高岭、沙松牌大战中大败，仅军官就有16人被俘。

为了配合这支部队作战，减轻其压力，7月，毛文龙亲自组织和指挥了把骨寨、骨皮宏、分水岭3场战斗，三战三胜。

1625年，在毛文龙支持和影响下，海州、镇江、凤城、岫岩、长岛、双山、平顶山、海州、鞍山、首山、彰义等10余地掀起了反抗后金的武装斗争。

1626年1月，努尔哈赤出兵进攻宁远时，毛文龙趁永宁空虚，派兵袭击永宁，迫使后金不得不从前线撤兵。4月，努尔哈赤亲率大军征蒙古喀尔喀，毛文龙随即带兵进攻鞍山。后方吃紧，努尔哈赤又不得不撤兵，保护沈阳。

……

这个毛文龙盘踞在各个海岛之上，势力虽然不大，却像后金政府身上的跳蚤，在其身上又蹦又咬，后金政府看不见，抓不着，浑身痒痛不已。

西南有袁崇焕，东北有毛文龙，让夹在中间的皇太极干着急，没办法。尤其这个毛文龙，神龙见首不见尾，四处活动，破坏力极强，已经到了不除什么事情都办不了的地步。

经过调查，皇太极发现，毛文龙虽然对大明政府非常重要，但是他却被认为是魏忠贤的人，让朝中东林党圈子里很多大臣不满。

毛文龙出身江湖，自然明白圈里圈外孰轻孰重。虽然他久居海外，自主经营，但是，他也得靠明政府这棵大树给养。在朝内，年轻的明熹宗，只知道吃喝玩乐，根本不问政事。以魏忠贤为首的阉党，一手遮天，向本圈子里的人要钱要物，向阉党圈外的人索权索命。

毛文龙为了保住自己的位子，只能混进魏忠贤为首的阉党圈子里，对圈主大肆追捧，送钱送物，同时也要钱要物，以供自己发展之需。正因为他是阉党圈子里的人，对国家又有贡献，所以屡屡被提拔、封赏，授总兵，提升到左都督，挂将军印，赐上方剑，对三品以下官员有先斩后奏的权力。

毛文龙靠住魏忠贤这棵大树，官好当，事好办。他自报驻军有20万，每年要求明政府拨款120万饷银。谁都知道毛文龙手下并没有20万人，他仗着自己是魏忠贤的人，假公济私，肥自己的腰包。

其实毛文龙冒领军饷，也是没有办法的办法。阉党圈子里的人把握着明政府的实权，而且又贪婪成性，基本上都是雁过拔毛。

毛文龙所要的军饷，多一半要给阉党圈子里的人作回扣。如果没有50%以上的回扣，毛文龙一分钱也得不到。

袁崇焕就不像毛文龙这样会变通，他对阉党圈子里的人，瞧不起，看不上，甚至不屑，尽管魏忠贤权高位重，但他依然按着他的原则做人、做事。尽管毛文龙是袁崇焕成就大业的好帮手，但是袁崇焕认为，两个人志不同，道不合，不是一路人。

在“宁远大捷”中，袁崇焕拼死杀退金兵，但是因为他不是阉党圈子里的人，功劳再大，也无人愿意在皇帝面前提起。他们只提自己圈内的人。凡是阉党圈子里的人，无论文武，通通晋升加薪，都论“功”行赏。其中，魏忠贤堂叔伯兄弟的孙子魏鹏翼，还是吃奶的婴儿，都被封为安平侯。而杀敌立功的袁崇焕，仅仅象征性地提了一级。

袁崇焕也像皇太极一样，受夹板气。前有沈阳人视他为眼中钉，后有北京人视他为为肉中刺，都想拿掉他。

4. 谈判桌上的文字游戏

宁远一战，让皇太极和袁崇焕都看清了自己。

袁崇焕看到，锦宁防线并不是牢不可破，他需要时间对防线重新进行构架。

关外四城，相距200里，北面靠山，南面临海，山海之间40里，屯兵6万，商民数十万，基本上属于地狭人多。锦州、中左、大凌河3城的城防，尚未修好，迁移过去的商民，还未站稳脚跟。一旦金兵袭扰，只能面临功败垂成的悲剧。现在他只有和金国议和，争取时间修好3城。这样就能实现山海关外400里的防区连成一片，使边防固若金汤。

皇太极两次攻打锦宁，皆以惨败告终。这让他看到，现在攻打大明，时机尚不成熟。

他从失败中看到，在和大明决战之前，必须改革内政，发展经济，加强军备，积蓄力量。如果和明朝议和罢兵，就能腾出手来收拾朝鲜和蒙古，使后金政府后顾无忧。

在议和的幌子掩护下，他又不断地派人到明朝国土上烧杀抢掠，大肆掠抢人口、牲畜、粮食和财物，使双方力量此消彼涨。

皇太极和袁崇焕都想以议和为幌子，进而争取时间，壮大自己。但是两个人都清楚，谁都没有真正讲和的诚意。于是，在谈判桌上，双方展开了拉锯战、消磨战。

首先，皇太极为了表示议和的诚意，给明政府写了很多封书信。在信中他一改往日的狂妄，取消过激言辞，承认自己是大明的属国，表示愿意去帝号改汗号，结尾也不以后金的年号结束等。

因为不想真正讲和，皇太极又提出明政府不可能接受的苛刻的附加条件，将拒绝和平的责任推给明政府，为日后出兵设下伏笔。他坚持以前所有的战争，都是明政府引起的，后金政府没有任何责任，坚持“七大恨”，并要求巨额“和礼”。

皇太极在“和礼”上狮子大开口，要求明政府首付后金政府：黄金10万两，白银100万两，绸缎100万匹，棉布500万匹。后金政府的首付仅为：东珠10颗，貂皮1000张，人参1000斤。

协议生效之后，明政府每年要送给后金政府：黄金1万两，白银10万两，绸缎10万匹，棉布30万匹。

如果明政府答应此条件，两国便确定疆界，各自治理，互不干涉内政。

袁崇焕击败努尔哈赤、皇太极两次进攻，为明政府赚足面子，累计升迁，已经成为负责山海关内外防务的一把手。虽然他的官职不小，但是大明王朝就像一家国企，办任何事都得层层申请。后金就像私企，老板一句话，想怎么干就怎么干。这样就导致袁崇焕在谈判桌上非常被动。

反正两家都没有诚意和谈，谈，都是做给对方老百姓看的，想打仗，又不想承担发起战争的责任。即使在谈判桌上谈，暗地里双方还是该干什么还得干什么，什么都不耽误。

两家在谈判桌上，开始玩文字游戏，各说各的理，没理也得声高。

在明政府圈子里，向来都是实干的不如吃闲饭的，吃闲饭的不如捣乱的。有的人不了解边关情况，不了解袁崇焕为什么要和皇太极谈判，甚至什么都不了解，道听途说，妄自揣测，或者因为自己所在圈子的需要，向为国家谋利、为百姓谋和平的袁崇焕打闷棍，下黑手。

因为袁崇焕不是阉党圈子里的人，所以阉党圈子里的人才不管他对国家有多重要，纷纷以一副伸张正义的面孔出现在明熹宗面前，要求阻止和谈，严惩袁崇焕。

开始时明熹宗是支持袁崇焕和谈的，后来，听反对谈判的人说的理由，他就转变了观点，不再支持袁崇焕和谈判。

一把手不支持谈判，这让想利用谈判争取时间的袁崇焕非常被动。

魏忠贤绝对不允许不是自己圈里的人日渐坐大，他把皇太极派阿敏进攻朝鲜，围剿毛文龙的诱因，都安在袁崇焕的头上，说他坚持和谈，导致皇太极有时间有精力打击朝鲜；后来，皇太极围攻锦州，袁崇焕在宁远没有出兵相救，这件事又让魏忠贤的人抓住把柄，一参再参，逼得袁崇焕只能申请提前退休，回家养老。

魏忠贤把袁崇焕搞掉之后，换上他圈里的人——王之臣，接替袁崇焕，做辽东督师兼辽东巡抚。

人无千日好，花无百日红。权倾朝野的魏忠贤，随着明熹宗的去世、崇祯皇帝即位，也就失去了靠山。

那时魏忠贤位高权重，谁要想晋职加薪，都得先成为他的圈子里的人，否则想都别想。扬州巡抚杨邦宪，想向上面挪动，就赶时髦，奏请拆掉名胜古迹周、程的三贤祠，用来给活人魏忠贤建生祠。

计划没有变化快。杨巡抚这道奏折送到北京时，新领导崇祯刚刚即位。崇祯皇帝看到这道拍马屁的奏折，觉得很好笑，没说行，也没说不行。

一朝君子一朝臣，魏忠贤明白这个道理。在明熹宗眼里，他是一个金坨子，在崇祯皇帝眼里，他就是一个屎坨子。于是他很识趣，向新领导发出试探性的信号，要求退休，回家养老，看看新领导对自己的态度。

崇祯皇帝非常明白，要想扩建他的圈子，必须消灭以魏忠贤为首的阉党圈子。于是他借坡下驴，准许魏忠贤的奏请，顺便卸下他的权力，把他安置在安徽凤阳养老。

下面群臣的鼻子，对政治的味道非常敏感。尤其不是阉党圈子里的人，感觉自己的出头之日到了，他们和新领导崇祯紧紧抱成团，为铲除发臭多年的阉党圈子出工出力，纷纷揭发阉党的罪行。

崇祯皇帝凑足了一举消灭魏忠贤的罪证，就下令逮捕他。魏忠贤知道自己罪恶深重，便自己找了根麻绳，作了了断。

斩草要除根。崇祯皇帝没因魏忠贤自我了断而放过他，他的“媳妇”、兄弟、侄子一个都不放过，家族里的人，不分男女老少，通通问斩。有的婴儿，被砍脑袋时，还在襁褓里甜蜜地睡着觉。

阉党圈子里的人，像“五虎”、“五彪”、“十狗”、“十孩儿”、“四十孙儿”之流，不是被杀，就是遭流放、贬职或下狱。

辽东巡抚王之臣，是阉党圈子里的人，能力再强，也不能用。那么用谁呢？崇祯想到了不愿与魏忠贤同流合污的袁崇焕。

5. 不能向领导随便承诺

阉党圈子里的人，因为圈主魏忠贤伏法，树倒猢狲散。被魏忠贤迫害压制、打击的人，纷纷上台，真是你方唱罢我登场。

1627 年 2 月，袁崇焕重新被起用，被崇祯皇帝任命为兵部尚书兼右副都御史，督师蓟辽，兼督登、莱、天津军务。

7 月，崇祯皇帝在平台召见袁崇焕，商讨对付后金的相关事宜。

崇祯皇帝问袁崇焕：“女真那群跳梁小丑，在东北成了气候，祸害我们 10 年，抢占我们不少地盘。你这次上任，有什么办法对付他们呢？”

袁崇焕非常感激新领导对自己的重用，很兴奋，不假思索地说道：“如果您支持我，给我 5 年时间，我就能把他们消灭干净，收复辽沈地区。”

5 年就能收复辽沈地区，这让年轻的崇祯很高兴，说：“如果你能在 5 年之内消灭女真，收复辽沈，我就给你个侯爵！你好好干吧，工作以外的事，不用操心！辽东那块，我就全靠你了。”

这时候，崇祯皇帝内急，去洗手间了。

5 年之内消灭女真，给事中许誉卿觉得袁崇焕的话说得有点大。趁崇祯皇帝不在，他问袁崇焕：“哥们儿，皇太极那哥几个如狼似虎的，可不是省油灯啊，5 年内你拿什么收拾他们？”

袁崇焕对自己说的话，根本没往心里去。许誉卿这么问，他便说：“领导那么一问，我就那么一答，目的就是让他高兴高兴而已。”

许誉卿说：“看来你还真不了解咱们这位新领导，他最大的特点就是较真。你自己红口白牙说5年时间收复辽东失地，5年之后，你若不能收复，他要问起来，你怎么办？哥们儿，这个大坑，你挖得太深了，将来自己会爬不上来的！”

袁崇焕比任何人都了解辽东局势，别说5年，就是15年，他也未必能把后金怎么样。说出去的话，如泼出去的水，收不回来啊。他现在非常后悔，不应该在崇祯皇帝面前吹这个牛皮。5年后，他拿什么兑现今天的诺言呢？

崇祯皇帝回来坐好之后，袁崇焕为他5年之后不能兑现诺言找台阶。他说：“陛下，东北的事儿，说大不大，说小也不小，5年之内我能解决，但是，得在一定的条件之下才能实现。”

袁崇焕想提出一些崇祯皇帝不能答应的条件，为他争取时间，或者为失败找借口。

崇祯皇帝刚刚即位，非常想搞出点政绩，告诉天下他能行。他听袁崇焕这么说，便说：“有什么要求你尽管提，只要你5年之内搞定女真。”

袁崇焕说：“在5年之内，我也没有特殊要求，一是钱粮，二是器械，希望户、工两部不打折扣地及时供应上，决不能找任何借口耽搁。”

崇祯皇帝看看站在身边的户部尚书王家祯、工部尚书张维枢。

两个尚书心领神会，新领导上任，态度比能力重要。于是他们不管国库如何，均爽快答应说：“没问题！”

袁崇焕见这个条件没有让新当家人为难，便继续提更难的。他说：“为了提高办事效率，我还需吏、兵两部配合。辽东方面提拔谁，或者罢免谁，都得听我的。”

崇祯又看看负责兵、吏两部的负责人王永光、王在晋。两个人见工、户两部都不愁，他们还愁啥，不管三七二十一，先让新领导高兴再说，于是两个人也说没问题。

崇祯皇帝刚刚当家，自然不会知道柴米贵。袁崇焕提什么，他就答应什么，目的只有一个，5 年后，要袁崇焕兑现他的承诺。

王之臣属于阉党圈子里的人，不能用；满桂与袁崇焕关系不好，手里又有上方剑……这些问题，有人都为袁崇焕考虑到了，要求让袁崇焕司令、政委、参谋长三职一起兼任，免得相互扯皮。

崇祯一心想搞出点政绩，决心重用袁崇焕，所以对袁崇焕提出来的所有条件，不打任何折扣地全部答应，把袁崇焕架到任上。

袁崇焕深受阉党圈子里人陷害，自然对阉党圈子里的人恨之入骨，其中就包括毛文龙。在他当辽东巡抚时，就觉得无法和毛文龙合作。恨毛文龙的人，不只袁崇焕，还包括东林党圈子里的人，首辅钱龙锡。

袁崇焕在辽东大权独揽，钱龙锡便跑到袁崇焕的住所，两个人商量如何处置毛文龙。袁崇焕对毛文龙的意见是：能用就用，不用就杀。

袁崇焕离开北京，一路上直想抽自己的嘴巴。5 年之内，他拿什么摆平皇太极啊？于是他天真地认为，采取和谈的策略，诱使后金政府让出已占领的辽东，归还俘获的辽民。

袁崇焕在说大话的时候，他根本就不弄明白国情。当时的大明朝，经过几代无能皇帝的折腾，到崇祯接班时，1 年已有 113 万两白银的赤字。军队里不能按时开工资，已是家常便饭。

军队里，当官的还有机会贪污点儿粮饷，勉强凑合着还能干。当兵的可惨了，连饭都吃不饱，自然军心浮动。

驻扎锦州、蓟镇之兵，因为长时间拿不到工资，纷纷哗变。驻扎在宁远的士兵，也吵嚷了好几个月。13 营的兵，为了拿到工资，绑架了巡抚毕自肃、总兵官朱梅，并宣布拿不到工资，就砍了两个人的头。

袁崇焕上任，采取两种措施，一是安抚从众哗变的士兵，答应及时发饷；二是采取强硬手段，逮捕鼓动闹事的带头人15名，闹市斩首。这样他就迅速平息了兵乱，稳定了军心。

在山海关外，因为袁崇焕是一把手，大权独揽，但是军队中缺人少物是不争的事实。他为了5年内兑现他的诺言，不顾包括崇祯在内的多人反对，坚持议和，为他实现目标争取时间。

即使假议和，也得装出真议和的样子，这是袁崇焕需要的。可是毛文龙却不配合，时不时地骚扰后金领地。皇太极也拿毛文龙跟袁崇焕说事，说，你们要有诚意讲和，就拿毛文龙的人头证明。

在袁崇焕看来，毛文龙属于阉党圈子里的人，他难以驾驭。阉党虽灭，毛文龙却贼心不死，基本无法合作。现在他要与皇太极讲和，毛文龙又出来捣乱，坏他5年大计。这个毛文龙，的确到了不得不除的地步了。

第九章

借的智慧

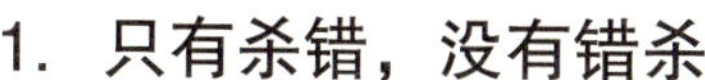

1. 只有杀错，没有错杀

袁崇焕与毛文龙的矛盾，不是一天两天，也不是一件事两件事了。

天启年间，毛文龙手下一员将领，因不习惯岛上的荒凉与寂寞，渴望城市里的生活，带着手下的士兵投靠了袁崇焕，袁崇焕居然还接收了。这让毛文龙很没面子，写信到北京告状，要求政府出面干涉，严处叛将。

袁崇焕虽然接到政府要求严惩投靠他的那些人的通知，却私下以守城缺人手的名义，给这些人安排了工作。

毛文龙觉得袁崇焕拆他的台，给他的管理工作带来不便。袁崇焕却认为，不管将士在谁的手下，只要能发挥他最大的能动性，都是为国作贡献，不该深究。为此，他还写信向毛文龙解释。可是毛文龙接到信后，看都不看就把信撕了。袁崇焕知道后，觉得他不可理喻。

第一次锦宁大战，袁崇焕炮轰努尔哈赤，使其受伤败走。有消息传到北京，说努尔哈赤被袁崇焕的大炮炸伤后气死，朝廷把导致努尔哈赤之死的功劳，记到袁崇焕头上。

不久，毛文龙向北京报告，说努尔哈赤在宁远城下，根本没受伤，还跑到本溪汤泉疗养。他派人不断骚扰，气得努尔哈赤背疮发作，才在回沈阳的路上一命呜呼的。

在毛文龙看来，在导致努尔哈赤之死这件事上，他的功劳远在袁崇焕之上。再加上他是阉党圈子的人,大家信他而不信袁崇焕，只给袁崇焕升了一级。

袁崇焕平息锦宁兵变之后，为了统一部署，他派一名使者去皮岛视察，了解那里的情况。这时的袁崇焕，已经是关外驻总、崇祯皇帝身边的红人。使者认为,他代表袁崇焕来皮岛视察工作的，毛文龙应该做好接待工作。

谁知道毛文龙根本不把使者当回事儿，一连几日，只让他吃工作餐。对待使者的态度，也是公事公办的架势，不给任何特殊照顾。

使者张嘴袁督师，闭嘴袁督师，话里话外暗示毛文龙要把袁崇焕当回事儿,要把他当回事儿。谁知道毛文龙根本不吃他这一套，摆出有招想去，没招死去的架势。

使者回到宁远之后，把毛文龙的无理和傲慢，扩大百倍之后传给袁崇焕，说毛文龙根本不把袁督师放在眼里。

袁崇焕上任，要求朝廷派人到辽东核实在编人数，按实际人数发放军饷。毛文龙的确虚报人数，便以讨厌文臣监制为由，抗疏不从。

袁崇焕成为毛文龙的主管上级，毛文龙亲自前去祝贺。因为以前两个人是平级同事，袁崇焕也没摆官架子，像兄弟一样对待毛文龙。毛文龙大大咧咧，还是像以前那样没大没小，这让袁崇焕很不爽。

新领导最恨什么？最恨手下人不买账、不支持、不承认。袁崇焕认为，现在连皇帝都对我很尊重，你毛文龙凭什么跟我摆老资格？别忘了，现在谁管谁！

和谈和树立权威的需要，袁崇焕认为，他必须马上对毛文龙下手。

怎么杀毛文龙呢？有两个办法可供袁崇焕选择。

一、引诱毛文龙到宁远来。只要他敢来，杀他万无一失。但是，毛文龙来不来，袁崇焕拿不准。即使他来了，杀了他，其属下的人肯定不服，弄不好要引发兵变。他远在宁远，根本控制不了皮岛的局面。

二、袁崇焕带人到皮岛去。因为皮岛是毛文龙的地盘，他不会对新任领导设防。只要抓住机会，拿下毛文龙，公开宣布毛文龙的罪状，让他属下意识到，他们的主帅的确罪不可赦，然后让适当的人选接替，就不会出大乱子。但是，能不能拿下毛文龙，是成败的关键。

袁崇焕思来想去，觉得去皮岛杀毛文龙才是上策。于是，他设计出先麻痹、趁其不备再动手的杀人方案。

在出发之前，袁崇焕先派人通知毛文龙，说他 5 月底要到岛上犒赏三军，顺便给他们带去军饷。毛文龙对此没有拒绝，表示热烈欢迎新领导下来视察工作。

1629 年 5 月 29 日，袁崇焕乘船到达皮岛，但他没有直接上岸，派人通知毛文龙迎接。第二天，毛文龙带着酒肉迎接袁崇焕，表示欢迎领导前来视察指导工作。袁崇焕见到毛文龙，非常亲切，嘘寒问暖，说了很多褒奖的话。

上岸之后，毛文龙还真以为新任领导犒赏三军来了，自然得提点工作上的困难。他说："我靠200人起家，在海外经营8年，虽一心想为国作贡献，但缺粮少枪，心有余而力不足啊。"

袁崇焕说："这个没关系，崇祯皇帝是个干事的人，只要咱们老哥俩齐心协力，我在陆地，你在水上，合力收复辽东，粮饷器械不是问题。只要你好好配合我的工作，有什么困难尽管提。"

袁崇焕在岛上视察几日，饷银也足额发到士兵的手中，没有露出一丝儿要除掉毛文龙的迹象。这让毛文龙放松了警惕。

6月6日，袁崇焕提出要考察士兵教射，要毛文龙陪他到山上观看，毛文龙爽快地答应了。其实，袁崇焕早已把他的卫队埋伏在山上的大帐之外，只等毛文龙前去。

在山上，袁崇焕顺利拿下毛文龙及他带领的几个毛姓属下，当众宣布毛文龙的12大罪状，请出上方剑，要代崇祯铲除大明的害群之马。

毛文龙根本不承认那些拼凑而成的12大罪状。他只想知道，到底是皇帝想杀他，还是袁崇焕想杀他。

其实杀毛文龙确实不是崇祯的意思，而是袁崇焕和东林党圈子里那群人的意思。在他们看来，凡是阉党圈子里的人，都得毫不客气地赶尽杀绝。

袁崇焕不可能说他这次是擅杀大将，为了让毛文龙属下接受他的行为，他跪在地上，冲着北京方向说："我今天诛毛文龙，只因他独霸一方，不受管制，以肃军政，各镇守将中如果再有如毛文龙者，照杀！臣5年不能平奴，求皇上亦以诛毛文龙者诛臣！"

警告、发誓之后，袁崇焕就命令水营都司赵可怀执御赐上方剑，在帐外砍了毛文龙。

2. 对手也是帮手

尽管袁崇焕持有上方剑，但是像毛文龙这样级别的大将，也不是想杀就杀的。他私自斩杀毛文龙这样的大事，不能不向北京禀告。袁崇焕为了证明他做得没有错，在给崇祯的报告中，强调毛文龙的12大罪状，并用数据说话。

报告中说，毛文龙属下，老弱病残加在一起，不到47000人，还包括不在编制内的民兵。真正在编制内的士兵，还不到2万人。毛文龙上报编制内的将领有1000人，其实不到100人。

袁崇焕知道他擅杀毛文龙，是违反制度的。在报告中，他承认自己有罪，要求处分。

崇祯上台之后，听到关于毛文龙的消息都是负面的。比如，此人是阉党圈子里的，给魏忠贤建过生祠，冒领军饷，私自做买卖等。但是，同样作为魏忠贤的受害者，崇祯认为，阉党圈子里的人，也得区别对待。袁崇焕是好样的，死活不加入阉党圈子，结果怎么样？还不如毛文龙这个加入的呢，最起码，他还能为政府、为人民办点事儿。最近，崇祯对辽东放心不下，没事就研究辽东地图，他发现牵制后金政府的军事活动，毛文龙是不可或缺的人物。

崇祯听人说，在朝鲜毛文龙还是有一定号召力的。只要毛文龙在，朝鲜就敢和后金叫板。

看到袁崇焕的报告中，提到他已经把毛文龙杀了，崇祯火冒三丈。对朝廷这么重要的人，姓袁的不请示不报告，说杀就杀了，这不是不把他这个一把手放在眼里吗？虽然给你点权力，但你也不能想干什么就干什么吧？毛文龙再该杀，也轮不到你杀啊！你明知道朝中无人，还要求我撤你的职，这不是将我的军吗？

崇祯最后还是忍了、认了，5年内，姓袁的能收复辽东，啥事没有，如果不能，等着瞧吧，这笔账，先给你记下。

崇祯接着往下看，在报告中，袁崇焕又提到，暂时不宜往镇江另派主帅，提议由毛文龙之子毛承祚担任。为了防止皮岛哗变，请速给毛文龙属下拨发饷银。又要求压缩毛文龙旧部的编制，定编制两协，骑兵10营，步兵5营，每年饷银42万，米13万3千石。

崇祯皇帝对袁崇焕这个要求，非常不理解。杀了他爹，让儿子代理，行吗？减员增饷，什么意思？被裁掉的人恨朝廷，涨工资的人感谢你？

崇祯把心一横，姓袁的，现在你要什么，我给什么，你怎么要求，我怎么满足。舍不得孩子套不住狼，一切等5年后再说。

毛文龙被杀，断了阉党圈子里的人财路，每年少得50多万两银子，他们对袁崇焕恨得咬牙切齿。毛文龙的老乡温体仁，也是阉党圈子里的人。魏忠贤失势，东林党圈子里的人上台，阉党圈子里的人，职卑位轻，暂时根本没有同东林党圈子抗衡的实力。

温体仁认为，只有靠住崇祯皇帝，阉党圈子里的人才有出头之日。他发现崇祯不喜欢大臣结党，于是他表面上不跟任何人来往，标榜自己是“孤臣”。他经常揣摩崇祯的心思，说崇祯喜欢听的话，办崇祯满意的事，这让幼稚的崇祯很欣赏他。

同时，温体仁私下与阉党圈子里的高捷、史䓕沆瀣一气。这些人时刻准备着利用机会打压东林党圈子。

其实袁崇焕杀死毛文龙一个月之后，就意识他杀错人了。3个月之后，他就真正理解了什么叫唇亡齿寒。

毛文龙被杀之后，岛上的兵将失去了主心骨，军营中谣言四起，人心涣散。毛大帅为了大明，坚持敌后抗战8年，结果被杀，这让很多人感到很寒心，觉得他们对袁崇焕不能有指望，对大明更不能寄托希望。

大明圈子如此混乱，没希望，那就投奔后金。后来，毛文龙手下的大将孔有德、尚可喜等人，率兵投奔了皇太极。不愿投奔后金政府的，也都跑到山东去了。

就这样，一个牵制后金政府 8 年之久的敌后根据地，因为袁崇焕一个弱智的行为，在一个月之内便自动消失了。对后金口服心不服的朝鲜政府，也投入皇太极的怀抱。

皇太极讲和的条件，重要的一条就是要求袁崇焕杀了毛文龙。袁崇焕杀了毛文龙之后，皇太极便派出岳托、阿巴泰、硕托，带领三千人马，攻打锦州、杏山等地，摧毁锦州、高桥、杏山 3 城及十三站以东敌台 21 座，杀守台兵 30 人，抢掠人口、牲畜无数。皇太极还亲自出城五里迎接呢。

袁崇焕见皇太极跟他搞和谈，纯属逗你玩儿，他傻里吧唧地杀了毛文龙，等于解散了他的敌后根据地，让皇太极毫无顾忌地对付他，肠子都悔青了。

袁崇焕这时才意识到，在大明这个圈子里，毛文龙对他有多重要。

毛文龙虽然是阉党圈子里的人，但与他也不是势不两立。现在，阉党圈子土崩瓦解，不复存在，两个人又都属于大明圈子里的人，都在一个马勺里吃饭。

崇祯之所以起用他，是因为有后金的威胁。后金军进不了山海关，是因为前有他挡道，后有毛文龙骚扰。毛文龙虽然不能把后金怎么样，但因为有毛文龙的存在，后金才不敢把他怎么样。皇太极之所以要借他的手除掉毛文龙，那是因为毛文龙让皇太极很难受。

现在袁崇焕一时冲动，干了一件亲者痛、仇者快的事情。

一个圈子里的人，犹如一个林子里的动物，缺谁少谁都不能和谐。兔子恨老虎，因为老虎总要兔子的命。但是兔子不能希望老虎死绝了，因为老虎在吃兔子的同时也吃狼。老虎不在，狼会更多，狼吃兔子，远比老虎厉害得多。

同一个圈子里的人，是对手也是帮手。无论什么事，什么人，都有其两面性。在这件事上，他也许是给我们挖坑的；在那件事上，他也许就是垫脚的。

3. 胡萝卜加大棒的使用要领

皇太极巧除毛文龙之后，朝鲜失去主心骨，基本上把后金国的后院弄妥当了。接下来,皇太极就得处置一下不老实的邻居蒙古。

蒙古人可不是软柿子，剽悍刚猛，桀骜不驯，打不过就投降，有点力量就反抗。这样的人，只靠武力解决不了大问题，虽然武力是最直接的解决办法。

对蒙古各部，皇太极基本采用打击、结亲、送礼、分化、利用 5 种手段,区别对待。该打时,决不手软；该客气时,也不打折扣。

皇太极非常惦记大明圈子的人口和财富，但是他想进关，就得先过袁崇焕这一关。这一关，他暂时还真过不去，愁啊！不过，皇太极不是一条道跑到黑的人，他发现山海关不是不能过，有过的办法，那就是绕过去。

要想绕过山海关,就得经过蒙古属地。那就先把蒙古归置妥当。

1628 年 9 月 3 日，皇太极派人联系已经归附后金的科尔沁部落各贝勒、喀喇沁部塔布囊、敖汉、奈曼及喀尔喀部各贝勒，命他们各带本部落的精兵良将，到指定地点集结，组成联合部队，征讨不老实的察哈尔部。

17 日，各路大军到达指定地点。只有科尔沁贝勒没有出兵。科尔沁土谢图额驸奥巴虽然派兵，半路上，他却到处抢掠，耽搁了时间，未到。皇太极对这两个人的行为很生气，立即派人联系奥巴。

19 日，各路大军集结完毕，皇太极自任盟军总指挥，命令大军连夜向察哈尔进军。第二天黎明，成功突袭席尔哈、席伯图、英、汤图诸地。

20 日，皇太极指挥精骑兵，对科尔沁败兵进行追捕，一口气追到兴安岭。对待投降的人，优待；反抗的人，斩杀。

因为以后要借道，皇太极自然要注意他的形象。因此，他这次一再强调，凡是投降的人，一定要善待，不能像以往那样，全部杀之。

虽然皇太极这样强调，但是也有不服从的人。因为长途奔袭，连日作战，人受得了，马也受不了。皇太极命令，把那些跑不动的马留在敖汉部济农城中，每旗派一名官员看守。有一个叫达敏的人病了，正好留下来看守马匹。

在八旗之中，没有人不愿意上前线。在前线，虽然有生命危险，但是分的东西、财物也多。八旗人，不怕降职，不怕处分，就怕没仗打，没东西分。

达敏被安排留下看马，自然心理不平衡。在他看守疲马之时，察哈尔部哈噶喇率领属下投降。达敏不管三七二十一，把人杀了，把财物抢了。

关键时刻，达敏顶风作案，皇太极决不客气。他命人把达敏砍了，参与杀人越货的人，每人抽 80 皮鞭，箭插耳鼻，游营示众。

在回沈阳的路上，皇太极对各位贝勒说："以后，不管什么人投降，都要优待，不能看着不顺眼就杀。从今日起，你们手下人再杀降者，你们知道不管，罚 10 户；你们不知道，属下擅自杀劫，杀人者偿命，妻子为奴。"

战斗刚刚结束时，迟到的奥巴带着人，连个招呼都不打就回去了。这让皇太极非常生气，决定好好整治一下。对这样无组织无纪律、不把他当回事的人，一定要狠狠打击。

皇太极写了一封措辞严厉的信，信中列举奥巴 N 多罪状，从不来给努尔哈赤吊丧开始，一直说到这次违纪私离，找来口才特别好的索尼、阿朱户，命他们前去好好教训一下这个不长眼睛的姑爷子。

索尼文武全才，能征善战，精通女真、蒙、汉语言文字。在努尔哈赤时代，他已是一等侍卫兼翻译，是不离努尔哈赤左右的人。

因为索尼是后金国稀有的混合型人才，皇太极即位之后，对其特意培养。

在索尼临行之前，皇太极特别部署他们说：“这次你们去，对那个家伙绝对不能客气，不能给他好脸色看。一不行礼，二不吃饭，做出看完公主就要走的样子，看看他有什么表现。不管奥巴怎样，回来据实汇报就成。”

索尼、阿朱户后金军到了科尔沁，直接拜见公主，送上礼物。

那时奥巴正好脚上有病，听说皇太极派来的使者直接见公主去了，心里就害怕了。按常理，皇太极派人来，都是先拜见他的。他也知道，自己在协助征讨察哈尔时，表现得不怎么样，一直担心皇太极报复他。

于是奥巴顾不上脚下不方便，也顾不上脸面，叫人扶他上马，主动去见索尼二人。以前两个人见到奥巴，绝对是恭恭敬敬，这次两个人一不行礼，二不送礼，还不阴不阳地说：“你违背盟约，罪不可赦，我们是天聪汗的使臣，不能和你这样的人交朋友。我们是来看公主的，想接她回沈阳住几天。”

听口气，皇太极这一次要跟他动真格的啊，后果严重了。奥巴赶紧命人准备上等宴席，要请两个人吃饭。没想到两个人根本不吃他这一套，甩袖子回去了。

奥巴见势不妙，又不敢追着问，就派他的儿子塞冷前去问索尼。

塞冷拜见索尼二人之后，说：“我爹让我来问问你们，以前的使者来，向来就是见人就拜，给饭就吃。这次你们来，只见公主不见他，备宴也不吃，是不是天聪汗对我爹非常不满啊？”

索尼也不绕弯子，冷冷地说：“我们也不是为你爹来的啊，为什么要拜见你爹？他罪不可赦，我们有必要向罪人行礼吗？能吃罪人的饭吗？对你爹无组织无纪律的行为，我家大汗非常生气，后果相当严重。他给你爹写了一封信，让他自己看吧！”

索尼把信扔给塞冷，整理马鞍就要走。

奥巴看了信，惊出一身冷汗，再三挽留索尼、阿朱户，说：“我知道自己错了，十分害怕。要不是脚不争气，早就到沈阳当面谢罪了。现在后果如此严重，我也管不了那么多了，就是死在半路上，也要到沈阳赎罪。”

索尼的口气依然不阴不阳、不冷不热，说：“大汗没有让我们带你回去，也没有让我们阻止你去。去与不去，是你自己的事，我们管不着。”

奥巴说：“我非向天聪汗当面谢罪不可，杀剐我都认了，就是担心天聪汗不给我承认错误的机会啊。”

索尼说：“天聪汗能和你一般见识吗？你若诚心承认错误，我想大汗不会把你怎么样的。”

1629 年 1 月，奥巴来到沈阳谢罪。让他没有想到的是，皇太极居然亲自出城十里迎接。进城后，还对他热情招待。

等奥巴吃好喝好之后，皇太极派人再提奥巴的几大罪过。奥巴这时心服口服，对于那些错误，他都一一承认，自愿受罚，表示愿意拿 10 峰骆驼、100 匹马、1 匹好马、1 副铠甲谢罪。

皇太极不可能在乎奥巴那点儿东西，只是想借打击奥巴这件事，树立他的权威。他见奥巴检讨作得很好，又真心悔过，便把奥巴的罪行一律宽赦，另外还赏给他貂裘、帽、靴、金带和朝鲜进贡的珍品等物。

奥巴走时，皇太极又赠送他一大堆好东西，还亲自率大小贝勒送到城外。

皇太极对奥巴这套胡萝卜加大棒、抽一嘴巴揉一揉的手段，让蒙古其他部落首领认识到，跟皇太极混，有吃有喝有钱花；要跟皇太极作对，丢房丢地丢性命。后来他们对皇太极几乎闻令即至，皇太极也因此避开山海关要隘，为绕到京畿开辟出一条通道。

皇太极之所以强调纪律，有两个目的。一、要树立好的形象。要扩大后金圈子，令行禁止、民心向背是关键；二、为以后抓三大贝勒的小辫子，做好铺垫。

4. 伯乐的收获

皇太极借袁崇焕之手，捏死了毛文龙这只曾经让他奇痒无比的跳蚤，顿感身上舒服很多。通过征讨察哈尔部，对奥巴一打一拉，开辟出一条通往北京的大道，心里也很爽。不过，他低头一看，脚下还趴着 3 只癞蛤蟆，整天呱呱地叫个不停。

这 3 只蛤蟆虽然讨厌，暂时还不能捏死，因为皇太极还没有捏死这 3 只蛤蟆的力量，那就想办法让 3 只蛤蟆离他远一点吧。

这 3 只蛤蟆，就是位高权重的代善、阿敏和莽古尔泰。不把这 3 个人的位置挪一挪，皇太极的圈子就很难做大，更别指望做强。

皇太极在后金圈子里，一心想成为真正的说一不二的老大，所以他整天合计如何把他的权力扩大，再扩大。

皇太极爱学习，对汉文化多少有些了解。他觉得，他和三大贝勒的较量，非常像下象棋。下象棋，最关键的战术就是占好位置。他先天位置不好，虽足智多谋，雄才大略，苦心经营，坐上大汗宝座，但他也是前有狼，后有虎，一个踏实觉都睡不成。

皇太极即位之后，依然沿袭努尔哈赤时代的八大和硕贝勒共治国政的体制，延续四大贝勒按月分值、管理国政的旧制，致使每次开会，三尊佛与皇太极平起平坐，和他一样向小贝勒们发号施令，这让皇太极心里很不爽。他必须想办法，让三尊佛离开他身边。

1629 年 1 月，拜音图看出主子皇太极的心思，于是提醒他说："大汗，奴才有一个建议，不知道当讲不当讲？"

拜音图这个人，打仗不行，办事也不行，但是馊主意就在口袋里装着，根本不用想，信手拈来。

皇太极说："有话你就说吧！"

拜音图说："代善、阿敏、莽古尔泰三大贝勒，自幼跟随天命汗四处征战，为后金国立下汗马功劳。天命汗晏驾之后，三大贝勒又一致推举您即位，和您一道经略国事，可以说是殚精竭虑。如今，他们年事已高，因此奴才斗胆建议，就不要再劳驾他们按月轮理政事了。现在他们的子弟已经成长起来，让子弟们替他们当班，是不是更好一些？这样做，一是照顾老臣身体，二是给年轻人发展机会。”

听到拜音图的建议，皇太极很高兴，暗道：“这个奴才，真是我肚子里的蛔虫。我忧虑什么，他就能提供解决办法！”

皇太极叹道：“三位哥哥，劳苦功高，也该到好好享受一下的时候了。你这个建议很好，我和八大臣商量一下。”

皇太极马上召集纳穆泰、达尔汉、和硕图、博尔晋、托博辉、固三泰、喀克笃礼、车格尔商议此事。

八大臣都是皇太极提拔起来的，自然捧皇太极的场。对皇太极这个“为三位老大哥健康着想”的建议，都非常感动并支持。

八大臣回各旗之后，向代善、阿敏、莽古尔泰传达了此次会议精神。“因为要沿袭旧制，国家事无巨细，动不动地要麻烦三位大哥，实在是折腾劳苦功高的哥哥们，当弟弟的于心不忍。以后，没有什么特别重要的事情，可以让家里的小贝勒们当班，对他们的个人成长、发展也有好处。”

皇太极的建议冠冕堂皇，听上去完全是以关心三位哥哥身体健康为出发点，要他们退居二线，多多休息，享享福，国家的事情少操心。三大贝勒退下以后，由他们的子侄辈的贝勒接班，帮助他们处理国家大事，免得为江山社稷累坏身子骨，不值得。

三大贝勒也不傻，看出皇太极要他们远离权力中心，把原属于他们的权力转移到更容易调度、指挥的年轻人手里。三人心里自然不高兴，但是他们实在找不出合适的理由拒绝弟弟的“好意”。

但是三人转念一想，虽然他们不再每次参加会议，但他们仍然是一旗之主，一旗之内还是他们说了算。国家的大事，还是少不了老哥仨参与。更何况，他们的儿子、侄子获得了表现、发展的机会。

想到这里，三人就做了顺手人情，欣然接受了皇太极的“好意”。

这样，在朝堂会议上，三大贝勒就为皇太极让出了位置。年轻的贝勒中，济尔哈朗、岳托、萨哈粼、多尔衮、多铎、豪格等人，都是皇太极圈子里的人。和这些年轻人在一起，皇太极既是大汗，又是长辈，话，会更好说；事，会更好办。

皇太极发现，在他和代善、阿敏、莽古尔泰4个人的小圈子中，论武力，彼此不相上下，大家缺的，是智力。而且，那三个人，谁都没把智力当回事，觉得有枪杆子、刀把子就有了一切。

皇太极觉得，在圈子里没有硝烟的战场上，斗智远大于斗勇。于是他就利用大汗的便利条件，提出成立一个“文馆”，主要负责翻译汉文书籍，注记政事。皇太极提出这个建议，三大贝勒觉得皇太极弄一群手无缚鸡之力的落魄文人搞这个东西，完全是搞政绩形象工程，与他们的利益无害。于是，全票通过。

文馆成立之后，分为二办，一办由达海及刚林、苏明、顾尔马珲、托布戚翻译汉文书籍；另一办由库尔缠、吴巴升、查素喀、胡球、詹霸记注国家政要。达海为文馆总领袖，全面负责文馆工作。

皇太极把这些人摆在明处，是给他的对手看的，暗地里却选拔了一批精明练达的汉族降官和在努尔哈赤时代幸存下来的汉族知识分子，他对这些人，不看文凭，不看出身，只要有能力、有本事，都可以在馆内给一个饭碗。

其中，皇太极以文馆为依托，建立了为他以后开疆拓土、铲除异己出谋划策的“智囊团”雏形，后来“智囊团”的主要成员是：范文程、宁完我、鲍承先、高鸿中、罗绣锦、张存仁、马光远、石廷柱等。

范文程，沈阳人，在明朝圈子里很不得势。他主动投靠努尔哈赤后，希望在新主子手下得到重用，实现他的政治抱负和人生价值。可惜努尔哈赤重武轻文，只给范文程一个无足轻重的章京小职。

宁完我，辽阳人，儒生。1621 年，努尔哈赤率军攻占辽阳，他被俘，在贝勒萨哈粼手下为奴，受尽苦难。

鲍承先，山西应州人。他先在明朝沈阳总兵贺世贤手下当差，努尔哈赤攻占沈阳，他败走广宁，后来他又在广宁战败，亡命数日后被俘，押送沈阳。作为战俘，几年中，他只能生活在后金社会的底层，缺衣少食，举步维艰。

这些人都是标准的封建文人，接受过“学会文武艺，货卖帝王家”的思想教育。但是他们又遭遇英雄无用武之地的挫折，心比天高，命比纸薄，虽胸怀治国齐家平天下的大志，却一直不受当权者赏识。

皇太极高人一等，他发现了这些人身上蕴藏着巨大的能量。在他们落魄之时，皇太极以伯乐的身份出现他们面前，送给他们一个天高任鸟飞、海阔凭鱼跃的舞台。这些人对皇太极的知遇之恩感激涕零，并暗下决心，誓死捍卫知音的利益。

老百姓有两怕。一怕当官没文化，二怕流氓有文化。皇太极不是老百姓，是当大官的，自然不怕对手没文化，但也怕身边那些流氓有文化。要对付那群流氓，靠打手不行，得靠文化。

5. 正确意见的错误提法

皇太极把左邻、右舍、自家后院收拾停当之后，便开始琢磨攻打大明了。

1629 年 6 月，皇太极开始为征讨明政府制造舆论。在一次贝勒级会议上，皇太极说：“从前，我主张派白喇嘛向明政府提出议和，是这样想的：如果明政府愿意与我们和好，共享太平，那么，我国各族人民，就会采参开矿，拿这些东西与他们做买卖，互通有无，各取所需。如果明政府不愿意与我们和好，同我们做买卖，那么，我国缺少的，也不过是丝绸之类的东西而已。我们缺这些东西也不要紧，积极发动广大群众，种棉纺线，也无所谓。我国屡次与明政府议和，可是明政府却给脸不要脸，跟我们装灯整景，我们岂能善罢甘休？所以我决定再次出兵教训不知好歹的明政府。为了保险起见，这次出兵不能像以往那样，靠我军单兵作战。我们要与科尔沁、喀尔喀、扎鲁特、敖汉、奈曼等蒙古各部，组成满蒙联军，一起讨伐明政府。”

为了麻痹袁崇焕，在为进兵北京作准备的同时，皇太极还举着和谈大旗。两家各有各的目的，根本不想真心谈判，自然无法坐到谈判桌前。皇太极便以此制造出兵舆论，把战争的发起责任全部推到袁崇焕身上。

经过精心的筹划和准备，皇太极决定于1629年10月带重兵出沈阳，奔西北方向，经彰武、喀喇沁、科尔沁、老河、喜峰口进入关内，直插北京。

为了麻痹明政府和袁崇焕，在8月粮食成熟季节，皇太极采取声东击西的策略，掩盖后金军要绕道入关前的军队调动迹象，就派出济尔哈朗、阿济格等人，对锦宁地区发动佯攻。

济尔哈朗、阿济格等人率兵前往锦宁地区，一路上大肆杀掠。后金兵所到之处，焚烧明人屯粮，纵马蹂躏田禾，掳掠人、兽3000余。9月，两个人带兵返回沈阳，立刻参加入边战役。

皇太极对这次入关，下了必胜的决心，要求后金国能征善战者，如代善、莽古尔泰、济尔哈朗、阿巴泰、阿济格、德格类、多尔衮、多铎、岳托、杜度、豪格、范文程、宁完我等将领悉数参战，并调蒙古科尔沁部奥巴等23位贝勒遣兵联合出兵。只留阿敏、硕托、图赖留守沈阳。皇太极对阿敏不放心，他临走时叮嘱硕托、图赖一定要看紧阿敏，防止他趁大家不在，私下里搞小动作。

喀喇沁部台吉布尔噶都，曾经经蒙古进京受赏，对进京路况比较熟悉，因此聘他做向导。10月2日，13万八旗兵，在皇太极的带领下，舍近求远，绕道蒙古向北京进发。蒙古扎鲁特、奈曼、敖汉、巴林等部，前来与后金兵会合。

11日，后金大军驻扎辽河河畔，等待科尔沁各部。几天之内，科尔沁的23位贝勒，全部到位。

皇太极设宴招待蒙古各位贝勒。在饭桌上，皇太极故意说："各位，我们现在有两个敌人，一是明政府，另一个是察哈尔。明政府呢，我们真心实意地与他们和平共处，想由对抗转为对话。可是明政府拿我们的好心当做驴肝肺，与他们谈了一年多，啥结果都没有；察哈尔呢，不说大家也知道，对蒙古各部心怀不轨，不是今天抢这家牲口，就是明天占那家地盘，没有一天老实过。今天，咱们几家人马已经聚齐，你们说打哪一家，就打哪一家，我没意见。"

这时有人说，察哈尔离这儿也太远了，而且天寒地冻的，不利于我们作战；有人说，这么多军队出来，可不是旅游的。既然大军已动，兵将已合，怎么着也得干点啥，要不就去北京走走亲戚？

皇太极早就合计好要征明，现在让他们讨论，只不过是走一个过场而已。于是他趁机说："既然在座各位都同意打北京，咱们就少数服从多数，到北京走亲戚！"

皇太极这次率倾国之精兵，劳师远征，在久经沙场、身经百战的代善和莽古尔泰看来，是犯军事大忌的，主要有以下5点。

一、假如袁崇焕的锦宁之兵，趁沈阳空虚，攻占沈阳。13万八旗兵，老窝被抄，失去后方的支持，就成为无处落脚的散步游勇。

二、假设满蒙联军能攻到北京城下，锦宁、山东、山西的明军，几天之内就会齐聚北京。前后夹击，疲惫的八旗兵就会陷入进退两难的境地。

三、打仗，打的就是钱粮。八旗兵奔袭万里，战线过长，粮草根本无法及时供应。里无粮草，外无援军，军队不打自散。

四、八旗兵不善攻坚战。明军守城不出，用火炮轰击城下的八旗兵，八旗兵只有被动挨打的份。

五、察哈尔林丹汗，并没有臣服后金政府，如果他们勾结喀尔喀 5 部，后面偷袭，八旗兵将会首尾难顾。

两个人都担心，这一次皇太极会把父汗经营多年的家底折腾光。皇太极可以为了自己扩大圈子，拿八旗子弟的身家性命豪赌，两个当大哥的，不能坐视不管，任老八胡来。

代善、莽古尔泰反对这次出兵，意见出奇的一致，一拍即合。于是两个人决定，等大军驻扎下来时，找皇太极谈谈，分析利弊，叫他不能玩得太过火。

满蒙联军抵达科尔沁的青城，驻扎休整。代善、莽古尔泰凑在一起商量好之后，决定晚上找皇太极单独谈谈，这是他们的责任，也是他们的义务。

晚上，代善、莽古尔泰带着各自的侍卫，来到皇太极的大帐之前，叫侍卫横在帐前，不允许任何人进入，不论是谁。

皇太极见两位哥哥一脸愁容地进来，感觉有点不对，赶忙让座，倒水。

莽古尔泰是个直性子，狗肚子装不下二两香油，进帐后大声对皇太极说："老八，这仗咱们不能打，也没法打，也不是这个打法，赶紧回去吧。"

皇太极说："两位哥哥，为了这次出兵，我们已经准备了一年时间，设计杀毛文龙，出征察哈尔，袭击锦宁，现在我们 13 万八旗兵，蒙古 23 位贝勒的人马，一仗未打就撤，你叫我怎么向他们解释？"

莽古尔泰说："正因为一仗未打，我们才有机会坐在这里说这个事儿。一旦打起来，我都不知道你还有没有机会听！"

莽古尔泰说话的特点是直、硬、臭，不分在哪说，不分跟谁说。

代善说话讲究方式方法。他说："老八，我们俩要求班师，并不是怯战，而是我们经过几天的思考，认为这次出兵，八旗军在很多方面都处于劣势。"

皇太极说："那你就说说，我们都在什么地方处于劣势。"

代善说："我们两次攻打锦州、宁远，结果都大败而回，现在想想当时的情况，还心有余悸。八旗兵虽然英勇善战，但是在攻城上，依然没有找到合适的办法。我们所有的兵将，在攻城上都落下病根儿了，不攻自怯。这次征明，主要的任务还是攻城，我们用未战先怯的疲惫之师，打城坚炮利以逸待劳的明军，能有几成胜算呢？"

"只有两种结果，一是老窝被端，二是被人在外包饺子。老八，要说打仗，我和老二比你有经验。别啰嗦了，丢面子比丢小命强多了！"莽古尔泰的大嗓门，吵吵起来，像破锣似的。

皇太极说："你们只考虑了我们的弱点，没考虑明军的弱点。这次，我们之所以舍近求远，就是想利用我们的长处，攻击明军的短处。明朝除宁远的袁崇焕还是那么回事儿外，其他将领都是酒囊饭袋。"

"孤军深入，自古都是兵家大忌。我们已经连续输给明朝两阵了，如果这次出兵再受挫，后金国的前途就很难预料了。"代善说。

"如果二贝勒在，他也会反对你继续进兵的。咱们四大贝勒，三人同意班师，你反对是不是也无效啊？老八，我们是尊重你，才和你商量，听人劝，吃饱饭。如果你硬要进兵，那你带你的两个黄旗去吧，我的正蓝旗、大贝勒的正红旗，可没有陪葬的习惯！"莽古尔泰态度非常强硬，最后摊牌了。

代善也表态了："老八，你好好考虑一下我们的建议。咱们不能这样冒失前进了。这事，我们老哥仨意见必须得统一。"

二比一，皇太极再能言善辩，也说服不了两个已经油盐不进的老家伙。这时，他非常奇怪，那些年轻人都跑哪里去了，怎么一个都不进来，帮自己说句话呢？

皇太极说："这样吧，明天我们开个会，研究一下，如果大家都同意班师，那就回去吧。"皇太极来了一个缓兵之计。

6. 用多数对付少数

代善的正红旗、莽古尔泰的正蓝旗，拒绝前行，强烈要求皇太极班师回朝。在这个时候，皇太极才意识到，两个大贝勒的影响力有多大。他很后悔，在沈阳没有和他们形成统一意见，就贸然出兵。现在，领导班子意见相左，进也不行，退也难受。

皇太极指挥不动两个大贝勒，也不敢独自率兵前进。如果他坚持那样做，代善、莽古尔泰回到沈阳，与阿敏会师后，极有可能要另立中央。皇太极所带的队伍中，也不是铁板一块，蒙古各部，习惯骑墙。如果真的到了那一步，四分五裂的后果对他们是最好的。

皇太极觉得自己这个大汗当得实在窝囊，急也不是，恼也不行，只好让大军停下来休整。

这次出兵，贵在神速，这是每个将领都清楚的事儿。现在，一仗未打，大军没有理由地停下来，让很多将领不知所措。

皇太极不作任何解释，要求大军休整，不符合作战常理。小贝勒济尔哈朗、阿巴泰、阿济格、德格类、多尔衮、多铎、岳托、杜度等人，知道三大贝勒开了个会，但不知道商量什么，然后军队就莫名其妙地停下来。他们决定到皇太极那里问个明白。

他们来到皇太极的大帐里，见皇太极非常沮丧地坐着，显得非常无奈。很多人见皇太极脸色如此难看，连话都不敢说了。济尔哈朗、萨哈鄰、多尔衮 3 个人，心眼儿最多，站在那里，一言不语，担心自己哪句话冲了大汗的肺管子，会成为免费的出气筒。

岳托是个直性子、敢担当的人。他没有顾及太多，上前问道："大汗，我军一仗未打，为什么要停止不前呢？现在下面说什么的都有，军心不稳乃兵家大忌啊！现在很多将领都站在大帐之外，是进是退，要求您给个明确的答复！"

皇太极显得非常无助、失望，说："先让他们回到自己的帐中，等候命令。我的所有计划都被破坏了，我现在是有想法没办法，有勇气没脾气。所以，我没让秘书对你们下达任何命令！"

济尔哈朗见皇太极这样说，便意识到肯定是代善、莽古尔泰与皇太极在进兵、退兵上，产生了严重的分歧。皇太极拿两个大贝勒没办法，所以愁成这样。于是他决定在这个关键时刻，与皇太极站在一起。

岳托也明白了，是保守的父亲和莽撞的五叔给皇太极出了难题。父亲和五叔要求退兵，有一定的道理，毕竟这次出兵，舍近求远，劳师远征，以己之短对敌所长，犯了兵家大忌。但是他又知道，皇太极这次出兵，并没有要求一定要占领哪座城池，而是在攻不下锦宁之后，作一种新的尝试，对八旗兵和联合部队远途作战能力，进行一次检验。既然是尝试和检验，为什么不去试一试呢？

济尔哈朗和岳托，两个人出发点不一样，但是意见是一致的，都支持皇太极继续前进。于是，两个人一起对皇太极说："我们认为，无论如何都不能退兵，而应迅速进军。未战先怯，我们八旗兵没有这个先例。"

其他贝勒，除多尔衮之外，都请求马上进军，直逼北京城下。多尔衮是非常聪明的人，他知道这次以这样的方式出兵，的确是一次赌博。他现在不知道两大贝勒和皇太极两方，谁能赌赢。一旦皇太极输了，他不仅会输掉大汗宝座，还极有可能搭上身家性命。在这个时候，沉默应该是最好的选择。

皇太极见这些年轻的贝勒，尤其是岳托和济尔哈朗，在这个时候能与他站在一起，感到非常高兴。但是，他表达得很委婉：“我这么做，也是为了后金国的利益，是在拿锦宁没办法之后，想出这一招。在沈阳时，你们明明知道，这次出兵是一次冒险，为什么当时不拦着我？现在才想起来出兵不合适，要求我灰溜溜地回去。这不是纯粹想看我笑话，让我骑虎难下吗？”

皇太极用了一个激将法。他知道下面这群年轻人，是嗜杀成性、宁丢性命不丢面子的好战分子。现在，他把贸然出兵的责任，推到这群年轻人身上，忽悠他们找两个老不死的去理论，他坐收渔翁之利。

年轻人听皇太极这么说，顿觉自己对这次突然出兵也负有不可推卸的责任。皇太极说得没错，这次出兵路线，在沈阳开会讨论过，当时谁都没有反对。现在再说出兵犯了大忌，要求退兵，这不是拿一把手当猴耍吗？自己作为小兵，说过的话可以不算，爱过的人可以再换，人家是大汗啊，能把 13 万兵马、23 位蒙古贝勒，像处理自家厨房里的萝卜一样，想削就削，想剁就剁，不想吃就扔到垃圾桶去吗？

年轻贝勒们认为两大贝勒这时要求班师纯属瞎胡闹，乱搅局。于是他们一起表示，愿意带着本部人马随皇太极继续前进。

皇太极说：“两个大贝勒要求班师，也是为了后金国的利益，只是对我们这次出兵的意义没有彻底理解而已。我们这次出兵，只想检验一下我军长途作战的能力，与友军的协同作战的能力而已。对于城池，能占则占，不能占就走，主要是抢夺大明民众的粮食、财物、人口和牲口，给大明政府的经济以重创。远征是事实，但谈不上舍近求远，弃长用短。这样吧，岳托、济尔哈朗你们俩牵头，召开八大固山额真贝勒会议，大家举手表决。开会的地点呢，在大贝勒或三贝勒那里都可以。”

代善、莽古尔泰提出班师的理由之后，皇太极也意识到，他这次出兵，确实非常冒险，也有些后怕。但是他身为一国大汗，又调来蒙古23位贝勒的兵马，一枪不放、一仗不打就回去，于情于理都说不过去，他硬着头皮也得扛下去。

死扛肯定不行，一旦再出现锦宁那样的大败，不用人说，他就得引咎辞职。为了让众贝勒支持他继续作战，他调整了作战方针，只抢东西不攻城，这是八旗人都愿意做的事情。做这样的事，基本不用动员，满洲人都会积极响应的。

岳托、济尔哈朗主持这次会议。代善、莽古尔泰见皇太极提出的作战策略——只抢东西不攻城，致使他们以前所有的观点都不成立了，也就同意继续进军。

通过这个事件，皇太极意识到，三大贝勒不能不除，否则以后在很多事情上，三大贝勒会对他构成威胁。同时，他也发现，那些更好说话的年轻贝勒已经成长起来，他们的合力，已经足以和三大贝勒抗衡。只要把这些年轻人团结在他的身边，就不怕大事不成。

第十章

腐朽茶几上的杯具

1. 猪与狼的肉搏

皇太极见众贝勒对这次进兵形成了统一意见，很高兴，当即召开紧急会议，布置作战任务，命令大军分为左右两翼，左翼四旗由莽古尔泰统领，率阿济格、阿巴泰、多尔衮、多铎、豪格等大小贝勒，经龙井关到遵化。

皇太极统领右翼四旗兵，率代善、济尔哈朗、岳托、萨哈粼，经洪山口到遵化。众贝勒接到任务后连夜起兵，直扑各自的目标。

10 月 26 日，莽古尔泰率领的左翼四旗兵、蒙古兵，包围龙井关，猛烈攻打。龙井关的守军，由于将领腐败、无能，平时不练兵，不修城，只惦记着那点儿军饷，士兵混工资，混生活，导致城墙颓败，军伍废弛。城上没有防御力，队伍没有战斗力。后金兵深夜突至，明军毫无准备，左翼军不费吹灰之力，就占领了龙井关。

攻占龙井关之后，后金军长驱直入，直奔遵化。明军汉儿庄的守将李丰，听说后金兵突袭龙井关，就派副将易爱前来支援。同时，前来支援龙井关的还有洪山口的参将王遵臣。

两支来支援的明军，半路与后金兵遭遇。阿济格看见明军，犹如屠夫看见肥羊一样，直扑过去。没有几个回合，易爱、王遵臣就被阿济格斩于马下。两位明将带来的士兵，也被后金军屠杀干净。

在围攻汉儿庄时，多尔衮认为在两大贝勒与皇太极争执过程中，自己保持了沉默，失去了一次表现自己的机会。为了争取立功，17岁的他，带着弟弟多铎和本旗士兵，奋勇冲杀。

10月27日，李丰被如狼似虎、嗜杀如命的八旗兵吓破苦胆。战，不死即亡；降，还能保命。于是，他率众投降，汉儿庄不攻自破。

11月，左翼军占领洪山口后，直奔遵化。

皇太极命济尔哈朗、岳托为右翼军的先锋，于10月26日半夜进攻大安口，冲毁水门后进攻长城。明政府驻马兰营的守军，赶来支援长城，结果被岳托打败。

11月1日拂晓，济尔哈朗见明军已经在山上扎营，决定率兵攻山。岳托担心济尔哈朗人少吃亏，便把他的士兵分给济尔哈朗，他留在山下接应。这时，只听遵化方向人喊马嘶，鼓角齐鸣，原来是两队明朝骑兵从遵化赶来支援。

岳托毫无惧色，对济尔哈朗说："你们攻你们的，我去击败这群明兵！"说罢，他带着自己的队伍，迎着两队明军援兵杀过去。几个回合下来，明军援兵死伤无数，仅有数人刀下逃生。

11月1日上午，岳托等人带领的右翼军，如期与阿巴泰带领的左翼军会合在遵化城下。

阿济格率兵到遵化城下时，正好与从山海关赶来的明朝大将赵率教相遇。

对于皇太极绕道偷袭北京，袁崇焕早就预料到了，曾两次给大明圈子的新老大崇祯皇帝递过书面建议。建议说，有我在宁远，皇太极自然不能穿关而过。蓟州战略位置非常重要，应该布置重兵；蓟州与北京是肩背的关系，如果不驻重兵，万一蒙古人做向导，引皇太极大兵从蓟州偷袭北京，麻烦不知道有多大。

袁崇焕是带兵业务高手，但崇祯不是，他是整人高手。在一个圈子里，宏观政策、未雨绸缪这样的事，一般都得由一把手提出来，才能体现一把手的领导水平。圈子里一把手最讨厌的是手下人比他想得全、看得远。他更接受不了的是，手下人居然把这些建议形成书面文件呈现出来。

按理说，圈子里有这样的人是好事，但是，圈子有多大，圈主的胸怀未必有多大。圈主没有那么大的胸怀，那么长远的眼光，对圈子里的任何预见，都不会接受，即使建议是百分之百正确。屁股决定脑袋，屁股坐在什么位置上，就会把那个位置附带的尊严和权威特别当回事儿。

崇祯才 19 岁，经营一个国家，手还是很潮。对于传说中的战争，恐怕连听说都没听说过。在布阵打仗上，更是一窍不通。但是，作为一圈之主，事事都听别人的建议，也有伤尊严。这可有可无的事儿，他就没理会。

没想到，这事儿还真被袁崇焕说中了。皇太极真不给崇祯面子，居然真的以蒙古人为向导，从后面偷袭北京。

袁崇焕得知皇太极偷袭北京的消息时，他正在从宁远去山海关的路上。他得知皇太极的大兵已经突破大安口、龙井关，正向遵化进兵。作为蓟辽督师，他有责任有权力参与军事布防。

他现在有 3 个选择。

一、偷袭沈阳，端了皇太极的老窝。但是他对自己的守城能力非常自信，对攻城野战能力很怀疑。

二、做好准备，等待朝廷的安排。但是救兵如救火，等到他接到朝廷的命令，恐怕明军败局已定。

三、他率兵进京救驾，亲自指挥部队，把皇太极拦在京城之外。

作为只相信自己、喜欢亲历亲为的人，袁崇焕选择了第三个。

于是他命令宁远总兵祖大寿带精锐部队随他进京，山海关前总兵朱梅、副总兵徐敷奏把守山海关，参将杨春守永平，游击满库守迁安，都司刘振华守建昌，参将邹宗武守丰润，游击蔡裕守玉田。

因为遵化是北京的东北大门，不能失守。袁崇焕命平辽总兵赵率教带领四千兵马火速支援。赵率教的四千人马急行军三昼夜，行军 350 里，赶到遵化以东的三屯营，想进三屯营城休整。可是三屯营总兵朱国彦拒绝开门，赵率教没办法，只好带疲惫之师赶往遵化。

11 月 1 日，赵率教的队伍赶到遵化城下。阿济格率领左翼军也赶到遵化城下。于是，两军展开遭遇战。

阿济格干别的不行，打仗杀人绝对是把好手。他见来人就是在锦州把皇太极打得灰头土脸的赵率教，就像吃了摇头丸一样兴奋。于是他一马当先，直取赵率教。两军你来我往，展开肉搏战。

在阿济格杀得兴起时，皇太极率领右翼军赶到，也参与厮杀。阿济格越杀越勇，瞄准赵率教就是一箭。这位袁崇焕的得力助手，中箭身亡。明军见主帅阵亡，无心恋战，四千人马，死的死，逃的逃，后金军大获全胜。

两翼大军准时会合，皇太极一边下令包围遵化，一边派代表通知遵化巡抚王元雅，命他无条件献城投降。

王元雅明知防不住，但拒绝投降，誓与遵化共存亡。

皇太极本想不战而屈敌之兵，谁知碰上了硬骨头，不想攻也得攻。11 月 2 日黎明，皇太极下令总攻，必须拿下遵化。八旗兵在震天的号角声中，开始从遵化城四面竖梯强攻。

王元雅指挥守城士兵，冒死抵抗，无奈士兵久疏战阵，与后金兵战斗力相差悬殊。王元雅以下将官，都死于刀枪、箭弩之下，非常惨烈。

正白旗士兵萨木哈图，第一个冲上遵化城头，在他的带领之下，八旗兵纷纷登城，遵化沦陷。

王元雅见大势已去，万分沮丧，又不想落入后金人之手，便独自一人走进衙署，用一根丝绦结束了自己的生命。城中所有反抗的军民，皆被满蒙联军杀死。

皇太极攻下遵化之后，又指挥后金兵攻占遵化东的三屯营。三屯营副总兵朱来同等人，不等后金兵到来，就带着家眷、亲信弃城逃跑。大将未战先逃，士兵一下子跑了十之八九。

总兵朱国彦虽有报国之心，无奈属下人心涣散，只好将逃跑将官的姓名写下来，在大街上张榜公布，然后自己和妻子上吊自杀。

皇太极占领遵化、三屯营、马兰镇之后，明朝北京以东的州县长官，根本无心在岗，为了保住性命和搜刮来的财产，跑的跑，逃的逃。皇太极几乎不费吹灰之力，便把一只脚踏进京畿。满蒙联军稍作休整，11 月 9 日，皇太极命令参将英俄尔岱、游击李思忠、文馆官员范文程带 800 士兵守遵化，其他人一起前去攻打北京。

2. 两个圈子的两种态度

皇太极在北京四周打得热火朝天，明政府的圈子里，有两个小圈子，一个圈子是以钱龙锡为首的东林党，一个圈子是魏忠贤建立的阉党，魏忠贤虽然倒台，但圈子里的势力尚在，由温体仁做老大。两个圈子也在不停地瞎折腾。

八旗兵从背后偷袭北京的消息传到北京之后，阉党圈子里的人欣喜若狂，认为这是他们收复失地、打倒东林党圈子里系列骨干的大好时机。

大明圈子的老大崇祯皇帝，19岁。他因自己投胎准确，很容易当上明朝圈子的老大。这个年轻的老大，基本是这样一种情况：一无治理国家的经验，二无正确驾驭群臣的能力，小聪明而大昏聩，内心阴暗龌龊、外表强势霸道，刚愎自用，偏听专断，无能还想干大事，死要面子硬逞强。

明朝这个大圈子，又是如何呢？这个老圈子，被若干个无能的老大经营了好多年，已经烂得差不多了。

烂到什么程度了呢？政治上，主昏政暗，党争愈烈；地方上，经济衰弱，民不聊生；国防上，边备废弛，将骄卒惰。总之，掌权的，拼命地捞钱，拼命地花钱；没权的，活着比寻死还难。

后金兵突破北京东面的防线，毫不客气地杀过来，不但要钱，而且要命。这让大明圈子里的人吓破了苦胆。谁也没想到，180年没发生过的事，马上就要发生了。

因为实在没人可用，崇祯皇帝只有反聘已经退休的孙承宗为兵部尚书、中极殿大学士，负责北京城内外的防务工作。

崇祯对他信任的人，胡乱任命，命他们练兵筹饷，作守护北京的准备。结果负责各种事宜的人到现场一看，没有一个不头大的。

负责检查武器的人，爬上城头一看，那些火枪大炮都在那里堆着呢，有的不知道叫什么名，叫出名字的也不知道怎么用。询问将领，也是一问三不知。询问士兵，100个人里也找不到一个明白人。

负责筹措粮食的人，到粮库一看，几乎都是空的，军队里几乎没有隔夜的粮食，老百姓家也是吃了上顿没下顿，别说花钱买，抢都没处抢去。

负责招兵的人，把地痞、流氓、和尚都凑到一起充数。实在不行，就让大臣的家丁、奴才到城上走几步。

70岁的孙承宗，从老家河北高阳来到北京后，也遇到了难题。

崇祯不但不懂业务，而且还不相信人，瞎指挥。一道命令，

24 小时就能改 3 次。

崇祯开始觉得皇太极肯定是从通州打过来，便让孙承宗到通州负责防卫；孙承宗刚想动身去通州，崇祯觉得还是把老人家放在身边比较踏实，又让他留在北京。孙承宗刚巡视完北京城防务，崇祯又觉得派他到通州最合适，下令他去通州。

主子一张嘴，奴才跑断腿。孙承宗接到崇祯的命令，带着 27 个人直奔通州。到了通州城下，老头子回头一看，才发现不知道什么时候，已有三个人溜掉了。

更让老头子郁闷的是，作为兵部尚书、京师防务总指挥，居然进不了通州城。守城人不开门的理由很简单：非常时期，不得不采取非常手段。

经过多方周旋，孙承宗才得以进城，指挥通州防务。

袁崇焕比皇太极先一步进驻蓟州。崇祯皇帝又给已经在蓟州驻守的袁崇焕授权，叫他调度各路勤王援兵。于是，袁崇焕命令昌平总兵尤世威驻守密云，大同总兵满桂驻守顺义，宣府总兵侯世禄驻守三河。

后金兵，包括皇太极和诸贝勒，都不愿意和袁崇焕过招。别说碰上袁崇焕，一提到这个人，他们头皮就发麻，心里就犯憷。

皇太极本想取蓟州、奔通州，因为要回避袁崇焕，他便率军绕过蓟州向西。袁崇焕在蓟州，架着红衣大炮恭候皇太极呢，哪承想皇太极只捏软柿子。袁崇焕只能尾随其后，一路追下去。

皇太极一路也没闲着，接连攻下香河、三河、顺义等城。其实也不叫攻下，叫明朝官员拱送可能更确切，如有一城殊死抵抗，也不会导致袁崇焕追都追不上。这就使袁崇焕把后金兵挡在蓟州之外的计划，全部落空。

这时北京阉党圈子里的人开始造谣生事，说后金军是袁崇焕引到北京来的。看形势还真像，皇太极在前抢掠，袁崇焕在后“护送”，一直护送到北京城下。

皇太极攻下通州之后，袁崇焕也到达离通州15里的河西务。

袁崇焕在河西务召开军事会议，商讨对敌之策。在会上，袁崇焕认为自己实在追不上皇太极，也不想再追了，直接到皇太极的目的地——北京城下等他，免得皇太极再把北京城怎么样。

副总兵周文郁不同意袁崇焕的意见。他认为，按照明朝将官管理条例，将官入京勤王，必须得接到皇帝的通知才可以。将官无令带兵进京，不符合程序。皇太极在通州，明军驻张家湾，相距15里，他建议军队驻扎河西务，找机会进兵，能战就战，不能战就偷袭，不能让皇太极窜到北京城下。

现在的袁崇焕，心里只惦记北京城和皇帝的安危，已经把制度、个人安危、个人利益全部忽略。他一门心思想保卫北京，保卫皇帝。

如果为了辽军、袁崇焕的利益，周文郁的建议没错。但是，袁崇焕认为，所有勤王的军队，都不敢和后金兵交战。他想与后金兵决战，却寻不着打不到。在这里等皇帝的进京通知，就会导致皇太极先他到达北京城下，那样，他就会更加被动。

散会之后，袁崇焕率领9000骑兵，日夜兼程，急行军120里，终于抢在皇太极的前面，于11月19日抵达北京外城广渠门外。同时，大同总兵满桂、宣府总兵侯世禄也达到北京城外，驻扎在德胜门外。

11月20日，皇太极兵临城下。在北京城下，180年未遇的血战，一触即发。

3. 谁专注，谁获胜

袁崇焕的9000铁骑，在北京城下，处境非常惨。因为是急行军，各种军用物资补给都没跟上，导致士兵晚上没地方睡觉，白天人马缺粮少草。时值北京的冬天，非常寒冷，辽兵惨况可想而知。

就是在这种情况下，袁崇焕依然强调纪律，不许士兵到百姓家吃喝住宿，就连野外无主的树木，也不能随便砍伐。

有一个士兵，饿得实在没办法，跑到一户人家吃了一块饼，还被砍掉脑袋示众。

皇太极的八旗军和蒙古两旗兵，一路上烧杀掳掠，自然是吃得沟满槽平。到达北京城下之后，他们在北土城关之东扎营。两翼骑兵，在东北扎营。扎营之后，杀猪宰羊，吃饱喝足，准备向饿着肚子的袁军开战。

皇太极命令莽古尔泰、阿巴泰、阿济格、多尔衮、多铎、豪格等人率领左翼四旗后金兵，蒙古贝勒恩格德尔、莽果尔岱等人率领的左翼蒙古骑兵，加在一起数万人，进攻广渠门外的袁崇焕部队。

皇太极和济尔哈朗、代善、岳托、杜度、萨哈粼等人，率领右翼四旗后金兵和蒙古兵，进攻满桂和侯世禄把守的德胜门。

袁崇焕虽然只有九千人马，但面对如狼似虎、来势汹汹的后金兵，毫不畏惧。祖大寿在南，王承胤在西北，袁崇焕在西，三军排成“品”字形，兵含枚，马勒口，在隘处悄悄埋伏，严阵以待。

莽古尔泰在开战前，就已经侦察到袁崇焕的阵地有埋伏，尤其右路，伏有重兵。于是，他把后金兵和蒙古兵分成6路，先扑向左边的祖大寿阵地，遭到祖大寿拼死抵抗，后金兵败下阵来。

莽古尔泰重整人马，变6路为3路，他和阿巴泰、阿济格、多尔衮4人约定：冲过隘口后，一律向右冲。不冲右路而走中间者，按临阵脱逃罪处理。

其实，谁都知道，向右冲会有很大危险，几个贝勒各揣心事，上马冲锋。冲过隘口之后，只有豪格向右冲向袁崇焕的阵地，其余人都从中间冲向王承胤的阵地。

袁军的3个阵地，形成品字形，他们见后金兵、蒙古兵闯入阵地，便放炮射箭。一发炮弹在阿济格马下爆炸，战马当时就被炸死。

阿济格身上中箭，险些丧命。阿巴泰也中了埋伏。后金军攻城受阻。

袁崇焕身先士卒，横刀跃马，冒死拼杀，身中数箭，像个刺猬。好在他有重甲保护，没有伤及肉体。他在乱军之中，左突右杀，杀到忘我的境地。一个后金骑兵从后面冲过来，挥刀向他砍去，他都毫无察觉。

那时正好他的属下袁升高在一旁，迅速用刀挡住金骑兵的刀，他才幸免一死。

这次战斗，从早上 9 点一直打到晚上 7 点多，激战 10 小时，战场扩展到 10 余里。最终，八旗兵招架不住，向通惠河方向败去。

袁崇焕派游击刘应国、罗景荣，千总窦浚等人，乘胜追击，一直把后金兵追到通惠河边。

兵败如山倒。八旗兵慌不择路，仓皇拥渡。谁知人多冰薄，压破冰面，千余人被溺死、踩死。

皇太极在德胜门外，虽然没占到什么便宜，但也没吃什么亏。皇太极用抢来的大炮，指挥明朝投降的炮兵，先向明营开炮。轰完炮之后，命令代善指挥正红旗护军、蒙古兵从西面猛突，他指挥正黄旗护军从一边冲杀。

满桂军和侯世禄大军，且战且退，八旗兵是且战且进，一直把明军逼到城下。

侯世禄大军被打散。满桂指挥他的军队，在城下拼死抵抗。正在这时，城上的明军开始向八旗兵开炮攻击，射箭阻截。谁知道，发炮的人是个生手，业务不熟，炮弹不但没打到八旗兵，反把满桂的部队打得叫苦连天。

满桂被自己人的炮火打中，多处负伤，他带着百余名士兵，跑到附近的关帝庙休息。待皇太极领兵退回兵营之后，守城负责人才打开德胜的瓮城，让满桂的败兵进去休整。

入关一个半月以来，皇太极只占便宜不吃亏，没想到，在北京城下栽了大跟头，损失惨重，这让他很恼火。

晚上，袁崇焕和皇太极都在干什么呢？

袁崇焕，不顾自己身上伤痕累累，亲自到营地慰问受伤的官兵。

皇太极把众贝勒召集在一起，开总结会。

在会上，豪格首先向阿巴泰发难："咱们在战前说得好好的，冲过隘口之后，一起往右冲，结果呢？你却走中间，把我一个人扔到右面，你是什么意思？"

阿济格说："我曾经叫阿巴泰向右冲，他就是不听。我用马鞭抽他的马脖子，都不好使。我这次就是命大，马都被炸死了，我能活着回来，已经是万幸了。"

阿巴泰见大家把矛头指向自己，暴脾气也上来了。他发誓道："我承认我与豪格脱离，但是，阿济格绝对没有用马鞭抽我的马，更没有催我向右。如果我说的是假话，明天战场上我就不得好死！"

皇太极坐在那里，一言不发。一想起在青城，莽古尔泰野蛮地逼他撤兵，到今天广渠门外损兵折将，儿子险些丧命，他就恨得牙根疼。还有那个阿巴泰，也不是什么好鸟，对他一直是口服心不服。这是收拾阿巴泰的最好机会，等着吧。

战败，在女真人看来，绝对是不可饶恕的罪过。对于战败之人如何惩罚，没有人同情，更没有人反对。

众贝勒谁也不服谁，谁也不想为这次失败负责，吵成一锅粥。

最后，众贝勒达成一致意见，认为阿巴泰与豪格为一路军，阿巴泰不按计划行事，私离队伍，应该剥夺他贝勒爵位，把他的属人赏给豪格。

皇太极虽然看阿巴泰不顺眼，但是大敌当前，用人之际，即使再恨也不能下手太狠。于是他卖了一个人情，说："老七绝对不是贪生怕死的人，他与豪格脱离，也是为了照顾他的两个孩子。我作为大汗，总不能因为我的孩子而惩罚哥哥吧，那样做不合适，就原谅他这一次吧。希望这是最后一次，否则严惩不贷！"

4. 混蛋，总有混蛋的逻辑

广渠门大战之后，两军都在做休整工作。

东林党圈子里的人，为了解北京之围，积极工作，四处奔走。阉党圈子里的人，也发现这是打击东林党圈子的好机会，上下串通，准备利用崇祯多疑专断的弱点，把东林党圈子里的掌权的人慢慢搞掉。

11月23日，阉党圈子里的周延儒等人，见崇祯因为兵临城下心烦意乱，乘机出个馊主意，说："嘉靖二十九年，蒙古兵进犯北京，世宗皇帝只斩了兵部尚书丁汝夔一个人，将士们便不敢怠战，强大的敌人也随之撤退了。"

他们的意思是说，后金兵之所以不费吹灰之力，打到北京城，全是兵部尚书王洽的失职，只有杀了他，明朝的兵将才会害怕，才会努力杀敌。皇太极一看我们动真格的了，也就吓跑了。

浑蛋，总有浑蛋的逻辑。

六神无主的崇祯，还真信了周延儒的话。他杀不了后金兵，杀个手下人的能力还是有的。于是，崇祯下令，把兵部尚书王洽撤职，逮捕入狱，等候处理。

王洽也是一个倒霉鬼。他是从基层干上来的，当过县令，干过巡抚，任过侍郎。他从被提拔为兵部尚书到下狱，满打满算才11个月。

王洽被处死之后，崇祯皇帝也就有了杀大臣的瘾。不论什么官，先任命，后宰杀，都成他的工作习惯了。

处理了王洽，崇祯又派人通知袁崇焕、祖大寿、满桂、黑云龙、新任兵部尚书申用懋等人，到平台开碰头会，商量退敌之策。

几个人到齐之后，崇祯皇帝对几个人嘘寒问暖，说一些"同志们辛苦了，同志们不容易"之类的话。他见袁崇焕穿得少，还把他的貂皮大衣给袁崇焕穿上。

其他与会者，都拿能打就打、打不过就跑的后金兵没办法，只能说些不疼不痒的宽慰领导的话，类似“请皇帝放心”、“向万岁保证”等。

袁崇焕不会这个，他虽然穿上一把手的貂皮大衣，但心里还惦记着城外挨饿、受冻的弟兄。他分析完当前局势并提出，自己的军队连日作战，已经疲惫不堪，要求像满桂部队那样，能进入瓮城休整，补充给养。

袁崇焕这个要求不算高，但崇祯皇帝不答应。一年之前，就在这个地方，袁崇焕向他保证过，5 年之内收复辽东，并提了一大堆条件。条件都满足了，结果呢？不但辽东没平了，北京差一点被平了。

崇祯皇帝现在开始怀疑袁崇焕，总觉得这家伙说一套做一套。

于是，崇祯皇帝说：“袁爱卿，你的条件也不算过分，你们的困难我是了解的，但是，现在是非常时期，还没到休息的时候。你回去跟弟兄们说说，当务之急是打退东奴之兵。你作为负责人，我希望你与将士同甘苦、共患难！”

这次会议，说是研究退敌之策，结果什么都没研究出来。袁崇焕听崇祯这么说，只好灰溜溜地回去，继续挨冷受冻。

明政府官员在这里开会消磨时间，皇太极那里正在积极备战，准备再攻北京城。

11 月 27 日，皇太极用满洲八旗、蒙古两旗之兵，集中在北京城左安门外，与袁崇焕殊死一搏。

袁军虽然补给不济，但士气高昂。特别是打八旗军，他们非常有心得。他们竖起栅栏，布阵守城。

袁崇焕依然亲自上阵，皇太极亲自督师，两军在左安门外，你来我往，展开肉搏战。八旗兵虽然人多势重，但和袁军作战，已经惨败过 3 次，心里自然有些恐惧，从将领到士兵，自信心严重不足。

皇太极见后金兵损失惨重，觉得再这样打下去，就得把他的家底打光了。袁崇焕打仗，只求一胜，其余的都不想。皇太极不能只求一战的输赢，杀敌一千，自损八百。对这次出兵，很多人持怀疑态度，如果在北京城下打光了资本，回沈阳就不好办了。

于是，皇太极带领众贝勒，视察战场。他指着战场说："这里障碍太多，发挥不出我军的优势。如果伤了我们的士兵，即使取胜，也没多大意思。这群残弱之兵，根本不值得我大军一战，算了，回去吧，好猫不跟饿狗斗！"

皇太极给他的失败找了一个借口，理直气壮地退回去了。

皇太极屯兵北京城下，不能不战，可是又打不过袁崇焕，进退两难。他又找了一个借口，说先跟袁崇焕谈谈，利用这段时间让战马休息、放松一下。于是，他移师南海子牧马。

后金兵在南海子，抓住两名明朝提督大坝马房太监。经过审问，那两个太监，一个叫杨春，一个叫王成德。他们哪里见过杀人不眨眼的后金兵啊，不用动刑，什么都招了。

有人建议，把两个太监杀了。皇太极没同意，把他们关起来。

袁崇焕探知，后金兵在南海子牧马，决定采取措施。向导任守忠，非常熟悉那里的环境，建议派火炮手到那里埋伏，偷袭后金兵。

袁崇焕觉得此计可行，派出500名火炮手，潜伏在南海子附近，形成包围圈。等后金兵进入包围圈，火炮齐发，打得毫无防备的后金兵晕头转向，鬼哭狼嚎。

皇太极没想到，袁崇焕还有这一手，南海子是待不下去了，不得不移营他处。

一想到袁崇焕，皇太极牙根都疼。战无不胜的大英明汗，宁远之战，成为他人生中最大的败笔，因而忧郁而终；他刚上台，为了搞点政绩，以为父汗报仇的名义发动锦宁大战，结果被袁崇焕打得灰头土脸；这次绕道进关，一路全胜，结果在广渠门和左安门，又是这个袁崇焕，让他损兵折将，一败再败。

要想打败明政府，这个袁崇焕不能不除。

怎样才能除掉这个心腹大患？战场上无法解决，最起码暂时解决不了。怎么办？皇太极一筹莫展。

5. 引诱鹬蚌尽情地争斗

在后金圈子里，有代善、阿敏、莽古尔泰这样资格老、战功多的大贝勒，也有圈主皇太极的嫡系，比如济尔哈朗、岳托、多尔衮、豪格等，还有虽不招圈主喜欢但用得着的人，比如阿巴泰、阿济格等，也有圈主刻意培养的新生力量，比如索尼、鳌拜、拜音图等。

还有一种人——没有好出身、好背景、大战功的人，皇太极对他们有知遇、赏识之恩，他们也非常想抓住机会表现自己，在圈子里站稳脚跟，出人头地，如宁完我、范文程、高鸿中、鲍承先等人。

这些人，都是汉人，为明政府效过力。在明朝圈子里不得势，投奔或者投降后金圈子之后，也生活在圈子里的底层，一直过着生不如死的生活。皇太极为了巩固他的小圈子，挤压代善、阿敏、莽古尔泰的圈子，把这些人召集在一起，组成智囊团，主要负责圈主需要的阴谋和阳谋。

宁完我、范文程、高鸿中、鲍承先这些人读过书，文化水平高，深谙官场、职场、圈里圈外的斗争学，也非常想凭借自己的脑力劳动，为主子出点子，想主意，为自己谋个理想的位子。

袁崇焕处处为难皇太极，成了皇太极的心病。宁完我、高鸿中、鲍承先看在眼里，急在心里，但他们也没办法。论冲锋陷阵，两军较力，他们远不如莽古尔泰、阿巴泰，袁崇焕依然能把这些后金人打得找不着北。

正当他们干着急没办法时，皇太极把杨春、王成德两个太监送到他们那里，叫他们负责看管。熟读《三国演义》的3个人，见到这两个太监，便认为证明他们存在价值的时候到了。3人合计一会儿，就派宁完我去找皇太极。

宁完我来到皇太极处，皇太极正为大军两战失利、自己无计可施发愁呢。

“大汗，为什么闷闷不乐啊？”宁完我明知故问。

“我倒是想高兴呢，高兴得起来吗？我军自入关以来，还没有像今天这样被动过！”

宁完我坐下之后，神秘地问道：“大汗，我们目前最难对付的敌人，也只有袁崇焕一人。祖大寿、满桂、侯世禄不足为患。”

皇太极问：“难道你有了对付袁崇焕的计策了？”

宁完我分析道：“我们要想从战场上解决掉袁崇焕，一是不容易实现，二是代价太大。无法攻破的坚固堡垒，只能让它内部爆炸，才能取之！我和鲍承先、高鸿中商量一下，想出一条计策，不知道可行不可行。”

皇太极说：“我只要袁崇焕死，不问方法。只要他死，我不惜代价！”

宁完我说：“大汗，要想除掉袁崇焕，只能假他人之手。我们要想达到目的，就必须了解袁崇焕的生存环境。可以说，他对明政府作出的贡献越大，他死得就越快！”

皇太极没有说话，让他继续往下说。

宁完我说：“明朝经过几代无能皇帝的经营，现已溃烂不堪。朝政日弛，臣工形同水火。在大臣中，形成两个大圈子，一个是阉党圈子，一个是东林党圈子。这两个圈子，为了各自的利益，斗得你死我活。他们之所以维护自己所在圈子的利益，那是因为圈子里有他们的前途、权力、地位和财富。圈子在，一切就在。

“袁崇焕，虽然不是东林党，但也属于东林党圈子里的人。他的座师韩炉就是东林党的人。他也是由东林党人侯恂推荐，才晋升为兵部职方司主事的。那时，东林党圈子里，孙承宗是圈子里的最高领导。孙承宗成为辽东督师，负责军务之后，袁崇焕的驻守宁远的建议，才得以实现。

“天启四年，阉党圈子里的顾秉谦、魏广微上台，魏忠贤掌控东厂，对东林党圈子里的人，便下了黑手。东林党圈子里的杨涟、左光斗惨死狱中，叶向高、韩炉这些曾经的实权派，也被赶下台。朝中，几乎不再有东林党圈子里的人。

“辽东督师孙承宗，因为不向阉党圈子妥协，被迫辞职。辽东的负责人，也换上了阉党圈子里的人——高第。高第和袁崇焕不是一个圈子里的人，高第自然不会支持他。袁崇焕跟我军作战，虽然获得宁远、锦宁两次胜利，不但不被嘉奖，反而被挤回老家务农。

“崇祯上台后，一朝君子一朝臣，打击了阉党圈子，扶持了东林党圈子里的人。袁崇焕才得以重新回到宁远。毛文龙是阉党圈子里的人，自然被东林党圈子所不容，所以，袁崇焕才会擅杀他。现在，明政府里，东林党圈子里的人，或者倾向东林党圈子的人，掌握着实权，控制着内阁和六部。阉党圈子里的人，并没有被彻底消灭，只不过是官职低、势力弱而已，但他们不甘心，绝对会找机会向东林党圈子反扑的。”

宁完我兜了半天圈子，也没有说怎么样才能除掉袁崇焕，这让皇太极很着急，但是他依然耐心地等着宁完我提供的答案。

宁完我继续分析道：“我军此次进军北京，烧了明朝贵族在京郊的庄园，抢了他们园子里的财富，践踏了他们的庄稼。这些贵族，自然心疼得不得了，就会对负责防务我们的袁崇焕恨之入骨。这些贵族，心里只有家，没有国，只在乎自己的利益，不在乎别人的生死。阉党圈子里的人，为了圈子的利益，自己的前途，也不允许袁崇焕一再立功。袁崇焕为南明政府作的贡献越大，对湿乎乎阉党圈子威胁也就越大。所以，我们认为现在是除掉袁崇焕最好的时机。”

皇太极说：“我们怎样才能除掉袁崇焕呢？”

“谁能杀掉袁崇焕呢？只有崇祯小儿。崇祯的弱点，是多疑专断。只要我们制造袁崇焕与我们勾结的假象，崇祯小儿就会主动帮助我们的。阉党圈子里的人，也会自愿成为我们免费的打手。现在我们不是抓住两个阉党圈子里的人吗？为什么不利用呢？”

皇太极听了很兴奋：“这个主意不错，能抵两旗之师！”

第十一章

员工的正确≠领导的正确

1. 如刀的谎言

为了配合宁完我、高鸿中、鲍承先联手炮制的反间计，皇太极命令八旗军停止攻打北京城，做出议和的姿态。

11 月 28 日晚，高鸿中、宁完我等人，深夜回到营中，坐到关押太监杨春、王成德帐篷的隔壁，开始窃窃私语。

杨、王两个太监，落到后金人手里，不知道会有什么下场，自然是吃不下、睡不着。见几个人进入隔壁帐篷说悄悄话，习惯性地假装睡着，竖起耳朵，生怕落下一句。

高鸿中故意叹气道："我军和袁崇焕在城下打了两仗，吃尽苦头。这个该死的袁崇焕，乃是我后金最大的敌人了，待明天上阵，我一定要取其首级不可！"

宁完我说："高将军，你啊，只知其一，不知其二啊。袁崇焕，表面上要与我军死战到底，其实那是演给崇祯小儿看的。崇祯小儿，可比以前南明的那些皇帝难对付多了。我们和袁将军只有假戏真唱，才能欺骗南明政府的大小官员啊！"

高鸿中故意惊讶道："难道，袁崇焕已经投靠我们了？"

宁完我故意"嘘"了一声："小声一点，这是军国机密啊！你想啊，如果袁将军不投靠我们，他怎么可能擅自杀掉毛文龙呢？谁都知道，毛文龙在皮岛，依靠海上优势，活动 8 年，牵制我国后方，使我军不敢动一动。也只有干掉毛文龙，我军才无后顾之忧啊！"

高鸿中叹气道："还真别说，毛文龙这家伙，软硬不吃，打不着杀不掉。如果他还在皮岛，我们也不会这样轻易来到北京城下。"

宁完我说："我们这次这么容易地打到北京城下，也是靠袁崇焕暗中配合。如果他率兵在遵化、蓟州、通州拦截我们，我们就不可能一下子冲到北京城下。可怜的崇祯小儿，还指望袁崇焕帮他解围呢，呵呵，有意思！"

"哦，原来如此啊！怪不得袁崇焕一直没有和我们正面交手！"

宁完我故意低声说："知道今天为什么休兵罢战吗？"

高鸿中摇摇头："不知道啊！不是说议和吗？"

宁完我神秘地说："这是大汗和袁崇焕的障眼法，拿议和作幌子作攻城的准备。今天晚上，我去大汗那里，见大汗独自一个人骑马奔袁营去。从袁营中，也出来两个人，天黑看不见，估计是袁崇焕和他的亲信。大汗和那两个人商议片刻回营后，非常高兴，估计这几天就有大动作，很快就能拿下北京城，活捉崇祯小儿了！"

高鸿中说："这是重要军事机密，我们不能乱说。万一走漏了消息，对袁崇焕不利，对我们的损失会更大。"

杨春、王成德听到高、宁二人的谈话，惊出一身冷汗。看来，北京城里传闻袁崇焕把后金兵引到北京城下，这消息果真不假，可惜万岁爷还蒙在鼓里，还指望这个卖国贼解围呢。不行，得想办法逃出来，把这个重要的机密告诉万岁爷，借此机会，杀掉这个油盐不进的袁崇焕，打击东林党。

高鸿中、宁完我肯定会给二人制造逃跑的机会。第二天，杨、王二人，找到了脱身的机会，异常顺利地逃出后金军营，回到紫禁城，把这个重要的消息，报告给崇祯皇帝。

袁崇焕虽然在城外打了两个大胜仗，但在明朝圈子里的人，除了东林党圈子里的人，都对袁崇焕恨之入骨。

袁崇焕身为辽东督师，主要任务就是看防皇太极。自从袁崇焕二次上任，对辽东防务全权负责，今天要饷，明天要粮，结果怎么样？他看防的敌人，长驱直入，几乎不费吹灰之力，就打到北京城下。

那些朝中的权贵，每人在城外都有自己的庄园、田产和度假别墅。后金兵在郊区肆意抢掠，让这些权贵损失惨重。一想到那些损失，那些权贵就想追究袁崇焕的责任。

阉党圈子里的周延儒、温体仁、王永光、高捷、史堇、袁宏勋等人，虽然人少势微，但也没闲着，暗中派人在大街上散布谣言，中伤袁崇焕。他们把袁崇焕作为打击东林党圈子的突破口。一旦搞臭袁崇焕，也就推倒了整治东林党圈子的第一块多米诺骨牌。

阉党圈子里的人，利用朝中一部分权贵怨恨袁崇焕过激情绪，煽阴风，点阴火，有目的地制造各种舆论，指责袁崇焕拥兵纵敌，拿巨额粮饷却主张议和，引敌来京逼崇祯签订城下之盟……使朝中怀有各种动机的人，包括不明真相的市井百姓，都认为袁崇焕是不折不扣的卖国贼、吃里爬外狗汉奸，比皇太极更可恨。

崇祯皇帝自从袁崇焕擅杀毛文龙之后，就开始不信任他。尤其这次，袁崇焕在京东三防三失，致使后金军驻兵北京城下，更让他怀疑袁崇焕。

杨春、王成德把窃听来的“皇太极的高级军事机密”，一尺加八丈地禀告给崇祯，使崇祯对袁崇焕，乃至东林党圈子里的人，彻底失去信任。

12 月 1 日，崇祯皇帝为了防止东林党圈子里的人，对他突然采取暴力措施，作了一系列部署，开始起用阉党圈子里的人。他任命司礼监太监沈良佐、内官太监吕直，负责九门及皇城门的警卫工作；司礼太监李凤翔领导忠勇营，负责北京城内警卫工作。通过这样的布置，崇祯把北京城内、皇城内的安全卫戍，通过太监，直接掌控在他的手中。

把皇宫侍卫全部换成他信得过的人之后，崇祯决定先下手为强，不给袁崇焕与皇太极合作的时间和机会，派人通知袁崇焕进城开会，商讨补充粮饷有关事宜。目的就是把袁崇焕诓进城去，一举将其拿下。

2. 不可不除的异类

袁崇焕这个人，适合做业务，不适合做官。遗憾的是，在大明圈子里，他只有先有官做，才有业务可做。

这样的人，如果遇到一个精通业务的主子，就会如鱼得水，天赋才华尽显。如果遇到不懂业务，而且不懂装懂、不放权、不放心的主子，他就会成为主子最“牵挂”的人。如果这样的人再不善于变通，倒霉的事情便是十有八九。

袁崇焕是传统的读书人，满怀爱国激情和民族大义，对人民有责任感，对国家有使命感。性格耿直，原则性强，不会变通。有与明敌对抗的本事，却无与黑手博弈的智慧。这样的人，在那个动荡、腐败、圈子林立的年代，是老百姓的福星、官僚的克星。他的命运，注定只能是一颗彗星。

袁崇焕认为，他的爱国行为就是忠君的行为，对国家负责就是对君王负责。这没错，但是他没有搞清楚，君王在乎的是他的位子，还是国家的安危；在乎的是他的权力，还是社稷、江山的存亡。

按理说，只有国家稳定，君王的位子才安全；也只有社稷、江山存在，才有权力可言。但是，从父亲那里毫不费力继承来的王位，这样的皇帝，不会去想他的王朝，有一天被一无所有的农民推翻，他只知道君叫臣死臣就得死。臣工和百姓，对他来说，就是他卧室里的家具，想怎么摆放就怎么摆放，看着不顺眼，就拿斧子劈了当柴烧。

在这样的皇帝眼里，爱国不等于忠君，服务于社稷不等于服务于他。他需要臣子必须忠君，可以不爱国；必须服从他，可以不服务社稷。

袁崇焕没有弄明白这一点，他认为，自己忠于大明，就是忠于崇祯；服务社稷，就是服从崇祯。

崇祯需要袁崇焕，首要条件是百分百地忠于他，服从于他，再去忠于国家，再去服务于社稷。这个程序不能乱。对于搞乱程序的人，他就必须要按他的需要处理一下，否则寝食难安。

袁崇焕这个推销高手，在他最大的买家崇祯面前，选择了错误的商品、错误的服务方式。

崇祯皇帝为了把袁崇焕骗进城，抛出对袁崇焕最有诱惑力的大骨头——议饷。在城下苦战的辽兵，正处于减员严重、补给匮乏的境地。袁崇焕接到通知之后，非常高兴，立即带着副手祖大寿，便装进城。

来到城门口，负责警卫工作的阉党圈子里的人，自然不会允许袁崇焕带更多的人进城。他们提出，非常时期，就得采取非常的措施。为了防止贼兵乘虚而入，袁崇焕和祖大寿只能坐在筐里，让他们顺着城墙拉上去。

正直的人，永远不会琢磨卑鄙人的卑鄙手段，光明磊落的人，永远参不透龌龊人的阴暗心理。作为兵部尚书、辽东督师，进城开会，怎么也不会享受“缒城”规格的待遇吧？袁崇焕自认为大敌当前，不论哪个圈子里的大明臣工，都会为了大明大圈子的利益，一致对外，都会把内部矛盾暂时放一放。

袁崇焕和祖大寿进城之后，来到宫城平台，发现总兵满桂、黑云龙等人，早已到齐。崇祯皇帝阴沉着脸，在上面坐着，对袁崇焕行的君臣大礼，视而不见。

整个平台，空气凝固，让人窒息。

还没等袁崇焕说话，崇祯直接发问："袁崇焕，你知道吗？如果不是你为了自己私利，擅自诛杀毛文龙，皇太极敢这样肆无忌惮，倾一国之兵，破长城而入吗？作为辽东督师，负责东奴防务，为什么东奴能轻而易举地放马北京城下？满桂进京勤王，为什么差点儿成为你的炮灰？这些问题，你能解释清楚吗？"

不是说来议饷吗？怎么成了问罪了？袁崇焕对崇祯的质问，一点心理准备都没有。看着崇祯能挤出水的脸，他连大气也不敢出。的确，在杀毛文龙这件事上，程序不妥；在后金军围京这件事上，他负有不可推卸的责任。

崇祯的口气，根本不允许袁崇焕分辩。袁崇焕是一个能负责、敢担当、不屑为自己的错误找借口的人，因此，他也没有申辩。

在崇祯看来，袁崇焕的沉默，就是理屈词穷。于是，他命令满桂脱下衣服，让袁崇焕看看他身上的伤。

连满桂自己都知道，袁崇焕在城东南的广渠门，与莽古尔泰的左翼四旗兵作战；他在城西北的德胜门，与皇太极率领的右翼四旗兵作战，袁崇焕的炮火再厉害，也不会跨城打到自己。

但是，满桂与袁崇焕的矛盾，可不是一天两天了。

袁崇焕任辽东巡抚时，满桂是他的得力助手。可是，两个人治兵的思路不同，经常发生冲突。

满桂这个人，头脑简单，四肢发达，脾气暴躁，态度骄矜。因为他能征善战，便不把同僚放在眼里。他对看不惯的人，张嘴就骂，伸手就打。

袁崇焕按制度治兵，以军纪严格著称。匪性十足的满桂，自然受不了那些条条框框的限制。他今天不是触犯了这条，就是明天违反了那条，动辄就受袁崇焕的责罚。两个人因此怨愤颇深。

袁崇焕无法容忍满桂这样不懂规矩、目无领导的属下，便要求朝廷给满桂换个地方。

明政府认为，对付后金军，满桂是非常合适的人选，但是，又担心将帅不和，同处一城，会产生大麻烦，就把满桂调到山海关。

袁崇焕成为辽东防务总指挥后，便把满桂挤出辽东，到大同任职，满桂对此不可能没意见。

争强好胜的满桂，这次进京勤王，一败再败，而袁崇焕却是一胜再胜，他能不嫉妒吗？袁崇焕带兵打仗的业务能力，远在他之上。有袁崇焕在，他永无出头之日。

不懂战场常识的崇祯，听阉党圈子里的人说，袁崇焕炮伤满桂，便信以为真。满桂为了他的私利，也就假戏真唱，也顺着一把手的意思把戏演下去。

祖大寿见会上气氛不对，但也不敢说话。他知道，这个时候，在气头上的崇祯，绝对能把和他持有不同意见的人，拉出去砍了，根本不需要理由。

崇祯这次让袁崇焕来开会，目的就是把他拿下，自然不会给袁崇焕申辩的机会。他责问完擅杀毛文龙、致使敌兵进犯、炮伤满桂之后，不容袁崇焕说话，吩咐手下绑了袁崇焕，送进锦衣卫大狱。

满桂是袁崇焕下狱后的第一受益者。崇祯皇帝任命满桂接袁崇焕的职，总理山海关、宁远的兵马。

大敌当前，首要任务是抵抗后金军。可是，作为兵部尚书的梁廷栋，却把退敌不可或缺的同行袁崇焕，视为他实现大权独揽的障碍，也主张除掉袁崇焕，为他拿掉一个强有力的竞争对手。

梁廷栋只知道少了袁崇焕，他在官场上的晋升少了一个对手，但是，他并没有意识到，崇祯皇帝是一个寻找替死鬼的高手。他犯的每个错误，都会用无辜生命埋单。

在大明圈子里，N多人为己，只有袁崇焕一人为国，他也就成了异类，不可不除。

3. 领导，在乎的是需要，不是是非

袁崇焕一门心思做业务，但是他忽略了做成业务、做好业务的一个基本条件，那就是他需要一个平台。这个平台，就是明朝政府。

袁崇焕的人生理想、职场目标，只有在这个平台上，才能得以实现，否则他有再高的才华，再远大的抱负，都无从谈起。

遗憾的是，作为一代英雄，袁崇焕根本没把这个平台当回事儿。他自认为，自己忠心爱国，以江山社稷为重，不谋私，不为己，做事有原则，做人有底线，处处、事事、时时都是为了大明政府的利益，大明政府就应该支持他。

袁崇焕是好人，一心想做点儿利国利民的好事。任何人做任何事，都得有其他人的支持、配合才行，否则独木难以成林，一人不可能做大。做一件事，不怕没好事，就怕没好人。袁崇焕想收复辽东，平灭后金，可是他身边不但没好事，更没有好人。

他应该考虑一下，一把手身边的人，都是一些什么样的人，想尽办法，和那些人搞好关系。可是，袁崇焕认为那些人，都是无能之辈，文不能治国，武不能杀敌，跟他不是一个级别、一个境界，不屑一顾。

一把手身边的人，可能不是天才，不是人才，但一定是奴才。奴才永远是人才的天敌，他自己不行，也不想让别人行。人才得以证明价值的要求是，先处理好人的关系，方能施展才华。

自从袁崇焕擅自杀掉毛文龙，断了阉党圈子的财路，阉党圈子里的礼部侍郎温体仁、周延儒，吏部尚书王永光，御史高捷、袁宏勋、史堃等人，利用袁崇焕上任后，不断催饷、宁远兵变、锦州兵变、主张议和、擅杀毛文龙这些事，大做文章，天天给崇祯洗脑。

三人成虎，众口铄金。

皇太极绕道入关，这让阉党圈子里的人抓住了袁崇焕的把柄，大做文章。阉党圈子里的人，眼里只有圈子的利益、个人的利益，国家的利益、民族的利益，根本不予考虑。这些人抓住崇祯偏听偏信的弱点，猛烈攻击。

不懂经营管理业务的崇祯，因为不懂，所以担心。袁崇焕在他面前，夸下海口，说 5 年可以复辽，可是他上任之后，除了要枪要粮，便是主张议和，根本没有收复失地的意向和行动。防来防去，结果还是把后金军送到北京城下。

杨春从敌营回来，把袁崇焕通敌的事情，说得惟妙惟肖，这让崇祯不能不信，不得不信。在他看来，只有袁崇焕通敌，以前所有事情才能解释得通，否则，实在不符合逻辑。因此，他毫不犹豫地把袁崇焕送进大狱，不给他任何申辩的机会。

东林党圈子里的人，在袁崇焕下狱后，也没有找到有力的证据，证明袁崇焕无罪。他们能做的，就是跪求崇祯，这无异与虎谋皮。崇祯对东林党圈子里的人，都持怀疑态度。

东林党圈子里的人，只有东阁大学士兼礼部尚书成基命，已经 70 多岁了，见崇祯皇帝犯浑，在错误的时候相信错误的人，干了一件错误的事儿，冒死跪下，哭着说："敌人就在城下，困难当头，请万岁在处理袁崇焕问题上，三思而后行！"

崇祯心想，为了拿住这个拥兵自重的袁崇焕，我已经百思了，哪是三思啊？没有袁崇焕这瓣蒜，我也照样吃饺子。少了这个只会吹牛皮的袁崇焕，不是有满桂、祖大寿、黑云龙、马世龙嘛！

袁崇焕本事越大，对大明的危害就越大嘛。在这个关键时刻，只能信其有，不能信其无!

在19岁的年轻人的眼里，70岁老人的话，全是废话。

以上吊结束自己生命的人，时刻都忘不了赶制勒脖子的绳索。

由于兵部尚书梁廷栋支持崇祯严惩袁崇焕，这让兵部职方司的官员余大成非常不理解。

余大成，江宁人，万历三十五年的进士。这个人，为人正直，为官清廉，是一位正义感、责任心都比较强的人。

很多人都了解袁崇焕的为人，也都知道他对国家、对皇帝无比忠诚。但是，这些人更了解崇祯和崇祯身边的人，知道在这个时候，为袁崇焕说一句话，都是掉脑袋的事情。一把手永远是正确的，即使一把手错了，那也是正确的。作为下属，能做的，或者支持一把手，或者沉默。

余大成，考虑的不是个人的安危，而是国家的安危，皇帝宝座的安危。但是，他职小位卑，不能和崇祯直接对话，就直接找到他的主管领导梁廷栋。

他认为，崇祯和阉党圈子里的人，不懂用兵业务，作为兵部尚书的梁廷栋，不应该不知道袁崇焕的重要性啊?

余大成说："现在后金军兵临城下，皇帝抓了袁崇焕，等于自毁长城，我们想过这样做的后果吗?

梁廷栋装作无辜、无奈的样子说："逮捕袁崇焕，是上面的意思，我也没办法。皇上说袁崇焕有罪，别人还能怎么说?"

余大成说："我们作为一线的工作人员，心里都清楚，袁崇焕不但无罪，反而有功啊。他对后金作战的成绩，也是有目共睹的。现在皇太极兵困北京，除了袁崇焕，朝中的大臣，按人头数，还有谁能和皇太极的后金军对抗?朝廷设置我们兵部，就是抗击外敌入侵、保护国家安全的。袁崇焕也是兵部的人，现在这个有功的人，被搞成罪犯，作为同事，我们不能看笑话。你作为部门领导，应该把兵部的人组织起来，向朝廷说明真实情况。”

梁廷栋心里想，正因为袁崇焕是兵部的人，我更应该看笑话。有袁崇焕这个业务高手在，哪里还有我梁廷栋的位置？

于是他只好说：“现在，所有人都认为袁崇焕投敌叛国，我们又没有确凿的证据证明他没罪，口说无凭啊。种种迹象表明，后金军之所以这么容易陈兵城下，即使不是袁崇焕纵容，也是他严重失职！”

余大成声音提高了：“皇太极带领后金军绕道入关，走的是遵蓟线。袁崇焕在一千多里外的宁远，他有什么办法？如果他是叛逆，他完全可以按兵不动，干吗一听到消息，便连夜赶来支援？就算他是来帮助皇太极的，他为什么不直接攻城，还要在城外与皇太极连连血战？我们见过这样的叛徒吗？”

梁廷栋被问得哑口无言，只好转移话题：“袁崇焕擅自杀毛文龙，逼死王元雅，这总是不法行为吧？”

余大成说：“袁崇焕擅自杀毛文龙，的确不符合程序，但毛文龙确实犯下很多过错。再说，杀毛文龙之后，袁崇焕已经向朝廷认错，当时朝廷并没有追究，现在怎么才想起来追究？王元雅，明明是为国捐躯，他的死，怎么能记到袁崇焕的头上？仅凭这两点，杀掉袁崇焕？”

梁廷栋无语。

余大成继续说：“后金兵有多强大，皇太极有多狡猾，辽军在对抗后金军上，起多大的作用，你不是不知道。现在，我们仅听一面之词，就这样处理辽军主帅，辽军还有什么心情和后金军决战？现在最好的办法，只有放出袁崇焕，才能稳定辽军军心，再命令他戴罪立功，率辽军把后金军赶出境外，以证明自己无罪。这样做的好处有二：一是给皇太极严厉打击，二是能保存战斗力非常强的辽军。”

梁廷栋和余大成两个人，吵得脸红脖子粗。但是，不管余大成怎么说，梁廷栋就是不为所动。他不会带兵，但会做官。做官，在乎的是需要，而不是是非。

余大成说的这些，梁廷栋不是不懂，他也知道袁崇焕在此时的重要性。但是，梁廷栋认为，后金军劳师远征，粮草不济，一时半会儿不可能攻下北京城。全国各地的军队，已经起程支援北京。皇太极退兵，是早晚的事情。

袁崇焕的带兵能力，远在自己之上。在兵部，他永远是自己升官发财的强有力的对手，现在是搞倒他的最好时机。若放他出来，恐怕以后再也没有机会了。

梁廷栋心里这样想，嘴上不能这样说。他只能狡辩道："辽军是大明政府的辽军，不是袁崇焕的私人卫队。少了袁崇焕，不是还有祖大寿吗？有祖大寿在，辽军就不会乱！"

余大成反驳道："袁崇焕被抓受审，在祖大寿的接受范围之内。现在没有几个人替袁崇焕说话，再过几天，廷议判袁崇焕死罪，你觉得祖大寿还能接受吗？朝廷安在袁崇焕头上的那些罪名，祖大寿都参与过。现在袁崇焕被法办，祖大寿能不担心吗？反正也是个死，他能老实地等着挨刀吗？不反才不正常！"

无论余大成怎么劝，梁廷栋就是坚持崇祯是对的，不想为袁崇焕说一句话。对余大成这样不支持他的工作，怀恨在心了。梁廷栋下定决心，只要找到合适的机会，必须把余大成这样的人，赶出他的部门。

梁廷栋没有想到，祖大寿还真的应了余大成那句话，反出北京了！

4. 提前6个月的愚人节

没有人比祖大寿更了解袁崇焕忠君爱国、一心抗金的行为。

祖大寿对袁崇焕严于律己、敢于牺牲奉献的精神，更是钦佩至深。他想不到，在这个关键时刻，崇祯皇帝会相信一群小人的话，对在外挨冻受饿、冒死为国抗敌的人下此黑手。他和袁崇焕是一根绳上的蚂蚱，袁崇焕做过的事，他都有份儿。

祖大寿目睹了崇祯皇帝荒唐、独裁、残暴、专断、拙劣的一面，也看到更多的人，为了自己所在圈子的利益、自己的前途，不顾国家利益、他人生死的卑鄙、龌龊的行为。面对这些人，他感到不寒而栗。他知道，自己多说一句，就等于把脖子伸到铡刀之下。这些人，拿城外的皇太极没办法，对付自己的人，办法都不用回家去取。

祖大寿用沉默保住了他的性命。出城之后，他忍痛向三军宣读袁崇焕被捕下狱的文件。辽军将士没想到千里勤王，拼死杀敌的结果会是这样。他们感叹、无奈，能做的就是哭，为所有的不公平而哭。

阉党圈子里的人，最擅长的、最好用的就是舌头，造谣生事、中伤别人、无中生有，无所不用其极。

北京城里那些心怀“正义”的愤青，对千里而来保卫北京的辽军，也是恨之入骨。城上的明军，没有胆量打后金军，却有勇气打袁崇焕的辽军，侮辱、漫骂，用石头砸，用箭射，致使不少辽兵受伤。

辽军夜里巡营放哨的士兵，被明兵抓住、杀害，理由是，怀疑他们是引敌入城的奸细。还有一个负责巡逻的士兵被抓，明军要他拿60两银子赎命。

满桂成为统领各地援军的总指挥，自然不会放过祖大寿。因为他和祖大寿在袁崇焕帐下听差时，因为性格不合，意见相左，闹过许多矛盾。现在满桂成为祖大寿的上级，肯定要整治祖大寿。

满桂天生匪性十足，他见军中无粮，又不想学袁崇焕向崇祯伸手，就派士兵扮做辽军，到郊区农民家里去抢，让农民把这些烂账都记到祖大寿头上。

辽军在北京城下，成了落入后娘手里的孩子，要吃没吃，要喝没喝，还经常挨打挨罚受窝囊气。自己好意千里支援，可是人家不但不领情，还一个劲儿地往自己头上扣屎盆子。在这种情况下,辽军将士一致要求,退回锦宁,把北京交给领导眼里的那些“高人”吧。

一心报国的祖大寿，此时对明政府、对崇祯，已经从失望变成绝望。在12月4日清晨,他带领本部15000余人,离开伤心之地,向山海关进发。

北京防总孙承宗，听说祖大寿带领本部人马撤出防区，非常吃惊。他对祖大寿印象不错，也知道祖大寿的能力，认为对付皇太极，缺他不可。于是，孙承宗给祖大寿写了一封信，派人送去。

送信的人追上祖大寿之后,说明来意,并递上孙承宗的亲笔信。

祖大寿看完信，对来人说:“我和袁督师听到后金军绕道偷袭北京的消息后，毫不迟疑，连夜带兵救援。北京城下，我们饿着肚子孤军奋战，两次击败超过我们数倍的敌军。当然，作为军人，杀敌保国，是我们分内的事，不求厚赏，但也需要支持吧?我们拼死保卫北京，北京城里的人，怎么对待我们呢?城上的人，一起骂我们是叛徒，石砸、箭射，我们没有死在后金兵的刀下，却死在自己人的箭下。我们巡逻的人，被你们抓住，说是奸细，还要我们拿银子赎命。我们劳而有罪，何苦呢?北京不欢迎我们，我们回去还不行吗?”

祖大寿手下的人，哭着对孙承宗的人说:“我们的袁督师即将被杀害，城上的人，准备用炮轰我们，谁都只有一条命，谁都有家有口。我们战死在沙场，还能落个烈士的称号。被自己人的大炮轰死，只能落下一个贼名。在这种情况下，我们没有理由不走!”

祖大寿和他的手下，说的都是实在话。在这种情况下，不走才是傻子。送信的人没办法，只好回去，把祖大寿的意思转达给孙承宗。

孙承宗也是干着急，没办法。

皇太极的后金军没走，唯一能打过后金军的辽军却走了，这出乎很多人的意料，也让很多人震惊。崇祯皇帝一直认为，祖大寿那份工作不错，待遇不低，不可能说不干就不干，他不干这个干什么啊？

兵部尚书梁廷栋见辽军撤去，城外成了一片布满垃圾的空地，心里也没了底，毕竟皇太极还没有走。为了推脱责任，他赶紧跑到崇祯皇帝那里报告情况。

梁廷栋窝里斗还行，外战不成。他对崇祯说："我手下的余大成，早就预料到祖大寿会造反，估计他早已经想好了对策，我们问问他吧。"

崇祯命人找来余大成，余大成说："祖大寿虽然走了，但不是造反。如果他造反，应该投奔皇太极，而不应该回锦州。他之所以回去，还是因为担心受袁崇焕牵连。"

崇祯还指望辽军保卫北京呢。他现在也有点儿后怕，其他军队都和后金军交过手，从来就没赢过，现在基本不敢和后金兵过招。只有祖大寿带走的辽军，还赢过后金军几阵。"怎样才能让祖大寿回来呢？"

余大成说："现在祖大寿只听袁崇焕的话，只要袁崇焕让他回来，他就能回来。现在可以派人和袁崇焕商量，叫他写封信给祖大寿，劝他回来保卫京师。"

虽然崇祯一口咬定袁崇焕罪不可赦，但为了保命，也只有厚着脸皮派余大成到监狱里找袁崇焕。

袁崇焕是一位好员工，虽然身受不白之冤，但他一直牵挂着战事。他相信他是冤枉的，崇祯早晚会明白他的良苦用心，放他出去，抵抗皇太极。其实，他不知道，他最大的敌人，不是站在对面拎刀子的皇太极，而是阉党圈子里伸着长舌头的那些人。皇太极非常欣赏他，只要他愿意过去，高官厚禄都准备好了。阉党圈子里的人，是真想要他的命。他不死，东林党的圈子就不会垮。

余大成见到袁崇焕，说明来意。

袁崇焕说："以前，祖大寿之所以听我的，那是因为我是督师，我们是上下级关系。我现在一不是兵部尚书，二不是蓟辽督师，而是无官无职的罪人，祖大寿是一方总兵，凭什么听我的？我让他回来他就回来？"

余大成认为袁崇焕这是说气话，谁不知道他和祖大寿的关系非常铁，只要他说一句话，祖大寿肯定能回来。

当然，余大成也认为袁崇焕是冤枉的，但是，他对此爱莫能助。他这次来，是想借袁崇焕之手，召回祖大寿赶走后金兵，完成领导交办的任务。

余大成了解袁崇焕的性格，也知道他的弱点。个人生死对他是小事，国家安危是大事。于是，他说："袁公，您孤胆忠心，请命出兵，以一己之力对抗后金，不顾个人生死，也不是一天两天了。天下人，谁不知道您的忠义，哪个不知道您的品质？只要是有利于国家的事，生死都是不值一提的事。死有两种死法，一是死于阵前，一是死于法场，哪一个更值得呢？现在，虽然您被关，但朝廷还没有明确认为您罪不可赦啊，一切都在调查之中。您要想继续报效国家，就得早点证明自己无罪，回到阵前，带兵杀敌。如果您不主动制止祖大寿的冲动行为，无异于授人以柄。我建议您积极配合政府，争取立功，早点出去，才是明智之举！"

余大成动之以情，晓之以理，抓住袁崇焕的弱点，声情并茂地一通劝说，还真把袁崇焕说动了。袁崇焕言辞诚恳地给祖大寿写了一封信，劝他别给自己添乱，马上回来抗敌。

12 月 14 日，兵部拿到袁崇焕写给祖大寿的亲笔信。派谁把信送给祖大寿呢？一般人不敢去，弄不好要掉脑袋。防总孙承宗想来想去，觉得派马世龙送信比较合适。马世龙和祖大寿私人关系不错。即使祖大寿不回来，他也不会难为马世龙。

马世龙接到送信的任务后，带着几个人，骑快马直奔山海关。等马世龙到山海关后，祖大寿已经带着人马赶往锦州。

马世龙在山海关外追上祖大寿，说明来意，并呈上袁崇焕的亲笔信。

祖大寿下马接信。当他见到熟悉的笔迹，措辞诚恳的文字，不禁泪如雨下。想当初，他犯下死罪，老领导孙承宗爱惜他是一个人才，派袁崇焕四处斡旋，使他免于丧命。他这条命，都是两个领导给的，现在他们有难，他应该尽全力帮助，而不是一走了之。

不过祖大寿也担心，他和袁崇焕的关系好，世人皆知。现在他们拿袁崇焕开刀，他也不会有好果子吃。所以，他在回与不回之间很犹豫。

这时，祖大寿 80 岁的老母亲发话了。

“儿子，我们现在之所以走到这一步，都是因为袁督师被抓引起的。现在，袁督师虽然被抓，但还没有判刑啊。你要想报答袁督师的救命之恩、知遇之情，最应该做的，就是回去解北京之围，立下战功，然后，在皇帝面前，说明袁督师的情况，替他求情。”

祖大寿是孝子，对母亲的话一向是言听计从。于是，祖大寿掉转马头，回北京杀敌立功，解救袁崇焕。

孙承宗也清楚祖大寿这次行为，按律当诛九族。为了保证祖大寿的安全，他秘密派人联系祖大寿，叫他写一份说明材料，陈述他撤兵的理由。孙承宗再把这份材料交给崇祯，看看崇祯的意思。

祖大寿写了一份详细的材料，说明他不得不撤兵的理由。

崇祯皇帝见几路支援北京的部队，全部被后金军打败，身边没有指望的人，也慌了神，连迁都的心情都有了。

崇祯心里也清楚，袁崇焕根本没有谋反之心，更没有谋反的行动。但是，作为皇帝，他已经把袁崇焕定罪下狱，整得他人不是人，鬼不是鬼。如果现在因为后金兵的压力，放袁崇焕出来，万一袁崇焕真的因为对他失望，反了怎么办?

还有，在大明这个圈子里，他是皇帝，皇帝是一贯正确的，不可能犯错误。如果承认自己也会犯错误，领导的权威何在?为了维护自己的尊严和面子，证明自己一贯正确，这个袁崇焕，非杀不可。

杀袁崇焕，虽然不是国防的需要，却是管理圈子的必要。

祖大寿没有罪，但认罪态度比较好，把领导的错误全变成他的责任，崇祯喜欢这样的员工。于是，他假装仁义，下诏赦免祖大寿，希望祖大寿好好表现，再立新功。

5. 障碍，也有遮风避雨的功能

皇太极对他的反间计能不能得逞，并没有抱太大的希望。因为在他看来，作为大明政府的最高领导人，管理圈子的一把手，一眼就能看出问题的真假。他作为正常人，根本无法理解，大明政府里两个小圈子斗争的激烈程度，更无法想象，崇祯皇帝的弱智程度。

12 月 1 日，放两个太监回去之后，皇太极为了缓解士兵失败情绪，命令大军拔营向西，能抢点啥就抢点啥，遇到小股弱小的明兵，打一打，以提高士气。

良乡守兵不多，代善带人攻占了良乡。固安县守军不多，总兵官武讷格自动请缨，攻占固安县城，全歼城内守军。

金太祖、金世宗的陵墓在房山县。金世宗，是皇太极的偶像，到陵前不能不表示。11 日，皇太极命令阿巴泰、萨哈粼代表他，到金太祖、金世宗陵前祭奠。

16日，皇太极得知他的反间计得逞，非常高兴，下令军队停止向西，掉转马头攻打北京。

八旗兵再次攻打北京城的消息，很快被明政府得知。北京外城新上任的防务总指挥满桂，派申甫率领六千人马，在卢沟桥阻击。皇太极根本不把申甫放在眼里，指挥右翼五旗兵，全部扑向申甫的军队。平时缺乏训练的明兵，哪里是后金兵的对手，不到一小时，申甫的六千人马，全部被消灭。

后金大军继续向北京开进，走到距离北京城20里处，遇到一营明军。后金军人多势众，根本不问来路，上去就打，打得明军死的死，逃的逃。

傍晚，后金兵到了北京城下，在城西南角安营扎寨。皇太极派副将阿山、游击图鲁什出去侦察北京城上城下的情况。两个人在侦察过程中，抓住一个明兵，详加审问。还没等用刑，那个明兵全招了。他说，永定门南二里处，满桂、黑云龙、麻登云、孙祖寿4位总兵和4万马步兵，在那里扎营，营外设置木栅栏，栅栏内埋伏枪炮手。

两个人把这一情况，迅速向皇太极报告。

皇太极一合计，满桂这是作了精心准备，要好好“招待”他的八旗军。如果明天当面鼓、对面锣地开战，八旗军肯定要吃亏。于是他马上召集众贝勒商议，要凭借八旗军骑兵野战突击的优势，夜袭满桂大营，打他个措手不及。

八旗军和两旗蒙古兵，经过一夜的准备，于17日黎明，十旗人马，如海啸一般，冲向4总兵的联军大营。

满桂还沉浸在袁崇焕下台、自己荣升各路援军总指挥的幸福之中。如果再打跑皇太极，袁崇焕腾出来的蓟辽督师的位子，肯定非他莫属。那时候，他又可以回到锦宁，将曾经在那里失去的，加倍讨回来。

就在满桂做美梦的时候，皇太极率领满蒙十旗人马，已经冲进他的大营。由于后金兵、蒙古兵前进的速度太快，营外的枪炮根本没有发挥作用。满桂和其他三位总兵，仓促迎战，非常被动，根本组织不起有效的阻击。

一战下来，满桂、孙祖寿被杀，黑云龙、麻登云被活捉，投降。

在崇祯冤枉袁崇焕的时候，几个人都在场。特别是熟悉关外防御业务的满桂，因为惦记袁崇焕腾出来的位子，还为袁崇焕下狱暗暗高兴。他认为，袁崇焕就是横在他升官发财道路上的一座大山。

为了挤走竞争对手祖大寿，满桂也是费尽心机，把辽军挤对得连死的心都有，逼迫祖大寿不得不带兵回锦宁。祖大寿走后，满桂顺理成章地成为各路援军总指挥。

满桂只看到袁崇焕的高薪高职了，却没去想与高薪高职相匹配的责任和义务。他根本不了解皇太极，也不了解八旗兵。崇祯很容易欺骗，皇太极就没有那么好对付。袁崇焕举手就能做到的事情，他竭尽全力，也未必能实现。

结果，援军总指挥的位子，他还没有坐热乎，便成了后金兵的刀下之鬼。也许只有后金兵冰冷的大刀，砍向他脖子的时候，他才会意识到，袁崇焕这座大山，还有遮风挡雨的功能。

一直向崇祯表忠心的麻登云、黑云龙被俘后，发现后金政府待遇也不错，索性投降，掉转枪口打大明。

老板都喜欢听话的奴才，但是听话而没有气节的奴才，是可以做任何人的奴才的。奴才做事的原则是，只为金钱服务。谁给的钱多，谁就是主子。

永定门一仗，皇太极大获全胜，不但杀了满桂、孙祖寿，还得到熟悉火炮业务的麻登云、黑云龙两个帮手，缴获马匹6000。皇太极为了提高中层领导的工作积极性，从6000匹马中，挑选出好的，按官职、战绩的大小，逐一赏给八大臣及各位贝勒、总兵官和副将。

八旗将官从战争中得到甜头，强烈要求皇太极攻打北京城，活捉崇祯。皇太极不是一个赌徒，而是一个有很高经营天赋的大师级管理专家。他对两国的实力，分析得很透彻。

皇太极认为，现在还不是攻打北京城的最佳时机，他们还不具备攻占北京城的实力。北京作为一国首都，城高墙厚，守备实力雄厚，而八旗兵虽然善战，但攻城的经验、办法不多。一旦明政府调集全国各路人马，和他搞北京会战，那时候，恐怕他想走都走不了了。

皇太极说，明政府这棵长了200多年的大树，干粗根深，不是几斧子下去就能砍倒的。只有等它内部先烂，我们再分批次地挖根子、砍枝杈，这棵大树才能倒下。

20日，皇太极把营盘移到德胜门外，一面派巴克什达海与明政府议和，为撤兵找台阶；一面派阿巴泰、济尔哈朗、阿济格、杜度、萨哈粼、扬古利等人，率兵3000，攻打通州。攻打通州的任务有二：一是为撤兵铺平道路；二是严重破坏京畿地区的经济，掠夺财富，破坏通州的水上交通。通州是北京水上交通枢纽，南粮进京的集散地。

明政府在通州，根本没有抵抗后金军的力量。阿巴泰等人不费吹灰之力，占领通州，焚烧运河上的船只1000多艘，并占领张家湾。

皇太极见撤离北京的道路已经铺平，便给崇祯写了两封信，分别放在德胜门、安定门外，然后移师通州。

27日，皇太极派岳托、萨哈粼、豪格等人率兵4000，围困永平，为大军东撤作充分的准备。

莽古尔泰统领左翼四旗大军，被袁崇焕打败，儿子豪格、兄弟阿济格险些丧命。在战后总结会上，皇太极惩罚了阿巴泰，虽然没有追究莽古尔泰的责任，但是皇太极已经对莽古尔泰非常不满。

在大兵东撤时，皇太极连一个理由都不给，直接罢免了莽古尔泰左翼四旗总指挥的职务，让代善接替。他亲自指挥右翼四旗。

满洲人不同情失败者，不管因为什么而失败。众贝勒之中，没有人反对皇太极这一决定。

第十二章

上面瞎猜测，下面乱拆台

1. 有些人，为什么一定要走

1630 年 1 月 2 日，皇太极率领满洲八旗、蒙古两旗之兵，抵达永平城下，环城扎营，把永平围得水泄不通。

这次攻城，和每次攻城一样，皇太极依然带着众贝勒，骑马绕城一周，选择最佳攻击点。

这天晚上，前哨士兵在巡逻时，抓住一名明军士兵。经过审问得知，这个人在刘兴祚手下当差。他说，刘兴祚跟随袁崇焕一起进关，袁崇焕命他协守永平。这次，刘兴祚带着 15 名满洲兵，500 名蒙古兵，准备去沙河。走到半路，听说八旗兵要攻打永平，便改道太平寨。

把守太平寨的后金兵不多，只有 50 人。等刘兴祚的队伍抵达时，后金兵正在吃饭，毫无察觉。刘兴祚趁后金兵没有防范，突然发动袭击，斩杀 50 名后金兵。

刘兴祚认为自己立了功，便让下属带着 20 颗后金兵的人头，到永平城兵备道郑国昌那里领赏。没想到,那住下属不但没领到赏，反而成了后金兵的俘虏。

皇太极一听到刘兴祚 3 个字，就恨得牙根儿疼。他认为，刘兴祚是个人才，自己对他也不薄。没想到，这个可恶的家伙，却用诈死的办法，不但把后金圈子里所有人欺骗，还投靠了明政府，掉转枪口打后金。

这几年，皇太极一直惦记着刘兴祚，寻他不着，找他不见。这一次，他居然送上门来，岂能放过？皇太极立即召集贝勒、大臣开会，研究刘兴祚的事情。

在会上，皇太极对贝勒、大臣们说："这个刘兴祚，大家都知道。上次跟随二贝勒阿敏攻打朝鲜时，立下不少战功，我也及时封赏了他，官至副将，乃汉官中最高的职位。他犯了错误，也特例宽容。没想到，他居然诈死，蒙蔽了大家，暗中投靠明朝。我认为，追杀这样的叛徒，比攻打永平还重要，你们认为呢？"

在皇太极看来，一旦选择了做后金政府的战士，战死才是其唯一的使命。投降，是绝对不允许的，是要受到严厉惩罚的。现在是这样，以后更是。

众贝勒、大臣也认为，必须严惩刘兴祚，让他为自己的可耻行为付出高昂的代价。

皇太极见大家在处理刘兴祚这件事上，意见非常统一，就命令阿巴泰、济尔哈朗带领五百人马，前去捉拿刘兴祚。

刘兴祚诈死，是怎么回事呢？

刘兴祚，是明将刘綎收养的朝鲜人。在天命元年投降后金政府，隶属正红旗代善旗下。他以出众的才能，为后金政府作出不少贡献，被努尔哈赤赏识，一再擢升，官至副将。但是，刘兴祚发现，无论他怎样努力工作，在后金圈子里，依然没有人把他当人看。他与满人做同样的工作，取得同样的成绩，得到的封赏要比满人少得多。

不论刘兴祚为正红旗争得多大荣誉，就因为他不是满人，代善依然恣意欺凌他。许多满人，比如阿敏、阿巴泰、阿济格等人，从心里就瞧不起他，对他张嘴就骂，伸手就打，让他觉得自己生得渺小，活得憋屈。

在后金圈子里，刘兴祚活得一点儿尊严都没有，实在没法待下去，便给毛文龙写了一封信，表示他投降后金，实属无奈。虽然他身在满营，却心系大明，现决定投到毛大帅帐下听用。

刘兴祚让两个靠得住的家奴，把这封信送给毛文龙。没想到，这两个人被后金政府的士兵抓住、杀害，发现这封信，上报到有关部门。有关部门据此逮捕了刘兴祚。

在审讯过程中，皇太极得知刘兴祚在后金圈子里的状况，对他的做法表示理解，下令对他的违法行为不予追究。刘兴祚投降后金政府之后，一直住在沈阳郊区。这件事发生后，皇太极要求刘兴祚搬到城里住。

住到城里，跟满族人接触机会更多了，受气的时候也就更多。刘兴祚没办法，只好装作要上吊，以表达自己对后金政府不满。皇太极得知这个消息，又命他搬回郊区。

刘兴祚对后金圈子里的人，早已经绝望。于是，他继续与弟弟们谋划，最后决定派弟弟刘兴贤，先去投靠毛文龙。

刘兴贤投靠毛文龙之后，刘兴祚见谁就跟谁说："我弟弟已经逃跑，我这个当哥哥的，脱不了干系，肯定是要被杀头的。与其被杀，还不如自己作个了断！"

于是，刘兴祚写了两封信，一封给自己的妻子。他妻子是皇太极身边的红人萨哈粼奶妈的女儿，交代她把这封信转交给萨哈粼。另一封信，交给他的小妾，让她转交给巴克什达海。

在这两封信中，刘兴祚述说他虽然忠心报国，却经常遭到无来由的谩骂、诋毁，得不到应有的尊重。为此，他心有顾忌，寝食难安，担心自己被陷害，死得不明不白。与其如此，还不如一死，一了百了。

刘兴祚又给好友库尔缠写了一封信，求他帮忙。要库尔缠在他死后，把他葬在边外的扎木谷。

库尔缠是额驸索塔兰次子，从小在努尔哈赤的宫中接受教育，精通蒙、满、汉语言，是后金政府出色的外交家。他曾为后金政府获得多次重要谈判的胜利，深受努尔哈赤、皇太极两代领导人的欣赏和重用。

库尔缠这个人，正直、重义气。他和刘兴祚非常投缘，成为莫逆之交。

对于怎么“死”，刘兴祚早就想好了。平日里，他喜欢听瞎子弹弦子说书，经常把瞎子请到家里，为他弹唱。

那天晚上，刘兴祚像往常一样，把说书的瞎子叫到家里，自己一边喝酒一边听书，不时为说书人叫好。尽兴处，他把手上戴的金扳指，戴在瞎子的手指上，算作奖赏。瞎子非常高兴，尽力表演。

刘兴祚叫说书人停下来，陪他喝酒。说书的瞎子哪敢不从，几大杯招呼下去，便醉烂如泥，人事不省。

刘兴祚拿出准备好的绳子，勒死瞎子。放火烧房后，他连夜骑马潜逃300里，跑到大明那边去了。

达海、库尔缠接到书信后，意识到刘兴祚可能要自杀，急忙到他家进行阻止。等他们赶到刘兴祚家里时，那里已是一片火海。

大火被扑灭后，他们在屋子里发现一具面目全非的焦尸，只能根据那枚金扳指认定死者应该是刘兴祚。达海、库尔缠抱着尸体痛哭一阵后，把刘兴祚的死因、死状上报给皇太极。

皇太极为刘兴祚的选择感到惋惜。为了表彰刘兴祚生前对后金政府所作的贡献，皇太极让刘兴祚的儿子刘五十，接父亲的班，袭副将之职。

刘兴祚的兄弟、亲属们提出，按照刘兴祚生前的遗愿，要求把其尸骸葬在扎木谷。皇太极批准。一家人借着为“刘兴祚”远葬的机会，逃离沈阳，到明朝与刘兴祚会合。

后来皇太极从投降后金政府的明朝官员那里得知，刘兴祚根本没有死，觉得自己被狡猾的刘兴祚给耍了，气急败坏，发誓一定要严惩这个败类。

现在，刘兴祚出现在皇太极的面前，他岂能放过？他一定要让所有人看到，欺骗他、背叛他的人，会落得什么样的下场！

2. 没有不想工作的员工，只有让员工无法工作的领导

阿巴泰、济尔哈朗为了确保一举拿下刘兴祚，带领 8 名善战的将官，500 名骑兵，连夜赶往太平寨。

第二天早上，后金军追上刘兴祚的部队。刘兴祚正带着本部人马，向山海关方向进发。

为了防止刘兴祚逃跑，济尔哈朗和阿巴泰各带一队人马，阿巴泰迎前，济尔哈朗后堵，对刘兴祚形成夹击之势。

刘兴祚见自己的部队被后金军包围，意识到投降、活捉，绝对没有好下场。于是，他脱下铠甲，奋力杀敌，只求一死。

济尔哈朗本想活捉刘兴祚，但是刘兴祚不怕死的玩命打法，使他们根本无法靠近。为了减少伤亡，速战速决，济尔哈朗命令弓箭手一齐向刘兴祚射箭。

刘兴祚中箭身亡，其弟刘兴贤被活捉。

济尔哈朗要把刘兴祚的尸体带回去，交给皇太极。随军出征的库尔缠，见好友落得如此下场，非常悲痛。他了解刘兴祚在后

金的境遇，也接受他诈死投明的行为。他认为，济尔哈朗这样对待一个死人，有点过分。死了死了，一死百了，还追究什么呢？

库尔缠说：“既然人都已经被杀死，还有必要带尸体回去吗？我们这些人，都在现场，都能证明刘兴祚被杀死，已经够了！”

库尔缠是皇太极非常欣赏、信任的人，济尔哈朗也知道他和刘兴祚的关系。既然刘兴祚已经死了，也就顺手卖给库尔缠一个人情。

阿巴泰不答应，命人扒掉刘兴祚身上的衣服，放在路边暴尸。库尔缠觉得这样对待一个死人，实在有点过分。大军回营的路上，他偷偷溜回来，给刘兴祚穿上衣服，找来一张芦席，裹尸下葬。

皇太极得知这一情况后，认为不能这样便宜了刘兴祚，派人把刘兴祚的尸体挖出来，悬尸示众，警告后人。作为正红旗的旗主，在这件事上，代善为了证明自己的清白，把刘兴祚的尸体砍成肉酱。

代善已经认识到，他已经无法与皇太极抗衡，便退而求其次，可以不求权，但一定要保住自己的高官厚禄，不能叫多疑的皇太极对自己不放心。

库尔缠没有那么多想法，他只想对得起朋友。在众人散去之后，他又偷偷地找来一块布，把刘兴祚的碎尸包裹起来，挂在树上。

在任何圈子里，像库尔缠这样的朋友，都是值得交的。

皇太极出了这口恶气之后，才布置攻打永平城的任务。他命令由副将阿山、叶臣挑选 24 个人，组成攻城敢死队，打头阵。每旗出一名有攻城经验的将官，指挥本旗 1000 人，攻打该旗负责的区域。

1630 年 1 月 4 日黎明，皇太极下令，对永平城发起总攻。

各旗官兵在自己负责攻击的区域，在矢石雨中，竖起云梯，积极奋战。

永平的守将也组织士兵积极防御。怎奈多年不打仗、不操练，士兵对一些武器的操作，未能达到熟练程度。在城北，炮兵添好火药，点火发炮时，火炮炸膛，炸死很多明兵。明兵乱作一团。

攻击北城的后金兵，趁乱登城。近距离的肉搏战，明兵自然不是后金兵的对手。随着冲上城头的后金兵越来越多，明兵放弃城头阵地，向城里溃败。

皇太极下令，冲上城头的士兵，不许杀害已经投降的明兵，不许下城。

永宁兵备道郑国昌、知府张凤奇、推官罗成功，得知后金兵攻破城池，无力抵抗，又不愿做俘虏，便服毒自杀。同知魏君谟、参将杨春、革职武官焦庆延，趁乱逃出城去。

天亮之后，知县张养初、户部郎中陈此心、革职太仆寺卿陈王廷、兵备道白养粹、行人崔及第、户部主事白养元、知县白珩、游击杨声远、永平卫掌印陈清华、卢龙卫掌印王业宏，东胜卫掌印陈延美、革职副将孟乔芳、杨文魁、都司高攀桂一行人等，举着白旗，向后金军投降。

皇太极命令达海、麻登云在城上打起黄旗，谕告投降的官兵，为了证明自己真心投降后金政府，剃头留辫。投降的人，为了保命，都选择了留头不留发。

济尔哈朗、萨哈粼负责接管工作。安抚人民，察验仓库。

1月6日，皇太极带领诸贝勒入城，察看完街道后，从东门出城，继续向山海关方向进发。皇太极命令济尔哈朗、萨哈粼率一万人马守城，提拔白养粹为永平巡抚，孟乔芳、杨文魁为副将，统领投降的汉军。

从刘兴祚诈死这件事情上，皇太极不得不进行反思。他觉得自己对刘兴祚不薄，最起码没有像对待满洲人那样苛刻，为什么他挖空心思一反再反呢？

在出征朝鲜时，刘兴祚表现不错，立下很多战功，也分到不少财物，难道是他太贪心吗？不对，他从没有向自己抱怨过什么。大明对他的吸引力在什么地方呢？

想来想去，皇太极想明白了。天命汗努尔哈赤在世时，已经认识到汉官的重要性，也制定出一些礼遇汉官的政策。但是随着满人在战场上不断战胜汉人，满汉矛盾不断激化，后金政府并没有把礼遇汉官的政策贯彻到位。

投降后金的汉官，因为得不到满意的职位和待遇，而且经常遭受满人的歧视、凌辱和谩骂，对后金政府渐渐失望，最后发展到离心离德。

想到这里，皇太极感到有点害怕。他知道，在他扩大后金领土后，后金政府的管理人才是非常奇缺的，这些人才最大的来源，就是投降的明朝汉官。南明，将是后金的最大对手。对付南明那些将官的最好办法，是留用而不是杀戮。在后金圈子里维护他的权威，最好用的还是汉官。因为，汉官比满官更熟悉官场里的潜规则。

所以在攻克永平之后，皇太极专门针对汉官制定一条政策：汉官降与不降，决不勉强；降后又逃，或来或去，悉听尊便，不作要求，不加迫害。

永平的户部郎中陈此心，随众投降。没过几天，陈此心以父母年迈、需要照顾为由，要求后金政府批准他回到家乡去。

陈此心认为，自己这样的要求，会给自己带来杀头之祸的。没想到，皇太极非常爽快地答应了他的请求。这让陈此心非常感激。为了报答皇太极对自己的理解和宽容，决定留下来，为后金政府效力。

可是又过了两个月，陈此心又想逃跑。他让儿子秘密混出城去。等儿子出城之后，他和家人携带细软，趁夜悄悄溜出城门。可惜没走多远，他就被巡逻的后金兵抓住。

后金诸贝勒认为，陈此心对后金政府二心二意，应该处以极刑，以儆效尤。皇太极坚决反对这样处理陈此心，提出一定要坚决贯彻自己制定的礼遇汉官政策。皇太极不但没有惩罚陈此心，还赏赐给他 2 匹马、4 头驴、20 两银子，允许他带着妻儿、奴仆，去他想去的任何地方。

在后金军未攻占永平之前，永平附近的乡绅、百姓纷纷到永平城里避难，城里人满为患。济尔哈朗、萨哈粼见此情况，决定开城放这些人回家。

皇太极依然实行能打就打、不能打就撤的战术。后金军离开永平之后，在攻打山海关、抚宁、昌黎时，均遭到各城守军的激烈抵抗，皆未攻克。

济尔哈朗得知皇太极4战不利，就派阿巴泰、岳托、豪格3人，带着孟乔芳、杨文魁、杨声远，前去支援。

皇太极虽然打了败仗，心情依然不错。为了证明自己优待俘虏，爱惜人才，命人准备一桌丰盛的酒菜，和孟乔芳、杨文魁、杨声远3人同桌喝酒、聊天。

以皇太极的身份，能与孟乔芳、杨文魁、杨声远3人同桌吃饭，还给3人倒酒，着实让3人受宠若惊。能和皇帝同桌吃饭，在明政府的官场，像他们这样级别的人物，连想都不敢想。

刚开始，3人在皇太极面前，非常拘束，不敢说话。皇太极一点领导的架子都没有，像大哥一样，给他们夹菜、倒酒，主动和3人说话。

皇太极说："我不能学你们南明的皇帝，始终高高在上，与大臣保持着一定的距离。大臣有什么话，都得先看皇帝的脸色、心情，再决定说与不说。彼此靠猜想，揣摩对方想什么，想做什么。猜，十有八九会猜错，误会、误解也就因此产生，同时也给一些小人搬弄是非创造了条件。在我们那里，任何一个大臣，都可以在我面前就坐，也可以和我同桌吃饭、喝酒、聊天。作为领导，一定要经常和臣属交流、沟通，彼此想什么，有什么需要，不管对错，直接说出来。可以争论，也可以争吵。这样，就不会存在误解了。通过彼此无障碍的坦诚交流，我了解了臣工，臣工也了解了我。"

孟乔芳说："在我们明朝，像我们这样级别的人，也许一辈子都没有机会见到皇帝。就算是朝中的人，见皇帝一面也不容易。很多事情，还真像您说的那样，靠猜测、靠揣摩。像我们在一线工作的人，最熟悉实际情况，却无法反映上去。那些当权者，制定政策，完全是凭个人喜恶的拍脑子工程。结果是该抓的工作不抓，不该抓的工作瞎抓。上边的人对我们瞎指挥，我们在下面也是瞎做无用功。”

皇太极哈哈笑道：“崇祯小儿，他自己都不把江山社稷当回事儿，还能指望别人把江山社稷当回事儿？他自己往屋子里一坐，看谁的脑袋上都长了反骨，看谁都像惦记他的位子，事实上是那样吗？我了解你们这些人，说得好听一些，说是在为国尽忠，为君效力，其实呢？还不是为了妻子老小过得好一些吗？只要有一份能让你们开心的工作，一份满意的薪水，谁还会整天瞎折腾？管理好不好，关键在领导。你们在我这里，唯一要考虑的，就是如何把自己负责的工作做到最好。我负责的，就是如何让你们自愿全力以赴地工作！”

几个汉将，听到皇太极这一席话，心潮澎湃，觉得自己在明政府工作那么多年，全都白混了。现在遇到明主，一定要好好表现，发挥自己所有的才能，做事做到让皇帝感动、感激。

职场里没有最差的员工，只有最糟糕的领导；没有不想工作的员工，只有让员工无法工作的领导。

领导只为自己前途负责，员工也就只能为自己的一家老小负责。

3. 领导如何用心，员工就如何用力

在 1630 年 1 月 9 日至 17 日之间，八旗军连续攻打昌黎，均告失败。

第一次攻打昌黎，是因为攻山海关未果，转攻昌黎。昌黎明军准备充分，守将指挥有方，后金军在昌黎没有讨到半点便宜。

皇太极本想放弃昌黎，但是他得到消息，后金军攻打永平时，

很多永平的明朝将官、士兵、乡绅携带大量财物，逃进昌黎城。因此皇太极再次派出敖汉、奈曼、巴林的蒙古贝勒，继续攻打昌黎，并承诺攻下昌黎之后，城里的财物，任其掠取。

蒙古诸贝勒为了抢夺昌黎城内的财物，火速到昌黎城下，不管不顾，便竖梯攻城。没想到，梯子刚搭上城头，就被明兵合力推倒。蒙古诸贝勒在城下急得团团转，丝毫没有办法。

蒙古军在昌黎受阻。皇太极又派出达尔汉、喀克笃礼、固三泰、雍舜率领一千人马赶去支援。皇太极命令他们昼夜轮番攻城，不给昌黎守军喘息的机会。

达尔汉等人，按照皇太极的指示昼夜攻城，结果损失惨重。

这几天，皇太极一直准备攻城器械，准备攻打上次没有攻下来的抚宁。当他听说昌黎久攻不下时，气急败坏，忘记了自己制定的“能攻则攻，不能攻则撤”的战术要求，亲自带着最新研制的攻城武器梯盾，赶到昌黎城下，发誓非拿下昌黎不可。

在昌黎城下，皇太极命令右翼四旗军攻打昌黎南城，左翼四旗军攻打昌黎东城，蒙古两旗军攻打昌黎北城，以分散城中的防御能力。

让皇太极没有想到的是，昌黎守军为这次防御作了精心的准备，制定了合理的防城战术。只要后金军搭梯攻城，明军不是集中力量掀翻梯子，就是滚木礌石、箭炮齐下，火烧梯折。

代善命人举着盾牌，冲到城墙下面，打算凿透城墙。冲到城下之后，后金兵才发现，他们根本没有能凿穿城墙的工具。

代善见办法用尽，昌黎依旧岿然不动，便对皇太极说，我们办法用尽，还是拿这座城池没办法。

皇太极对昌黎也是无计可施，觉得再这样攻下去，即使能攻下城池，代价也是非常巨大。一旦折掉几个重要将领，回到沈阳，他就会非常的被动。想到这里，他下令停止攻城，回永平河北岸扎营休息，再作商议。

皇太极认为凭他现在的实力，根本攻不下昌黎。攻城拔寨，不是八旗军这次入关的任务，主要目的还是抢掠财富；在一棵树上吊死，也不是他的性格。于是他又想到别的地方看看、转转。

昌黎攻不下，改打滦州。皇太极只捏软柿子，不啃硬骨头。

1 月 17 日，皇太极派纳穆泰、和硕图、图尔格、固三泰，各率本旗人马，前往滦州。

在临行之前，皇太极叮嘱他们说："你们这次攻打滦州，一定要看好情形，最好能不战而得。我派高鸿中、库尔缠两名熟悉汉语的谈判高手，协助你们。如果滦州守军愿意投降，我们就可以直接入城；如果抗拒，我们就先诱之，实在不行，就架梯攻城。一旦城里守军像昌黎那样顽固，就赶紧撤回来。"

领导有这样的交代，仗就好打了。4 个人带领着本旗人马，直奔滦州而去。

在滦州城下，四旗人马摆开攻城的架势。

高鸿中、库尔缠带着 10 个人，来到滦州城下，对守城的人说："我主下令，不惜代价，必取滦州。但是本着人道主义，我们先与你们谈判，要求你们开城投降。我们保证，进城之后，不伤害一人一兽，不破坏一草一木，保证原有官员的职位和财产不受侵害。如果不识时务，顽抗到底，我们便架梯攻城。一旦我们攻进城去，将采取屠城措施，凡是明朝官员、士兵，全部杀光！"

滦州城里守城士兵不多，而且久疏战阵。平时这些人受上级压制很厉害，该晋升的不晋升，该提职的不提职，而且还经常被克扣工资。他们听高鸿中等人这样一说，便觉得实在没必要为了糟糕上级的利益，拿自己的身家性命与后金军以卵击石。于是守城将士一致决定，无条件投降。

后金军进城之后，坚守承诺，与汉军平均分配房舍，满洲人、汉人各占一半。在检查库房时，发现库房里只有可怜的 470 两银子、19000 石粮食。

不放一箭一炮，不伤一兵一卒，得到滦州，让皇太极很高兴，也得到一些启示。大明虽然腐败不堪，但是，这棵大树根深蒂固，不是用力摇几下就能摇倒的。要想推倒这棵大树，武力要用，政治手段也要用。

攻城，在于攻心！

得到滦州之后，皇太极着手为回师沈阳作准备。他命令岳托、豪格率 40 名官员、4000 名士兵，先回沈阳，命留守在沈阳的将士，做好来永平换岗的准备。

1 月 21 日，镇守遵化的杜度派人向皇太极报告，喀喇沁布尔噶都被明军围困，他派兵前去解救。等杜度的人赶到时，布尔噶都的部队已经将明军打败，并抓住副将丁启聪。现在又有一股从北京来的明军，向遵化开进。

杜度在报告中没有说这次攻击遵化的明军有多少。既然是从北京来的，肯定是来者不善。皇太极担心遵化失守，决定亲自带兵支援遵化，阻止这股明军。

皇太极赶到遵化后发现，从北京来的明军，共 8 营，驻扎遵化城下，营外都竖着栅栏。

八旗军入关以后，已经拥有了缴获的、投降明军带来的大炮，并组成了自己的炮队。皇太极命令炮队向明军营中开炮，他骑马跑到附近的南岗上，居高观察明营的情况。

这股明军的主帅是谁？是明政府的兵部侍郎刘之纶。

这不是明政府的正规军，而是刘之纶私募的杂牌军。

4. 圈里人都不想做的事，别做

刘之纶，是何许人呢？

刘之纶，是标准的凤凰男。他祖居四川宜宾，世代务农。他从小跟着父兄种地、砍柴，生计很艰难。

为了改变命运，刘之纶入私塾读书。他是个有理想的人，把古圣人作为他的榜样。为了激励自己，他在书桌上刻“必为圣人”4字。同学因此给他起个外号，叫“刘圣人”。

崇祯上台，举行科考，刘之纶中举。他见天下大乱，有枪便是草头王，对带兵打仗产生浓厚的兴趣，便找来几本兵书，刻苦研读。不论跟谁聊天，他都是张嘴不离兵法，并说得头头是道。

刘之纶不但对带兵打仗感兴趣，还对武器研发着了魔。他自己没钱，借高利贷，组织人制造单轮火车、偏厢车、兽车，仿制西洋大小炮铳。他认为，他懂兵法，又懂现代化武器制造，只要政府给他上阵打仗的机会，他就能立下不朽战功，光宗耀祖。

刘之纶的事迹，被当地政府的有关部门知道后，就把他推荐给崇祯皇帝。崇祯亲自面试之后，觉得刘之纶是一个不可多得的军事人才，便破格提拔他任兵部右侍郎，协助兵部尚书管理北京军务。

被皇帝赏识、重用，这让刘之纶非常感动。他下定决心，今生要用鲜血和生命，报答皇帝的知遇之恩。

皇太极率兵包围北京，袁崇焕下狱，满桂、孙祖寿战死，八旗军在京东肆意占领明政府的领土。整个大明圈子里，人人畏战，都害怕崇祯把自己派到前线，充当明政府的炮灰。

这时，一心想报答崇祯赏识之恩的刘之纶，主动请缨。可是，他既不是东林党圈子里的人，也不是阉党圈子里的人，乃是崇祯一时心血来潮，从基层拎上来的乡巴佬。崇祯虽然送给他一个有职无权的兵部右侍郎，送完之后，再也没提过这个人、这件事。

崇祯送官，就像送帽子一样容易。大明圈子里的人，对此心知肚明。

在明政府圈子里，每个人对抗满话题，都是讳莫如深。只要崇祯不提，两个圈子里的人，谁都不愿意提。大家盼着皇太极折腾够了，抢足了，就会回到沈阳去。他们便可以继续过他们花天酒地的日子。

八旗军从北京撤走，让崇祯松了一口气。他现在考虑最多的，不是满洲人，而是狱中的袁崇焕，还有东林党圈子里支持袁崇焕的人。

崇祯身边阉党圈子里的人，更不会考虑皇太极。他们一致在琢磨，如何把朝中掌权的东林党人赶尽杀绝，由阉党圈子里的人取而代之。

刘之纶提出的出兵解救敌占区的老百姓，是重要的事。但是对崇祯、阉党圈子里的人来说，却是重要但不需要的事。

作为明政府的老大，崇祯对刘之纶的建议，口头表示支持。

抗满这件事，得势的阉党圈子里的人，他们不提，也不想让别人提。他们拿后金军没办法，也不想让别人有想法。

刘之纶前去支援永平，自然需要军队。作为兵部右侍郎，他要求兵部给他派点京兵，兵部找借口说北京更需要军队，不能给他派人。他又要求兵部给他派川兵，兵部说四川地区农民叛乱，也来不了。

一心想做出成绩的刘之纶，作为大明圈子里的新人，根本不了解领导和同事的真实意图。在政府不支持的情况下，他居然想出自己招募军队的办法。不过，这也是一个办法，因为战争、灾荒的原因，要饭的、逃难的、军队被打散的，这样的人北京城里有很多。

当兵管吃住，对于为一顿饭发愁的人，是求之不得的好事。参军，有 50% 的概率会战死；不参军，100% 会饿死。

刘之纶很轻松地招募到 1 万多人。有带兵经验的，封为副将；有打仗经验的，封为游击和都司，共 16 人。他把这 1 万多人，编成 8 个营。由于立功心切，刘之纶率领这支未经训练过的杂牌部队，便冒着雨雪，誓师东征。

部队来到通州，刘之纶请求通州守将开城门，让他的部队进城休息。通州守将根本不给刘之纶的面子，不许他的军队入城。

在一个圈子里，大家都不想干的事，一个人冒出来非得去干，是绝对违反圈子潜规则的。别说得到圈里人支持，他们不拆台不使绊子，就已经不错了。

刘之纶不属于任何圈子，自然不懂圈子里的潜规则，吃苦受罪倒霉是正常的。

这时，天气进一步恶化，先下大雨，后下大雪，异常的寒冷。刘之纶的士兵，进不了通州城，只好到城外的古庙里躲避风雪，生火取暖。

别看没人支持刘之纶东征，但是刘之纶带着他私募的军队一上路，关注他的人就多了。没有人说通州守将不配合的事，绝对有人关注刘之纶的军队夜宿古庙的事。这事很快就被捅到崇祯那里，被说成刘之纶贪生怕死，逗留不前。

崇祯很生气，命令刘之纶部继续前进，不得逗留。

刘之纶不敢怠慢，带着人马赶到蓟州城下扎营。他得知驻守遵化的后金军和明伪军，号称有 10 万众，就算打个 3 折，也有 3 万训练有素的正规部队，而他只有 1 万多刚刚拼凑而成、未经训练的杂牌部队，根本不是对手。

于是刘之纶派人联系驻守蓟州的马世龙、吴自勉两位总兵，请求他们一起出兵，3 家联合起来对抗后金军。

马世龙、吴自勉是职业军人，看到不职业的刘之纶，要干职业军人都不敢干的事，心里自然不舒服。

现在当兵的人都知道，非常有必要征讨遵化，把后金军赶出山海关。但是袁崇焕的事还不明朗，大家都处于观望阶段。虽说胜败乃兵家常事，但在这个非常时期，说错一句话，都可能殃及九族，更别说打一次败仗了。

两个人一商量，认为征讨遵化后金军，是刘之纶的主张，如果两个人派兵配合，打了胜仗，功劳属于刘之纶；打了败仗，上边肯定要追究他们的责任。对他们来说，最保险的办法，就是按兵不动，让这个不知道天高地厚的人，体验一下后金军的脾气有多坏，战马有多快。

于是两个人写信给刘之纶，让他先行，两家兵马紧随其后。

刘之纶见马、吴两位总兵答应出兵，非常高兴，一路急行军，赶到遵化城下。刘之纶回头一看，傻眼了，两家总兵的军队，连影儿都没有。既来之，则战之。他自信自己兵书战策读得不少，以少胜多，也不是不可能的。

刘之纶没有实战经验，就按着兵书上所言，扎好营盘。1 万多人刚想躺下休息，待明日摆阵势出战。没想到，皇太极不按套路出招，连个招呼都不打，就开炮轰击。

炮击完毕，皇太极命令骑兵冲进刘之纶的大营，一阵砍杀。两营明兵，全部死在后金军的马刀之下。毫无作战经验的刘之纶，惊慌失措，根本组织不起有效的阻击，只好带领残部，退到离遵化城 8 里远的娘娘山上，据险而守，以防后金骑兵冲击。

皇太极命代善围困娘娘山，并派代表与刘之纶谈判，要他无条件投降。

刘之纶拒不投降。代善命人攻山。

刘之纶居高临下，命令炮兵向冲上来的后金兵开炮。由于炮兵根本不会用炮，导致大炮炸膛，炸死炸伤很多明军。明军不战自乱。刘之纶手下的人，都是为了吃饭保命才参军的，怎么可能会和后金兵决一死战？他们纷纷请求撤退。

刘之纶呵斥道："我深受万岁爷崇祯皇帝的赏识，知遇之恩，应以死相报，死得其所！今天，我宁可战死，决不退一步！"

说罢，他把配印交付给家人，叫他们回去向朝廷报告。

此时，代善命令后金兵一齐向刘之纶的阵地射箭。箭如雨下，刘之纶身如刺猬。

主帅阵亡，剩下的明兵阵脚大乱。后金兵冲上来，一阵砍杀。6营兵，只有1营，趁着夜色，仓皇逃命，其余全部阵亡。

刘之纶，其心可嘉，其情可怜，其择可悲！

5. 管理，不是只管不理

皇太极自1629年10月出兵，经喀喇沁城，入洪山口，克遵化、围北京、破良乡、焚通州，占永平、滦州、迁安，掠夺了数不胜数的黄金、白银、珠宝、粮食、牲畜和人口。可以说，已经捞得盆满钵盈，便决定班师回沈阳。

在班师回沈之前，皇太极最不放心的，还是那些投降过来的明将。这些人从出生就接受忠君思想教育，心里只有君，而无我。即使他们的君王是个拿别人生命当儿戏的浑蛋，也要舍命保护。

这些人心中只有君，而无民。君如天，民如蚁，出生时就注定的。为了支撑那个天，这些人不珍惜老百姓的命，也不珍惜自己的命。

让皇太极想不通的是，他们抓住了被明政府革职、在家待业的道员马思恭，觉得他是个人才，任命他为遵化巡抚，管理遵化城里城外投顺的百姓。

按理说，后金政府比明政府对马思恭要好。可是，马思恭并不感激皇太极，他上任之后，居然给明军写信，报告遵化城里的情况，要求明政府派兵来攻。

这事被发现之后，皇太极依然没有杀害马思恭，只是打发他回家，任郎中贾维钥署理巡抚。

明将降了又叛，叛了又降，让皇太极头疼不已。他心里很清楚，他今天面临这样的尴尬，都是在为父汗努尔哈赤对汉人的错误政策埋单。在努尔哈赤眼里，汉人都是和牲口一样的贱民。投降，就当奴隶一样使用；不投降，杀之。

在明人心目中，不投降，是死；投降，生不如死。既然这样，干吗要投降呢？

民不畏死，官就无权威可言。

于是皇太极决定，在班师回沈之前，他要和那些投降的明将见个面、吃个饭，好好地交流一下，去掉他们的心病。

在明政府，下级能和领导坐在一起喝酒、吃饭、聊天，那是一种可望而不可即的荣誉。皇太极要让这些人知道，在后金政府里，他不是高不可攀的天，而是和他们一起奋斗的同志。

麻登云、贾维钥、杨文魁、孟乔芳、杨声远、藏调元等人，如约而至。皇太极已经准备了一桌丰盛的酒席，与众人搭肩挽臂进帐，分头落座。

皇太极一点儿官架子都没有，还亲自给众人斟酒、夹菜，非常随意地开着玩笑。

等大家放松下来之后，皇太极说："我这次带兵入关，已经4个月有余。我们是不打不相识，不打不相知。明朝的君臣，视疆场将士的生命如草芥，一点都不知道珍惜，这一点，我想在座的各位，感触比我深。我也不愿意两国刀兵相见，打仗也是被逼无奈之举。虽然我后金将士勇猛，但是杀敌一千，自损八百的道理，我还是懂的。自我即位以来，一直主张议和、对话，别对抗。可是，我连连遣使，明政府连理都不理啊。这件事情，放在你们身上，能无动于衷吗？更何况我是一国的大汗！"

麻登云说："大汗，我们虽然是军人，但也不是嗜杀如命的人，更知道自己军队的实力，论攻城野战，明军根本不是后金军的对手，我们当然非常支持您的和谈主张。但是我们的国君非常年轻，对军队的实际情况根本不了解。他身边那些执政大臣，都是一些看风使舵的政客，只会做官，不会做事。他们考虑最多的，还是他们的位子和利益。皇帝认为大明是天朝大国，自己是上天之子，怎么可能和一个偏邦属国讲和？"

皇太极呵呵一笑，说：“一棵200多年无人侍弄的柳树，枝枯干烂，一阵风就能刮倒，大又有什么用？两国相争，拼的是实力！实力来自哪里？来自对人才的有效管理。大明崇祯，对手下人才只管不理，甚至不管不理。即使我们不攻，也会内乱的！”

麻登云点头，同意皇太极的说法：“我们这些做臣子的，明知道议和的重要性，也知道议和的必要性，但谁也不敢提出来。提出议和，如果被采纳，固然好。一旦不被采纳，那就是祸及九族的大罪。因此在皇帝面前，没人敢说真话、实话。只能顺着皇帝的意思，说一些无关痛痒的官话，解决不了任何实际问题的套话，讨皇帝高兴的马屁话。我们这样做，您可能瞧不起我们，但是在明朝圈子里，说真话吃亏，说实话送命。”

皇太极听后,很是高兴。他说:“如果南明圈子里真是这样的话，那是天赐我良机。就算是为了身处水深火热的黎民百姓，我也不能退出所占之地，不能让那些只知道搜刮民脂民膏的贪官污吏继续鱼肉百姓！”

说到这里，皇太极长叹一口气，摇摇头说：“想到这事，真是无奈。我们一旦驻兵留守,当地百姓恐怕无法种地了,以何为生呢?山海关、宁远、锦州3城，易守难攻，我们暂时无法使我们占领的城池连成一片，进行统一管理。不过，我下定决心，即使这样，也要多占领一些关内城池，让更多的百姓免于贪官的鱼肉！”

在饭桌上，皇太极一直拿自己和崇祯比较，证明崇祯皇帝是个年幼无知、昏庸无道、不辨是非、狭隘专制、心理龌龊、卑鄙无耻的人。同时也在暗示这些明将，在大明圈子里，跟这样的领导混，不会有好结果。要想有个好前途，还得到后金圈子里来，死心塌地地跟着他。在他掌控的圈子里，只要好好表现，升官、发财决不成问题。

为了把这次发动战争的责任，推卸给明政府，2月9日，皇太极给锦州守军负责人写信，要求休兵议和。

在信中，皇太极把他这次进兵的责任，都归罪到明政府不与他“议和”上，并巧言争取民心。

他在信中，是这样写的：

我承认我国早年无故杀戮汉民这一事实，但那是后金前任领导人犯的错误，我不敢评论，也不忍心评论，只求天下人能够原谅！

自我当政以后，落实了很多养民兴学的政策，这个你们也是知道的。两国不断产生矛盾，久战不息。我不忍心看到生灵涂炭，想罢战养民，屡次派人与你们诚心讲和，要求和平共处。可是你们的南明皇帝不愿意，逼得我不得不进兵。

托上天的关照，这次我获得了遵化、永平等地，我只好听从上天的旨意，好好经营打理，以图长久。现在你们居于绝地，前后被我军包围，你们怎么种地？吃什么？就算你们勉强把地种上，你们能保证吃得着吗？

原来的河东父子兄弟，因为各自利益闹分家，各自为战。他们投到我的麾下之后，结果是父子团聚，兄弟和谐相处，皆大欢喜，共享太平。你们锦州、宁远之人，也应该识天时、度世势，认清当前的形势，好好考虑一下自己的前途。想想你们的朝廷，连北京都保不住，还指望他们能罩着你们吗？不如归顺于我，享受高位高薪高待遇。

我保证，如果官员率众归顺我国，保证你们的职位子孙世袭，与国同休。如军民归顺于我，子子孙孙免税免差役。

如果你们不识相，不知天高地厚，顽抗到底，必然要遭到我军前后夹击，东西受制，你们还能坚持多久呢？到那时，就别怪我不客气了！

第十三章
为什么受伤的就是你

1. 整人的机会

1630年2月14日，皇太极为班师做好准备，开会布置遵化、永平、滦州、迁安4城的守城任务。

阿巴泰、济尔哈朗、萨哈粼、索尼、宁完我、喀木图率领正白、镶红、正蓝3旗，镇守永平。

鲍承先、白格率领镶黄、镶蓝2旗，镇守迁安。

图格尔、纳穆泰、库尔缠、高鸿中率领正黄、正红、镶白3旗镇守滦州。

察哈喇、范文程率蒙古将士，镇守遵化。

同时，皇太极写信给留守的蒙古喀喇沁部酋长卓里克图、岱达尔罕等人，要求他们对部下严加管束，不得侵扰剃发的降民。

如果有人杀害降民，杀人者必须抵命。抢掠降民财物者，按律严惩。

皇太极担心这些蒙古人不理解，特意说明："杀一个汉民，没什么不可以的，也不可惜。但是，这会让其他想投降我们的汉民，对我们不再信任，而对我们以死相抗！"

对守城的贝勒们，皇太极明确宣布纪律：如果谁的属下发生滥杀剃发降民的事儿，鞭100，刺耳，罚取安葬死者产生的费用；偷盗抢劫者，如数赔偿，鞭82，刺耳；牛录额真、章京如果不知道手下人犯罪，按失察条例治罪；知而不报，与首犯同罪。

布置完任务后，皇太极在滦河岸边，举行庆祝这次出征胜利仪式，论功行赏，大吃大喝3天。

3月1日，留守沈阳的阿敏，协同留守官员，到辽河岸边迎接皇太极大军。

熟知作战常识的阿敏，对这次皇太极不符作战常例的劳师远征，他和代善、莽古尔泰一样，认为此次八旗兵长途奔袭，凶多吉少，弄不好，就有全军覆没的危险。

他这样想，但见皇太极命他留守，也就没有说。大军离沈之后，他根本不把皇太极交代的事儿当回事儿，不但不在家好好值班，还经常带着家人，到牛庄、张义站等地打猎。关于前线打仗的事，对手下只字不提。

老虎不在家，猴子当大王。皇太极走了，阿敏是留沈大臣的绝对领导。为了保持他的领导权威，他要求开例会时，其他人坐两边，他坐中间，找找面南背北的感觉。

阿敏在沈，盼着皇太极大军受明军前后夹击，然后里无粮草，外无救兵，被杀死或者被困死。这样，他就可以实现他的人生终极梦想，成为独立王国的一把手，不再看别人脸色行事。

可惜，皇太极不但不在阿敏的预料之内，而且还占4城，带着数不清的财物满载而归。这让阿敏很郁闷。阿敏没有表演的天赋，心里有的，自然就挂在脸上。他在辽河边上，面对凯旋而归的皇太极，既无表情，也无心情。

皇太极回到沈阳之后，岳托、豪格向他汇报了一个情况。

岳托和豪格说，他们先遣大部队回沈，阿敏不但不迎接，而且在他们拜见阿敏时，他居然对前线的战事一点也不关心。两个贝勒远道而来，连一句问候都没有。当时，所有留守大臣坐在阿敏的两侧，阿敏坐在中间，和南明的皇帝一模一样。

同时，岳托留在沈阳的亲信，已经把阿敏这 4 个月的活动，全部告诉岳托，岳托也如实转告给皇太极。

皇太极听了两个贝勒的汇报，只是淡淡地说了一句"知道了，你们忙你们的去吧！"

阿敏对皇太极不冷不热，而皇太极对阿敏，却是超乎寻常的热情，不但非常尊重，在各种场合还时不时地表扬阿敏，说他不在沈阳的几个月里，大贝勒阿敏把政府的管理工作做得井井有条，给他很多惊喜。

皇太极回沈后的几天内，主要的工作就是分财物。

满洲人最大的乐趣，就是打仗归来分财物。分财物时，什么都忘掉，十分专注。

皇太极和这些贝勒考虑的事情，绝对不一样。经过几天的缜密考虑，他觉得现在必须办一件大事。这件事，只能成功，不能失败。而这时，是办这件事千载难逢的好机会。

考虑好之后，皇太极召开管旗大臣以上级别的扩大会议，商量谁去遵化、永平替岗值班的事。

皇太极先给这个人选定了调子。他说："永平、遵化、滦州、迁安是我后金钉在北京前面的 4 颗钉子。下一步，我们要攻占锦州、宁远和山海关。到那时，就算这 3 座城池再难啃，也禁不住我们内外夹击。这样一来，保住 4 城是关键。在秋后，我一定要亲自去管理这 4 座城池。在我去之前，我认为，应该派一位指挥经验丰富、作战作风顽强、在后金有权威的人，去担任 4 城的总督。

大家想想，谁去最合适呢？”

大家听皇太极这么一说，都把目光集中在三大贝勒身上。

皇太极继续补充说：“大贝勒代善、三贝勒莽古尔泰，随我出征4个月，那么大年纪，跟年轻人一样冲锋陷阵，鞍马劳顿，十分辛苦，这次就不必再去了。”

岳托明白皇太极的意思，他说话了：“依我看，二贝勒最符合大汗所说的条件。论作战指挥经验，他是我们这些人中最丰富的；论资格，也是众贝勒里最老的。二贝勒去，可以与大汗亲临相媲美！”

岳托在众年轻贝勒中，具有一定的影响力。他这么一说，大家都齐声说二贝勒阿敏去最合适。

皇太极顺势也说：“我也认为二贝勒阿敏去最合适。二哥，那就麻烦你走一趟吧！”

阿敏看出来了，皇太极这是非让他去不可。作为久经沙场里的老帅，他心里自然明白，后金军占领的4座城池，等于揉进南明政府眼里的4粒沙子。南明政府会不惜一切代价夺回去的。到那时，北京方向和山海关方向一起出兵，就会把4城的守军包了饺子，后果不堪设想。

可是他实在找不出理由不去。众贝勒中，只有他和硕托未随队出征。如果他硬是不去，皇太极依然会处理他，判他个违命之罪。

阿敏想到这里，只好说：“既然这4城池如此重要，我就先代大汗镇守一段时间。不知大汗还派谁去，允许我带多少人马？”

皇太极说：“那就叫硕托陪你去吧。明朝军队，不堪一击，你带5000人马足够。当地还有数万投降我们的明军，足以守住4城。你这次去，主要任务就是守城。”

阿敏想，他的弟弟济尔哈朗是皇太极的左膀右臂，心腹能人。只要济尔哈朗和他在一起，皇太极自然不会坐视不管。于是，他说：“既然这4城对我们如此重要，就让济尔哈朗留下，和我一起守城吧。我这个弟弟，足智多谋、胆大心细，留在我身边，对我是一个很好的补充。”

皇太极看透阿敏的心思，一口回绝了阿敏的请求。他说：“济尔哈朗这次随我出征，担任右翼大军的先锋，次次打头阵，已经非常辛苦、疲劳了。这次，我又留他守城，已经感到非常过意不去。你去了之后，再不换他回来，于情理不合啊！明军外强中干，不堪一击。你去坚持半年便可，不要有过多不必要的顾虑！”

2. 被领导感激和憎恨的员工之对比

济尔哈朗和萨哈粼，绝对是皇太极的好员工。他们认为，在皇太极组建他的圈子、并需要圈子里的人齐心协力，巩固圈子的时候，作为这个圈子里的重要角色，他们责无旁贷，处处、时时维护圈主的权威、利益和位置。

济尔哈朗和萨哈粼认为，皇太极交办的事，一定尽力办好；没有交办的事，只要符合皇太极的需要，更要办好。皇太极想不到的事，一定要及时提醒，给予忠告。

在攻下永平之后，皇太极把该城交给他们二人把守，同时交代说：“承上天的保佑，永平为我所得。我想把该城作为战略基地，因此要长期固守，在关内钉上一颗钉子。我们以此 4 城为基地，向西可以随时威胁北京，向东则使山海关、锦宁等 8 城处于被夹击的态势。我把这么重要的城池交给你们，你们一定要竭尽全力，事事要考虑周全，做到完美。”

既然皇太极有这样的指示，济尔哈朗和萨哈粼自然不敢怠慢，严格贯彻皇太极的指示精神，把皇太极关于永平的讲话落实到位。

进驻永平之后，济尔哈朗和萨哈粼先查明仓库，厘清账目。为了更好地管理，他们让原永平兵备道白养粹继续留任，管理永平城及所辖之地。又任命降将孟乔芳、杨文魁为副将，参与守城要务。

对于永平城里的士兵，愿意剃发投降的，编到队伍里继续当兵；不愿意投降的，没收武器，发放路费，打发其回原籍。

永平郊区的老百姓，因为战事跑到城里避难。永平被占之后，城里人满为患。二人命人打开城门，放百姓回家，继续耕田种地。

济尔哈朗和萨哈粼，一面安抚降官与百姓，一面加强对永平人的舆论控制。城里有一个叫李春平的人，自作聪明，逢人便说后金军不会在永平长久驻扎，别看他们现在对百姓这么好，只不过是过渡时期的权宜之计。他们总有一天会撤离永平，那时，肯定要屠城。

后金人，确实有屠城的习惯。以前，辽东很多城市被攻陷之后，他们基本都实行 N 光政策。因此，一时间永平城里人心惶惶，民心浮动。老百姓认为，既然总有一天要被杀，还不如拼一下，杀一个够本，杀两个赚一个。

永平城里的汉人持这种心理，便对独自出门的后金人实行偷袭，导致后金兵经常有人莫名其妙地失踪。

济尔哈朗和萨哈粼得知这一情况后，迅速命人逮捕李春平，公开将其枭首示众，并发表公开声明，承诺永平已是后金政府的战略基地，永不放弃。

对永平所辖各县，他们实行胡萝卜加大棒的招降政策。各个县的领导，为了个人的前途、财产及家人的安全，纷纷递上降书顺表，表示愿意归顺后金政府。

蒙古人在永平各地很不讲究，抢掠恶习不改。为此，萨哈粼写信给皇太极，要他向喀喇沁各部领导申明政策，不能随意破坏安抚政策。皇太极便给蒙古喀喇沁各部领导写信，明确告诉他们，禁止一切有损顺民生命、财产安全的行为，否则，杀无赦。

对于那些被安排服苦役的汉民，命令各城的负责人，给服役人登记在册，并到服役人家里进行走访，好言劝导家里的老人、弟妹，叫他们放心，保证他们的亲人服役完毕后马上回家。同时，每户赏银 20 两。

虽然后金政府明确规定，不投降剃发者杀无赦，济尔哈朗和萨哈粼却因人因事区别对待。永平通判张云尔坚持不剃发，杀之。但是，祖大寿的族人，也在永平城外住。其中，包括祖大寿的两个儿子，一个侄子，三四个亲戚，这些人都坚持不剃发。可是，济尔哈朗和萨哈粼不但不杀他们，反而在城里给他们置办一套豪宅，要他们去居住。交换条件只有一个，命他们给祖大寿写信，把现在的情况实话实说。

凡是老家在永平城的明政府的高官要员，其亲属、家族都受到后金政府的妥善安置，房屋、祖坟、田地、财产，都加以保护。

两个人在永平的做法，让皇太极感动、感激。

皇太极在关内时，确实想把永平经营成战略基地。但是在他回到沈阳之后，听到阿敏在沈阳留守期间的行为，又改变了想法。

在皇太极看来，永平、遵化、滦州、迁安 4 城，固然重要，但是相对除掉圈子里的异己阿敏、巩固他的位置和权力来说，却是值得交换的。

尽管 4 城对皇太极进军中原很重要，但是，失去可以夺回。处理阿敏，合适的机会并没有那么多。

皇太极心里很清楚，在后金大军撤到关外之后，明政府不可能任后金人在北京眼皮底下经营这 4 座城池，他们会倾全国军力夺回去。这 4 四座孤城，即使是神仙，也无法做到不丢不失。

既然这样，就派阿敏去。他不去，就是违抗命令，可杀可判；他去，坚守城池，会被明军杀，逃回来，也会被自己人杀。

阿敏也不糊涂，可是他无法对皇太极说不。他只能向皇太极要求，要济尔哈朗和他一起把守 4 城。在皇太极眼里，济尔哈朗是千军不换的好帮手，不可能把他放在危险的境地里。所以，皇太极坚持说，济尔哈朗已经在外征战半年多，非常辛苦，必须回沈休息，以此拒绝了阿敏的请求。

皇太极非常了解阿敏的性格。他知道，汉人在阿敏眼里，还不如一头牲口，杀之如踩蚂蚁，因此，他当众对阿敏强调，到永平之后，一定要落实好民族政策，维护4城的稳定。

在临行前，皇太极把硕托单独留下，说："永平4城对后金日后图谋大业的重要性，我就没必要再跟你说了。二贝勒脾气暴躁、行事草率，经常虑事欠妥，一意孤行，这一点我放心不下，可是现在贝勒中，只有你们俩没有随大军征战。派你们去，既合情，又合理。我希望你在二贝勒身边，多给他提一些好的建议。"

硕托是皇太极的心腹，自然明白皇太极的意思。这次陪阿敏到永平，和上次陪他留守沈阳的作用一样，帮皇太极监视阿敏，防备他有过激行为。

硕托向皇太极保证，他随时把永平方面的消息传回沈阳。

3月10日，阿敏、硕托两个人，率领5000人离开沈阳，奔赴永平。

临行前，皇太极命令叔叔贝和齐去送阿敏，看看阿敏是什么样的态度。

阿敏是说话不过脑子的人，见贝和齐来送他，就拿贝和齐当做知心人了。他向贝和齐发牢骚说："先汗在世的时候，有一些事情，还让我和弟弟一起去办。现在皇太极即位，还真把自己当皇帝了，居然不让我们哥俩一起办差！他让济尔哈朗回来，济尔哈朗就回来吗？我到永平之后，一定留他和我一起驻守。他要是眼里只有大汗，没有我这个哥哥，我就射死他！"

贝和齐见阿敏说话如此不恭，就说："二贝勒，你这样说话，可有点过分了啊！"

阿敏也生气了，挥舞着胳膊大声说："我杀我弟弟，谁能把我怎么样？"

阿敏说完也就拉倒了，但贝和齐回去之后，便把阿敏的话一字不落地向皇太极汇报。皇太极冷笑几声，没有说什么。

3. 领导让你犯个错误是很简单的

3月24日，阿敏、硕托率领5000人马，经冷口到达永平。

留守永平的阿巴泰、济尔哈朗、萨哈嫾、索尼、宁完我、喀木图等人，率领投降的汉官，打着一顶盖伞，出城迎接。

阿敏见迎接队伍只给他准备一顶盖伞，从沈阳到永平一路上积攒下来的怨气，此时突然爆发。他毫不掩饰地说："迎接汉官的参将、游击，都能用两顶盖伞，我是堂堂的大贝勒，为什么只给我准备一顶盖伞？"

说罢，阿敏一把推开盖伞，谁都不理，径自打马进城，让迎接的众人着实尴尬不已。

阿敏对皇太极制定的抚养汉民的政策，一直有抵触情绪。他觉得，对那些羸弱的汉民，根本用不着那么客气，投降就用，不投降就杀，没什么好讲的。他就不信，天下还有不怕死的人。

阿敏心里这样想，自然也就这样做。到永平的第三天，他就发出通知。通知是这样说的：

我军久驻此处，意在养民，以成大业。你等不知道我的意图，以为我不过是在这里待几个月，就换岗回去，于是你们就糊弄我，投诚而不剃发。剃发，代表态度。现在你们应该下决心把头发剃掉，不要有侥幸心理。从现在起，一旦查出投降不剃发者，一律处死！

阿敏知道，在大明圈子里，拉关系，套近乎，走后门之风非常严重，只有送不出的礼，没有办不成的事。不论办什么事，都讲究找关系，没关系送礼找关系。阿敏担心，汉民把送礼搞关系走后门之风刮进八旗，乱了规矩。

对此，阿敏也发了通知，警告汉民不得对满官送礼，一经查出，杀无赦。

阿敏虽然口口声称养民，但在他的内心深处，依然对汉民憎恨不已。也不知道为什么，皇太极说的话，制定的政策，不管正确与否，他都异常的反感。虽然他已是后金圈子里很多人羡慕的高官，拿着高薪，但他觉得，自己混得实在是没劲儿。在后金圈子里，他活得很压抑，很苦闷！

这次来到永平，阿敏不知道自己会是什么下场。皇太极说夏天会来接替他，但是他能不能坚持到夏天，是一个大问题。或许，他活不到夏天。

对前途无望的人，会失去理智。阿敏也一样，理智已经无法控制他的冲动。

皇太极再三强调，对于所占之地，不抢不掠。这对抢掠已成习惯的阿敏来说，根本做不到。

到永平没几天，阿敏就率领属下，攻占了永平附近的榛子镇，榛子镇军民不战而降。阿敏可不管那里的军民是主动投降，还是被迫投降。他对手下人说："你们跟着我混，我自然不会亏待你们！我们把脑袋掖在裤腰带上，为了什么？还不是为了钱多女人多吗？在我这里，没有那么多滥规矩，咱们所到之处，相中什么拿什么，看上什么抢什么，用不着客气！"

阿敏就想做得和皇太极不一样，凡是皇太极不让干的，他都想干。

阿敏带着属下，把榛子镇降民的财物、牲口抢劫一空，又把当地的降民驱赶到永平，分给八家为奴。

4 月 12 日，阿巴泰、济尔哈朗、萨哈粼要离开永平。阿敏多次和济尔哈朗商议，要他留下来，和他一起镇守永平。济尔哈朗虽然是阿敏的亲兄弟，但他更是一个政客。在政客眼里，只有前途，没有亲情。

济尔哈朗以无法抗命为由，委婉拒绝了阿敏的要求。同时，他也按着皇太极的指示，把获得的人口、牲口、财物、器皿等物，全部带走，没给阿敏留下任何东西。

投降的汉官，对济尔哈朗、萨哈粼印象还不错，认为不论什么事情，跟两个人都有商量的余地。而新来的阿敏，脾气大，官架子大，开口就是脏话，非常难侍候，担心哪天这位爷脾气不对，拿他们的人头祭刀。

因此，在济尔哈朗、萨哈粼回沈阳时，汉官们都对自己的处境担忧。汉官这种表情，让阿敏看在眼里，记在心上。这些汉官，分明是不把他当回事儿，那就等着瞧吧！

皇太极担心，阿巴泰、济尔哈朗、萨哈粼等人回沈阳之后，会向他汇报阿敏在永平的所作所为。到那时，管还是不管，对他来说是一个难题。他不想管，只想看着阿敏在永平胡作非为，尽情地犯错误。

阿巴泰、济尔哈朗、萨哈粼等人到达阳石木河时，皇太极派达海、龙什前去通知，告诉众贝勒，出征半年，长途跋涉，非常辛苦，就不必到沈阳汇报工作，可以各自回家休息，看望儿女，祭祀祖先。至于你们在永平所办事务，或有什么消息，可以派人汇报。

众人一听有带薪假，非常高兴，各自散去，迅速回家与老小团聚。

皇太极早就预料到，阿敏一旦脱离了他的视线，就会做出很多荒唐的事情。为此，他故意公开给永平等四城守将下了多道通知，针对善待汉民，提出很多具体指示，要求后金留守关内官员，申明纪律，维持好治安秩序。

4 月 15 日，皇太极又下发了一道通知：

看牧马匹时，每牛录派一名章京、一名甲喇额真监督。倘若有人抢掠降民诸物、践踏禾苗、以麦喂马、任意乱行者，则将为首的甲喇额真及章京治罪。另，贝勒以下、奴仆以上的满人和汉人，各自分街居住。汉人居住的地方，贝勒以下、奴仆以上的满人不得前往。如有前往汉人居住地的，见则拘捕。

皇太极下发类似的文件越多，阿敏就越反感；皇太极知道阿敏肯定会抵触他的文件，也就越发越频繁。

皇太极三令五申，只要求阿敏在永平不能干什么，从来不说允许他干什么。这让阿敏觉得，皇太极是故意整治他。

阿敏心里有什么，嘴里一定要说出来的，不说出来，担心别人低估他的智商。他就不知道，在官场，有些事情，即使你看得非常清楚，也不能说，更不能瞎说。

怎么对你，领导早就考虑好了，不是你发几句牢骚就能改变的。明知道无法改变，还要发牢骚，只能遭到变本加厉的惩罚。对你不满意的处境，无任何积极作用。

达尔哈额驸接到皇太极的通知，要他回沈述职。达尔哈非常高兴。任何人都清楚，留守永平等 4 城，就等于把脖子伸到明政府的炮口之下。最难受的是，自己明知道这门大炮一定要响，却不知道什么时候响。

达尔哈向阿敏告辞。阿敏见皇太极把他圈子里的人，逐一调走，心里更加不平衡。他要皇太极知道，他不是傻瓜，也不要拿他当傻瓜。

阿敏对达尔哈说："能回去就回去吧，回去好啊，最起码安全了！在后金，任何带过兵的人都知道，我军善野战而不善守城。明政府不会坐视关内 4 城不管，肯定要派重兵收复。我军有多少人，平均到每城又有多少人？就是大汗在，恐怕也守不住啊。"

这事是明摆着的，达尔哈也明白，但是他更明白皇太极为什么要这样做。于是，他不冷不热地说："大汗苦心经营上天赐给后金的 4 城，也是想以此为基地，图谋中原。二贝勒久经沙场，斩敌无数，指挥经验丰富，乃是担此大任的不二人选啊！”

阿敏觉得达尔哈的恭维，是对他极大的讽刺：“我当然是不二人选，除了我，还有谁会在这里等死？这是皇太极想治我的罪，却找不到合适的把柄而已！是，很多事情，我和大汗的政见不统一，但是我办什么事情，都是为后金效力，何罪之有？我，只不过是挡了人家的道而已！”

阿敏的话，越说越离谱，弄得达尔哈不知道怎么接话茬，只好说自己还有事，起身告辞。

回到沈阳之后，达尔哈为了洗清自己，把阿敏和他说的这些话，如实地向皇太极汇报了。

皇太极面部没有任何表情，只是淡淡地说：“二贝勒多虑了！事情很简单，也很明显，到他那里，怎么就变得如此复杂了呢？”

4. 掉进准确判断出来的陷阱里

明政府丢了永平、遵化、滦州、迁安 4 城，切断了北京与山海关外 8 城的联系。北京不知道关外 8 城如何，关外 8 城不知道北京城里怎样。

为了向北京报告关外 8 城的情况，山海关督师孙承宗招募几个敌后活动经验丰富、家里无牵挂的死士，命令他们沿海边向北京靠近，绕过后金兵的盘查。

这些死士到达北京后，向崇祯汇报了关外 8 城无恙的消息，崇祯很高兴。他一直以为，关外 8 城也落到皇太极的手里了。

崇祯命令孙承宗，调动全国兵力，不论付出多大代价，也要夺回被后金兵占领的关内 4 城，不能让后金的手，掐住大明政府的脖子。

孙承宗给华州监军道张春、四川监纪官邱禾嘉、锦州总兵祖大寿、山西总兵马世龙、山东总兵杨绍基发函，令他们带领各自的人马，在滦州城下集结，一起攻打滦州。

祖大寿、张春率先到达滦州城下。马世龙诸军，随后达到。5月9日，几路大军集结在一起，共20万人，对滦州形成合围，开始攻打滦州。

滦州城外饱受后金兵抢掠的百姓，听说明政府出兵收复滦州，3万多人，自动自发地站出来，无偿支持明军。

阿敏对明军的动向，早已知晓。5月4日，孟乔芳就派人向阿敏报告，监军道张春统兵1万，到达抚宁，并制造云梯，准备围困永平。几路明军纷纷调动，向滦州方向进发。

明军这样的行动，早在阿敏的预料之中。守住4城，对他来说是无解的方程。他手里就那点儿兵，守4城，根本不可能。于是，他为了自保，把迁安的守军及县民，全部调到永平，主动放弃迁安。

祖大寿、张春等人，集中优势兵力，围攻滦州。

滦州守将纳穆泰、图格尔、汤古代、高鸿中等人，因为城中人少，只能在分区把守的同时，派精锐部队环城巡视，阻击冲到城下的明军，延缓明军攻城的速度。同时，他们派人给阿敏送信，请求阿敏火速派兵救援。

阿敏为了保住永平，只能在夜里派图赖、阿山、吴拜、邦素、伊勒木带领少数士兵，袭击明兵的步兵营。这对于20万明军来说，如同隔靴搔痒，不起任何作用。

阿敏主动放弃迁安，致使明朝副将王维城等人，不费吹灰之力，便收复迁安。

明军为了夺回4城，特意准备了先进的红衣大炮。祖大寿更是用炮的高手，他把各种大炮在城外一字排开，不分昼夜地向滦州城内开炮，连续轰炸3个昼夜。

5月12日，滦州城堞被明军炮火摧毁，城楼火起。

数万名明军，每人砍一棵柳树，便填平了城壕，从缺口拥入滦州城内。纳穆泰、图格尔、汤古代、高鸿中等人，奋力拼杀，怎奈实力相差悬殊，仓促中来不及集合队伍，各自为战，冲出重围，逃往永平。后金兵见主将已经逃走，更是无心恋战，或20人一伙，或30人一群，结伴逃命。

那时，天上突降大雨，道路泥泞，后金兵行动缓慢。祖大寿早就料到滦州败兵会撤往永平，便在半路上埋伏下弓弩手。后金兵溃围出城，明军万弩齐发，慌乱的后金兵伤亡惨重。

滦州守将在突围时，曾约定到某个地点集合。汤古代是第一个冲出去到达约定地点的，不过他见明军追势很猛，也顾不上约定，独自逃往永平。

阿敏派来支援滦州的巴笃礼、张什八、阿福尼、爱通阿、翁阿岱等人，来到滦州城下时，见城上已经换上明军的旗帜，他们只好回去报告。

阿敏得知，一夜之间失去两城，20万明军，几十员大将一起奔永平而来，心里非常恐惧。根据他多年带兵的经验判断，无论如何，他都无法保住永平。守城，就是等死。

阿敏让其他人退下去，只留下儿子洪科，亲信阿尔代、雍舜等人，商量该怎么办。

阿敏说："今天的局面，在沈阳我已经料到。永平、滦州、迁安、遵化4城，在20万明军逐一击破的作战方针下，靠我们这点兵力，根本守不住。皇太极嘴上说得好，要以4城为基地，其实让我来，就是想置我于死地。现在，滦州已经失守，下一个就是永平。摆在我们面前的路，只有两条，一是坚守城池，与20万明兵血战到底，以死报国；二是退回沈阳，与皇太极据理力争，保住自己的性命。大家说，应该怎么办？"

雍舜说："我倾向回沈阳。我们不是无心守，而是无法守，稍懂作战常识的人，都能看得出来。即使我们拼命死守，结果也是城破、人亡、财空。如果我们退回沈阳，最起码还能保住性命和财富。丢失的城池，来日再夺也不迟啊！”

洪科、阿尔代都同意雍舜的选择。

其实，在退回沈阳获罪和守城战死之间，阿敏已经有了明确的选择。他就不信，在这种情况下，皇太极能把他怎么样。那些久经战场的贝勒们，也不会分不清是非。就算是皇太极治他的罪，大不了也就是罚点银两、马匹。他与城同毁，充其量只能落个烈士称号，即使赏给他再大的荣誉，又能怎样？不过是子孙光荣一阵儿、荣誉一会儿、痛苦一辈儿的事。

想到这里，阿敏派人快马通知镇守遵化的察哈喇、范文程放弃城池，带着城中的财物，退回沈阳。

图格尔、纳穆泰、汤古代、高鸿中等滦州守将退回永平城中，向阿敏、硕托报告明军的情况，要求阿敏赶快拿出守城的对策。

阿敏说：“滦州守不住，在情理之中，你们没成为明军的炮灰，已是万幸。我们这些人，有守城之心，却无守城之力。明军每人折一柳，就可以填平滦州城壕，说明他们人数是我们数倍以上；炮轰 3 昼夜不停，说明明军为夺 4 城，已经作了充分的人力、物力的准备，志在必得。两军作战，知己知彼，百战不殆。我军呢，守城不是我军优势，城里人数少，又无炮火支援，城外又无援兵，凭一腔热血就能把城守住？”

纳穆泰问：“二贝勒，您的意思是？”

阿敏说：“打仗，是求胜，不是求死。留得青山在，不怕没柴烧。大明江山早晚都是我们的，何况区区永平？前提是我们必须得好好活着！我的建议是，保留实力，撤回沈阳，来日再战！”

纳穆泰乃是皇太极的亲信，他认为皇太极让他留守关内，就是对他莫大的信任。为了主子的这份信任，就值得他舍命付出。

纳穆泰说：“袁崇焕都能守住锦州，我们为什么不能守住永平？大汗知道永平被围，肯定会派兵支援的。明军虽然人多，作战能力并没有多强。只要我们坚持几天，等大兵来援，那时我们里外夹击，明军不战自退！”

阿敏指着纳穆泰的鼻子说：“瞧瞧你们的狼狈相，还敢说守城？你们本事大，滦州呢？滦州在哪里？后金国是我跟着先汗一刀一枪拼出来的，难道我不知道珍惜？你们愿意守城的，我不拦着！愿意跟我回沈阳的，一切罪过，由我一人承担！”

阿敏这么说，纳穆泰、图格尔无语。高鸿中没说什么。高鸿中知道，阿敏根本瞧不起汉将，这个时候，如果谁敢逆着他来，都可能被他拉出去砍了。好在前些天，他已经写密信给皇太极，报告了阿敏在永平的不法行径，并预计 4 城难守，请求火速派人来。

阿敏见众人都不说话，就下命令说：“我们撤退，要把城中的所有财物、牲口悉数带走，杀光城中所有汉官汉民，只给明军留下一座空城！”

硕托赶忙跪下，流着泪说：“二贝勒，千万不能这样做！大汗再三要求我们，到永平要善待已降的汉民。如果屠城，将会给我们后金造成恶劣的影响，使大汗多年苦心经营的一切，都会付诸东流！请二贝勒三思啊！”

阿敏早就知道，硕托是皇太极安插在他身边的眼线。他一听硕托这样说，气就不打一处来，怒吼道：“这里谁说了算？是你吗？我是二贝勒，还是有点决定权的吧？来人，把城中所有的汉人，不论当官的还是老百姓，统统杀死，一个活口不留；财物统统装车，一点不留！”

5. 在领导的需要上，没有道理可讲

5 月 14 日夜，阿敏命人把永平城里所有的金银财宝、布匹器皿全部装上车，开城向迁安方向进发，准备经冷口回沈阳。

临行前，阿敏命人杀死已经投降后金政府的永平巡抚白养粹、

知府张养初、太仆寺卿陈王廷、行人崔及第、主事白养元、知县白珩、掌印官陈清华、王业弘、陈延美、参将罗墀、都司高攀桂等人，并把这些人的妻女，分给参与行动的士卒。全城的无辜汉民，无论老幼男女，悉数被杀，将其财物，抢掠一空。

永平，在后金人离去之后，成了一座尸体堆积如山的死城。

察哈喇、范文程接到阿敏的撤退命令，很是惊诧，但是，他们也意识到，如果阿敏带着守城的主力部队已经撤离，他们在遵化作再多努力也是无助。况且，明军已经向遵化进兵，如果不撤，城破人亡已经无法避免。

于是，察哈喇和范文程商议，趁明军在遵化城下立足未稳，立即突围撤离。

5 月 15 日，孙承宗带兵进驻永平城，他发现，城里尸体如山，仓库皆空，百姓家里均被洗劫，便判断后金兵负重行迟，急令祖大寿等人率轻骑兵追击。

纳穆泰为了保证后金军安全撤离，主动要求殿后，掩护大军撤退。

在冷口，祖大寿的骑兵追上纳穆泰的队伍。明军有备而来，后金兵无心恋战，一仗下来，后金军付出伤亡 200 人的代价，才撤到关外。

皇太极对关内的事情，了如指掌。他安排在阿敏身边的那么多人，每天都会把永平 4 城发生的情况，如实汇报。但是，在诸贝勒面前，皇太极却表现出对关内情况一无所知、非常乐观的状态。

他得知明政府调遣 20 万大军攻打 4 城时，便预计一切情况都向他需要的方向发展。他又觉得，要利用这个难得的机会，把不愿意站在他的圈子里的人铲除干净。3 个大贝勒，只能逐个除掉，不能一锅端，否则他们联起手来对抗他，只能是鱼死网破。这个结果，不是他想要的。

皇太极想让杜度陪阿敏在永平殉葬。

杜度是褚英的儿子，在皇太极即位之后，他非常低调，对后金圈子里的任何事情，都采取回避的态度。让他做什么，他就做什么，凡事不主动，不争取。

杜度如此低调，并没有让皇太极对他放心。不知道手下人想做什么，这是领导最担心的。毕竟，在褚英被废那件事情上，皇太极也不是干净的。皇太极担心，杜度对此早有察觉。

既然杜度不能像岳托、多尔衮、萨哈粼那样对皇太极忠诚，那么皇太极按照非敌即友的原则，还是把杜度除掉为好，哪怕他是冤枉的。

为了增加阿敏的罪行，打击杜度，皇太极决定把杜度也派到永平去。

皇太极装作对关内情况并不了解，命杜度率每旗 5 员大臣、每牛录 4 名护军，共 1000 人，赴永平协助阿敏。在会议上，皇太极当着众贝勒的面，命令杜度到永平后，向阿敏转达他的指示精神。

皇太极指示说："归顺之民，田地里的秧苗，要禁止骚扰、破坏。其他地方想归顺后金的人，都对 4 城汉人的生活境遇，持观望态度。因此，我们要加倍善待 4 城归顺的汉民，打消其他汉氏的顾虑。另，不要因为觉得有的平民形迹可疑，就断定其为奸细，对其进行扣押、拷打或杀害。受过专业训练的奸细，没那么容易被发现。如果乱抓乱查，会使 4 城官民人人自危，导致官民关系形同水火，无故增加管理 4 城的难度。"

还没等杜度出发，永平 4 城失守的消息，就传到了沈阳。

5 月 23 日，皇太极召开御前扩大会议。在会上，皇太极一副悲伤至极的样子，痛心疾首地说："对于永平 4 城失守的消息，想必大家都知道了。我非常纳闷，镇守永平的阿敏、硕托，自从进入永平之后，没有本事寻找明军的踪迹，没有胆量向明军射过一箭，却有本事向投降我政府的永平、迁安手无寸铁的顺民，大开杀戒。把上天赐予我国的 4 城，悉数抛弃，自己跑了回来。这是为什么？

是因为那些贝勒不忠于国家，不忠于女真民族，只考虑自己的利益，才有这样的结果！”

说到这里，皇太极连连叹气、摇头，表现出非常失望、痛苦的样子。

阿敏平时飞扬跋扈，仗着自己功高官大，不把任何人放在眼里。在后金所有部门里，没有培养一个死党，没有交下一个朋友。很多人对他敢怒不敢言，都盼着他出大事，倒大霉。现在阿敏出事了，栽了大跟头，在很多人心里，都是值得庆祝的大事。

代善、莽古尔泰、阿济格、多尔衮、岳托等人，包括阿敏的弟弟济尔哈朗，都和阿敏有一定的矛盾。这些人明知道永平4座孤城，在20万明军攻击之下，放在谁的身上都无法守住。守下去的结果，就是城破人亡。阿敏选择撤军，对后金政府、对他本人，都是上上策。

理是这个理，但没有人站出来替阿敏说话。大家都看得出来，皇太极盼望阿敏出错不是一天两天了。现在谁敢替阿敏说话，那就是皇太极不共戴天的敌人。

在一把手的需要上，是无道理可讲的。

于是，众贝勒都和皇太极一样，为失去永平4城，感到无比的悲伤、愤慨。

皇太极见自己的表演达到效果，便说道：“阿敏失去永平4城，导致我们在日后图谋大明社稷上非常被动。他不战而退，妄杀无辜顺民，给我军、我政府造成无法挽回的恶劣影响。日后，我们将会为此付出惨重的代价。今天的会议就到这里，你们回去好好想一想，如何处理二贝勒才能最大限度地挽救我后金政府的形象！”

第十四章

研磨出来的炮灰

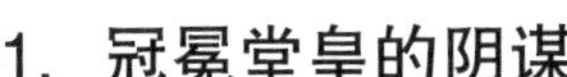

1. 冠冕堂皇的阴谋

1630 年 5 月 26 日，皇太极再次组织召开御前会议，商讨给阿敏等人治罪的有关事宜。

会上，皇太极说：“上次会议，我要求大家回去好好想一想，如何处理阿敏永平兵败的事情。现在我想听听大家的意见。两位大贝勒，你们先说说吧。”

代善早已领教过皇太极的经营手腕，自觉不是皇太极的对手。他见皇太极的小圈子实力日益强大，在后金大圈子里，已经到了无人与之抗衡的地步。他的两个儿子，都成为皇太极的忠实打手，他还拿什么跟皇太极叫板？既然自己当大汗无望，那就退而求其次，紧跟皇太极，明智地当一个大贝勒，享受荣华富贵。

代善说："二贝勒阿敏的行为，既有损我军军威，又贻害我国国策。如何经营永平，大汗三番五次下谕，他却违令而行，为所欲为。我的建议是，一定要严惩相关人员，以警示后人！"

莽古尔泰是个四肢发达头脑简单的人，他与阿敏面和心不和，一直想寻机扳倒阿敏。这次机会来了，他自然不会放过。

莽古尔泰说："阿敏这个人，平时自以为资格老，功劳大，处处盛气凌人。先汗在世时，还能守点规矩。先汗晏驾之后，他把谁放在眼里？听过谁的劝告？上次打朝鲜，他就心怀异志。在两国讲和之后，竟然还抢掠三天。我看这个人是教育不好了。他对我们后金政府，成事不足，败事有余。我的建议很简单，砍了算了！"

多尔衮说："我同意两位大贝勒的意见。我认为，就算他死 10 次，也挽回不了他给后金政府造成的巨大损失和恶劣影响！"

即使在这种重要的会议上，阿巴泰、阿济格两个人，也不关心会议的内容，好像这件事情与他们无关。阿巴泰眼睛半睁半闭，要睡着了。阿济格心不在焉，走神溜号，谁也不知道他在想什么。

皇太极懒得问他们。即使问到他们，他们也不会有实质性的建议。

岳托说："二贝勒失守永平 4 城，想必有其客观原因，我们不了解当时的情况，现在还不能盲目下结论。大汗应该派人详细调查，据实定罪，才能服众，毕竟这里面要涉及很多人。我的建议是，即使治罪，也要做到有凭有据！"

皇太极把目光集中在济尔哈朗身上。阿敏是他的亲哥，皇太极非常想知道他是如何看待这件事。

其实自从得知阿敏兵败屠城的消息，济尔哈朗就没有睡过好觉。对于这位哥哥，他经常讲今比古、苦口婆心地规劝，劝他为人低调，做事谨慎，说话三思，不能处处树敌。可是这位哥哥，根本不把他的话当回事儿，每次好心劝他，都碰一鼻子灰。

济尔哈朗心里非常清楚，皇太极一直在寻找机会收拾三大贝勒，巩固小圈子。这次倒霉的哥哥主动撞在皇太极的枪口上，就不能怪人家心狠手黑，只能怪哥哥弱智。现在如果他维护哥哥的利益，不但保不住哥哥，还得搭上他的前途和性命，那是弱智的行为。

既然阿敏已经到了这种地步，济尔哈朗只能舍车保帅，把坏事变成好事。他是政客，卖啥吆喝啥。政客心里，只有政治，没有感情。

济尔哈朗说："二贝勒阿敏，虽然是我的亲哥，但他更是大汗的奴才，我也一样。我为我有这样的哥哥感到羞愧，也为我家族出现这样的贝勒感到耻辱。王子犯法，与庶民同罪。我的建议是，不仅对二贝勒阿敏还要对我家，进行严肃处理，以儆效尤。我希望这样的事情，在我的家族里，是第一次，也是最后一次！"

皇太极对济尔哈朗的表态很满意。他没想到，诸贝勒在处理阿敏这件事情上，意见竟然是如此的一致，心里自然很高兴。

皇太极接着说："在处理阿敏这件事情上，既然大家意见如此统一，那就按大家的意思办。我再补充一点。我军前三次出征还师，因为觉得将士非常辛苦，凡是俘获，都归他们自己了。这次，留守永平4城的将卒，放弃上天恩赐给我们的城池，杀我们所养之民，还哄抢其财物带回，让人忍无可忍。因此，我建议，这次要把他们带来的财物全部搜出充公。镇守遵化的将士，是在接到阿敏的撤退命令后，全军有序而退，未牺牲一人。虽然他们同样是丢掉城池，但性质不一样。他们不是不守，而是在执行命令。他们带来的财物，就不必充公了！"

皇太极这个建议，得到诸贝勒一致认可。

会后，皇太极把岳托、萨哈粼、济尔哈朗、德格类、豪格5人留下。这5个人，是他座前的五大金刚，他要和他们秘密商量处理阿敏的具体事宜。

6人分头落座之后，皇太极说："把你们5人留下，就是想把这件事办得更稳妥一些，以防发生不测。我想听听你们的建议。”

岳托说：“我的建议是，严肃处理主将，宽待士兵，两者区别对待。守城还是撤兵，都是主将的意思，士兵只有服从的份。士兵在外拼死打仗，回来还要被杀，于理不合，恐怕会激起兵变啊！士兵在只有死路一条的情况下，决不是命令可以约束的。”

对岳托这个提议，皇太极点头表示同意。他说：“一定要妥善安排留守士卒。主将无能，累死全军。士卒只是跟着回来，惩戒教育一下就可以了。”

皇太极对济尔哈朗说：“二贝勒阿敏，这次罪不可赦，再无资格领导镶蓝旗。镶蓝旗旗主，就由你担任吧，你隶属镶蓝旗，又是战功卓著的贝勒，镶蓝旗里除了你，再也找不出合适的人选。你对这样的安排有什么意见吗？”

济尔哈朗听皇太极这样说，非常惊讶，连忙说：“二贝勒阿敏失城屠民，罪不可赦，我这个做弟弟的，也有一定的责任。假如我当初留在永平，也不会发生这样祸国殃民的事情。我代表我们全家，肯请大汗按律治罪。如果让罪臣弟弟当旗主，恐怕难以服众，希望大汗收回成命！”

皇太极说：“本大汗是非功过分明。二贝勒是二贝勒，你是你，怎能混为一谈呢？我已经考虑好了，就这样定了。”

皇太极用这一招，彻底拿下了济尔哈朗。不论他把阿敏怎么样，济尔哈朗都会完全支持他。因为阿敏损失越大，济尔哈朗获益越多。

萨哈粼考虑事情非常周密。他说：“仅凭永平一件事就严厉处理二贝勒，恐怕难以服众。最起码有人会口服心不服。我认为，在八旗之中，类似二贝勒这样的人大有人在。我们最好是利用这件事，整顿八旗，统一思想，把大汗的治国方针贯彻到底。”

萨哈粼虽然没有明说，但皇太极明白他的意思。要想彻底征服、整倒阿敏，仅凭永平这一件事是不够的，必须把阿敏以前所有过错全部罗列出来，搞成铁案，让他百口莫辩。

皇太极说："对于二贝勒的案子，我就全权交给你们了。萨哈鄰牵头，你们几个配合，本着公平、公正、公开的原则，惩前毖后、治病救人的方针，合情、合理、合法地把这件事情处理好，不许出现任何闪失！"

2. 是功是过，取决于领导评论的角度

1630年6月4日，阿敏带领败兵与如山一般的财物，退到沈阳城外。在离城15里的地方，皇太极早已经派人恭候，命令阿敏、诸贝勒、大臣就地扎营，等候命令。备御以下的士兵可以直接入城，回家休息。

备御以下的士兵，一直担心回沈之后，会受到当局的责罚。当他们接到可以马上回家的通知后，欢呼雀跃，顿作鸟兽散，回家和老婆、孩子亲热去了，把大贝勒以下、备御以上的军官，全部撇在城外。

皇太极属下的两黄旗护军，立即把这些人"保护"起来。

无兵的将官，如同掉牙的走兽，失去翅膀的飞禽。阿敏对皇太极这一招，没有料到。他身边的将官，很多都不是他的人。在沈阳城外，在皇太极布置的罗网中，他有想法，没办法。他能做的，就是等候处理。

6月5日，皇太极再一次召开御前会议。因为各方面已经准备停当，这次会议内容非常简短，皇太极对诸贝勒只布置了一项任务。

皇太极对诸贝勒、大臣说："二贝勒阿敏等人，把上天恩赐给我国的城池、土地丢弃，已经跑回来了。你们这些做贝勒的，去问他4个问题：一、滦州城被明军攻陷，守城的将领为什么置士卒生死不顾，各自先逃？二、驻守永平的贝勒和诸将，为什么与

明军一仗不打、一箭不发，就弃城而逃？三、撤退之时，为什么不安排人马殿后，导致军队在边境还遭到袭击？四、为什么大量的金银财帛能带回来，却不能把士兵悉数带回？这四个问题，我希望你们在阿敏那里得到真实的答案，回来向我汇报！”

诸贝勒到了阿敏那里，召集众将，要他们如实回答皇太极的四个问题。

在以战争为主业的女真贵族心目中，再也没有比战败、丢城、失地更可耻、更不可原谅的了。只要是战败、丢城、失地，当事人找任何借口，都是无济于事、得不到原谅的。

纳穆泰、图格尔、高鸿中、范文程等人，见皇太极变相地罢免了他们的兵权，就意识到问题的严重性。在这种情况下，他们作任何抗辩，只能增加自己的罪行。与其作无用的争辩，还不如老老实实承认罪行，争取宽大处理。

这些人，向诸贝勒如实回答了问题，承认自己有罪。

阿敏面对诸贝勒的质问，并不认为自己有罪。他坚持认为，他退回来，不但无罪，而且有功。那么少的兵力，分散在遵化、永平、滦州、迁安四城，在 20 万明军的包围下，即使拼死守城，结果依然是城破人亡。他把士兵、财物带回来，是降低损失的最好选择。

莽古尔泰生气了，质问阿敏：“怎么着？所有人都承认自己有罪，你却说自己不但无罪，反而有功？你知道我们付出多大代价才得到这四座城池吗？大汗一再强调这四城在战略上的意义，你往心里去了吗？再夺回四城，要死多少人，你知道吗？”

莽古尔泰对阿敏指手画脚，阿敏自然不服。他指着莽古尔泰的鼻子问：“你还好意思说我呢？广渠门外，你被袁崇焕杀得屁滚尿流，没有山海关挡着，你都能退回沈阳啦！”

阿敏提到广渠门之战，戳到了阿济格的痛处。他一下子跳出来，指着阿敏的鼻子问：“没错，在广渠门外，我们是战败过一次，可是我能拼到马死人伤！你呢？恐怕连明军长什么模样都没看见吧？见过无耻的，没见过你这样无耻的！”

阿敏急了，嚷道：“咱们说话得凭良心！你们掂量掂量，这4城放在你们任何人身上，在那种情况下，能不能守住？别站着说话不知道腰疼！阿济格砍伤他人，莽古尔泰屡犯错误，为什么得不到惩罚？为什么只拿我开刀？”

莽古尔泰、阿济格两个人，本来与皇太极有着不可调和的矛盾。尤其是阿济格，只因为给弟弟找媳妇，就被皇太极罢免了旗主资格，他对皇太极能没有意见吗？这个时候，阿敏最不应该惹的人，就是这两个人。

如果这两个人在后金圈子里，在处理阿敏这件事上，与皇太极小圈子里的人持不同的意见，最起码在给阿敏量刑上，皇太极不会无所顾忌。

现在，莽古尔泰、阿济格这些中间派，也被阿敏赶到皇太极的圈子里去了，形成一边倒的态势，让皇太极可以肆无忌惮整治阿敏了。

代善说：“大汗让我们问你的问题，已经基本问清楚了。我们回去吧，至于如何处理，还得听大汗的意见。”

诸贝勒回到城里，向皇太极如实汇报问答情况。

6月6日，从永平4城退回来的将官，上至总兵官，下至备御，全部被押解进城。皇太极命人对他们分别进行审讯、囚禁。

皇太极面对诸将，把他的表演天赋发挥得淋漓尽致。他流着泪说：“仅仅是两三个月的时间，在我们面前不堪一击的明军，怎么会一下子变得如此强大？是我军变弱，还是明军变强？是我军兵力少，还是你们带兵将领无能？我一直认为，图格尔、纳穆泰等人，英勇善战，胆识过人，指挥作战经验丰富，所以才命令你们做统帅。结果呢？作为军人，你们没有选择战死，而选择了逃跑！”说到这里，皇太极用手点指图格尔骂道，“你们的脸皮，比明长城的拐角处还厚吧？”

图格尔低声说：“我们也曾力劝二贝勒，但是他不听，我们不得不跟着他跑回来了！”

皇太极听图格尔这么说，声音立刻再提高8度。

“二贝勒执意孤行，你们就不分青红皂白地和他一起跑回来？如果他投奔明政府，你们是不是也要跟着过去啊？别为自己找借口了，你们不敢和明军作战，不过是贪生怕死，惦记家中的老婆儿子罢了！”

图格尔吓得再不敢做声。汤古代说：“大汗，我们打了败仗，给后金政府造成不可挽回的损失，理应处死。我愿意以死谢罪，死而无怨！”

皇太极说：“你们为后金打仗，落在敌人手里，被敌人杀死；跑回来，再被我杀死，以后还有谁愿意为后金上阵打仗？杀了你们，很简单，但对后金有什么好处？你们能把财物、牲口、人口带回来，为什么就不能把我们的士兵带回来？你们就忍心看着他们在外惨遭屠戮，他们的妻子儿女在家呼天抢地吗？你们良心何在？职业操守何在？”

说到这里，皇太极又流泪了。诸贝勒不管真伤心还是假伤心，都跟着皇太极一起流泪。

为了表示公正，皇太极对撤回来的人，区别对待。他命令萨哈粼等人，查出那些与明军进行过战斗的人。

通过走访调查，萨哈粼向皇太极汇报：阿尔津、库尔缠、觉善曾于滦州城内与明军力战，出城后又能杀敌；图赖、阿山、吴拜、邦素、伊勒木等人夜入敌营，击败敌兵；阿拜劝阿敏不要撤兵，阿敏未予采纳；镇守迁安的将领，是在接到阿敏的调令后，才放弃迁安；镇守永平的裨将，服从主将的驱使，才撤出永平；巴笃礼、张什八、阿福尼、爱通阿、翁阿岱等人，曾经救援滦州。

萨哈粼把调查的结果向皇太极汇报后，皇太极下令，对这些人给予宽免。

镇守滦州的三旗大臣和镇守永平的三旗大臣，全部押解到司法部门，听候处理。

3. 罪名，是可以东拼西凑的

岳托、萨哈粼、济尔哈朗、德格类、豪格5人，这几天挖空心思，给阿敏凑了16条大罪状，并形成书面文件，呈报皇太极。

皇太极圈阅之后，非常满意，决定召开御前会议，并指示由岳托当着众贝勒、大臣和阿敏的面，宣读阿敏的16大罪状。

6月7日，御前会议如期召开。岳托代表皇太极，当众宣读了阿敏的罪状书。

第1条：阿敏心怀不轨，由来已久。先汗时代，阿敏就鼓动其父移居黑扯木。其父舒尔哈齐死后，先汗对阿敏视如己出，将其与自己的三个儿子并称四大贝勒。先汗去世后，大汗仍使其享受大贝勒待遇，而阿敏不知感恩。

第2条：出征朝鲜时，朝鲜已经投降，并举行了盟誓仪式，理应立即班师。阿敏却提出到朝鲜王宫居住。经济尔哈朗力劝，众贝勒强烈要求，迫于多方面的压力，他才不得不回国。此举证明其有分裂国家、搞独立之心。

第3条：阿敏私自占有缴获的一名朝鲜美女。后经岳托提醒，俘获妇女按律上交，阿敏才不得不将此女献出。待大汗将该女收入后宫，阿敏又派纳穆泰索要。大汗不答应，阿敏就非常不高兴，到处抱怨，给大汗的声誉造成恶劣的影响。

第4条：征讨察哈尔时，土谢图额驸不服从调度出兵，战争结束，又独自先归。大汗为此震怒，明令诸贝勒与其断绝关系。阿敏却送他甲胄鞍马，并将大汗的话如实相告。土谢图见后果严重才派使者谢罪。大汗拒绝，阿敏却私自留其使住在家里。倒行逆施，公然挑衅权威。

第5条：大汗三令五申，诸贝勒子女婚嫁必须上报。阿敏贪图聘礼，私自将女儿强行许配给蒙古贝勒塞特尔，结婚之日才向有关部门报告。后又私自娶塞特尔之女为妻。后又嫌女儿在塞特尔家受穷，要求大汗出面讲情，要求塞特尔给女儿特殊照顾。大汗说，出嫁时我都不知道，现在我怎么去说，要说你自己去说。因为大汗没帮他讲这个情，他又怀恨在心。

第6条：先汗规定，各旗守边驻防，都有法定边界。后因政府驻地贫瘠，粮食不足，大汗下令展界开垦，命两黄旗驻铁岭，两白旗驻安平，两红旗驻石城。阿敏所属镶蓝旗，分住张义站、靖远堡。阿敏嫌所属土地贫瘠，擅自开垦黑扯木一带的土地。当时虽受警告、罚没粮食，但阿敏依然我行我素，移住黑扯木。这是典型的有组织、无纪律行为。

第7条：阿敏曾对叔父贝和齐说，我梦见自己被先汗拷打，却有黄蛇护体。日有所思，夜有所梦，证明其觊觎大汗之位。

第8条：大汗出兵伐明，命阿敏留守沈阳。大军出发后，阿敏擅离职守，几次到牛庄、张义站打猎，不惦记前线将士安危，不专心守城，只顾自己享乐。

第9条：岳托、豪格两贝勒奉命回沈，阿敏接见时，不但没有一句安慰之语，还俨如大汗一样，居中而坐。大汗班师，也无一句请安之语。阿敏仗势欺人、找不准位置的行为，影响恶劣。

第10条：大汗命阿敏换防，镇守永平，他却不念弟弟济尔哈朗辛苦，要与其一起留守。大汗不准。临行前，他对贝和齐说，我到永平一定要留下济尔哈朗，他若不从，我就射死他。这是藐视大汗权威、对亲人没有悲悯之心的行为。

第11条：进驻永平，留守贝勒打一顶伞盖率人迎接。阿敏妄自尊大，扬威摆谱，不顾官仪，嫌一顶伞盖与他身份不符，推掉伞盖，打马进城。这是严重有损我后金官员形象的行为。

第12条：在永平，置大汗对汉官汉民的政策于不顾，我行我素，为所欲为。经常破坏民族团结，怂恿士兵为非作歹，拉拢手下。

第13条：榛子镇已经归降。阿敏不顾大汗对降民降地的治理方针政策，纵兵对其掠抢，又将汉人驱入城内，分给八家为奴。这种目无法纪的行为，使我军不仁之名传于天下。

第14条：达尔哈额驸回国，阿敏心理龌龊，妄自揣测，毫无根据地抱怨说，大汗命他镇守永平，是想置他于死地。诋毁大汗，破坏团结，动摇军心。

第15条：镇守永平，不思如何守城，却向蒙古喀喇沁贝勒逼婚。喀喇沁贝勒以无女推辞。阿敏派人质问，你们有女儿进献给大汗和其他贝勒，为什么我娶时没有？对其进行要挟、恐吓，强娶二女。持强逼娶，破坏双方友好关系。

第16条：明军围攻滦州三昼夜，阿敏拥有五旗行营兵、八旗护军，却坐守观望，不去救援。置其他旗军于死地，带本旗人马回国。不听规劝，血腥屠城，只顾财物，不顾士兵生死，私自撤离战略基地。

岳托宣布完阿敏的16大罪状之后，皇太极看了看其他贝勒，低声问："阿敏这16条罪状，事实清楚，证据确凿，性质恶劣，影响极坏。你们想想，给他定什么罪合适？"

众贝勒、大臣的意见惊人的一致，强烈要求将阿敏处死，以彰国法，以谢天下。

皇太极思索一会儿说："托祖宗的福，赖上天的保佑，获得南明遵、滦、永、迁四城。我亲历多少艰险，费尽多少心血，将归顺我官民加以抚养，像对待亲生儿女一样对待他们。因为国事，我不得不回沈阳，令二贝勒留守诸城。我对其是千叮咛、万嘱咐，就是担心出现闪失。谁料想，二贝勒不体谅我敬天爱民之意，却将上天恩赐我的城池轻易抛弃，将无辜赤子之民擅自杀害。我听到这个消息，五脏俱裂，泪如泉涌，追悔不及。

“此等误国贝勒，自我即位以来，一直心怀不轨，多次公然与后金政府作对，罪在不赦。怎奈本大汗有悲悯之心，又碍与其同宗同族，不忍将其杀死。我决定，将二贝勒阿敏革去爵号，抄没家私，送高墙内禁錮，永不叙用。这与杀头也没什么区别。其余误国、误事的大臣，按罪本该杀头，但考虑到二贝勒独断专行，作为属下他们也是不得已而为之，所以，赦免他们的死罪，革去前程，抄没家私，给他们一个立功赎罪的机会。”

皇太极这一通讲话，基本给阿敏等人的判定定了调子。至于怎么判，他又推给众贝勒。

皇太极这次费尽心机，宁可失去辛苦得到的四城，也要搞垮阿敏的目的，不在于置阿敏于死地，只是想把阿敏逼出后金圈子，以巩固他的小圈子的实力，从而为他大权独揽、朝纲独断奠定基础，减少阻力。

在一个圈子里，决定较量胜败的关键，不在于谁最有实力，而在于谁最有经营的实力。

4. 什么样的人，会成为领导整治的对象

在皇太极的授意之下，诸贝勒和众大臣共议后，并报皇太极批准，对永平之役的败将做如下处理：

阿敏：免死，终身囚禁。由其弟济尔哈朗接替其镶蓝旗旗主的位子。阿敏及其子洪科所属人口、奴仆、财物、牲口，全部拨给济尔哈朗。只给阿敏留下 6 所庄，2 所园，包括其幼子乳母在内共 20 名仆人，500 只羊，20 头乳牛及耕牛。

洪科：免死，终身囚禁。只给其留下 2 所庄，1 所园，20 名仆人，20 匹马。

硕托：革去贝勒爵位，剥夺其所属人口，拨给其哥哥岳托。只给在外的一个牛录及食口粮牛录的奴仆，其家器皿免予没收，让其在岳托的监护下，接受改造，以观后效。

汤古代、布尔吉、纳穆泰：罪应处死，免死革职，剥夺所属人口，没收其家产。

图格尔：免去一等总兵官、固山额真职务。

……

阿敏从1630年6月开始，一直被囚禁到1640年11月去世，共10年。

阿敏属于有理想、没行动的人，他对自己的人生，缺少明确的规划和具体的行动。他一直想单干，但也只是想想而已。他一面在后金政府很不开心地工作，被动地听从安排，一面毫不掩饰他想搞分裂的意图。

他要另立门户的，是必须要有一帮兄弟支持。等到时机成熟，他便可以带着这帮兄弟脱离后金政府，找个地方另起炉灶。

可是，阿敏在其所辖的镶蓝旗，对同事和下级，只管不理，或以权压制，以罚代管，从不利用他的关系和权力，提拔和推荐下属到政府重要岗位。这就导致在他下台时，镶蓝旗人集体保持沉默。

阿敏在后金大圈子里，从未利用工作之便，接近谁，团结谁。在代善、莽古尔泰面前，他不懂得低调，觉得他们的工作能力、对后金政府的贡献不如他大。他对与己有相同命运的人，瞧不起，看不上，不屑接近，或不愿接近。

在小贝勒面前，他更是摆老资格，动辄对他们训斥、辱骂，很牛很暴力。就连他的弟弟济尔哈朗，都被他逼到皇太极的圈子里去，还有谁愿意跟着他混？

没有人支持，阿敏就应该放弃他无法实现的梦想，像代善一样，跟紧一把手皇太极，拿高薪、享清福。可是，他从心里就瞧不起新领导皇太极，觉得皇太极不如他懂业务。因此，他经常和皇太极对着干，根本不支持、不配合皇太极的工作。

阿敏认为，伟大领袖努尔哈赤已经为后金政府确定了“八王共治国政”的体制，他就可以心安理得地执行这个制度，皇太极也应该老老实实地遵守这个制度。在这个制度的庇护下，他就是和皇太极平起平坐的大贝勒，皇太极只不过是后金政府的代言人。他根本没有必要把皇太极放在眼里。

阿敏目睹了褚英、代善纷纷被皇太极搞掉、搞臭的整个过程。皇太极从一个最没有机会继承汗位的人，成为后金政府新一届最高领导人，他就应该明白，此人一定是一流的经营高手，黑厚之功已经炼到炉火纯青的地步，野心之大，非常人能预计。

然而皇太极在阿敏眼里，只不过是后金政府的名誉大汗而已，八王会议才有真正的决定权。作为官员，阿敏却不懂得权力远大于制度。有权力的人，是有资格改变一切的，包括制度和游戏规则。

在一个圈子里，只要领导有决定性的权力，就可以先比赛，后制定比赛规则，淘汰他想淘汰的人。领导还可以通过无规则游戏，让不愿站在他小圈子里的人，想活不能，寻死不成。

阿敏的背景、经历、性格、追求、态度，都决定了他无法成为皇太极小圈子里的人，也无法成为皇太极实现理想的同盟，那么，他只能成为皇太极的打击对象。

在皇太极看来，经营后金圈子，需要阿敏的经验和能力；经营他的小圈子，必须除掉阿敏的势力。他要想成为后金圈子的圈主，就必须除掉不符合他需要的人。

阿敏、代善、莽古尔泰是难以拉进皇太极的小圈子的人。因为在这三个人心里，皇太极永远是小弟，是后金政府的名誉大汗。皇太极从小到现在所做的一切糗事，他们都记得一清二楚，就连他这次侥幸当上后金政府的代言人，也是三人的功劳。

在一个圈子里，新领导不会把太熟悉自己、了解自己过去的人纳入自己小圈子的。在新领导未上任或者刚上任时，圈子里每个人的一言一行、一举一动，都在他的观察、考察范围之内。在圈子里，新领导尚未拥有绝对的权力、绝对的权威时，他会非常在意每个人对他的态度。

在这个时候，对于坚决反对新领导的人，只有两个选择：一是跳槽走人，二是站在新领导的队列之中。如果选择继续待在圈子里，又不支持新领导，就容易成为新领导的打击对象。最起码他不会全力支持你的工作，只会给你的工作制造麻烦。

在圈子里，别说是反对领导的人，就连领导不需要的人，最终都会被清除的。

阿敏就属于这类人，他又不善于经营，自然会成为皇太极第一个打击对象。

打倒了阿敏，经营圈子高手皇太极为了实现他朝纲独断的目标，自然不会就此罢手。在后金圈子里，他还会继续清除他不需要的人。

第十五章

游戏，为什么一定要有规则

1. 扔出石头，就能知道水多深

阿敏从将军变成囚徒，终身监禁。他持有的后金国股份，由弟弟济尔哈朗接管。济尔哈朗是皇太极人才兼奴才型的忠实打手，这样，阿敏在八旗中的势力、财富，均变相归属于皇太极，由他任意支配。

皇太极主管正黄、镶黄两旗，多尔衮主管正白旗，岳托主管镶红旗，济尔哈朗主管镶蓝旗，多尔衮、岳托、济尔哈朗均为皇太极的亲信，因此，在八旗之中，已有5旗属于皇太极的嫡系部队。这时皇太极在后金圈子里的势力，与他即位时相比，不可同日而语。

势力大了，自然就有大的想法。

在后金圈子里，皇太极经过几年的苦心经营，虽然他已经成为名副其实的一把手，但是包括支持他的人在内，很多人还停留在“八王共治”的思维当中。三大贝勒虽然少了一个，但代善、莽古尔泰依然心安理得、理直气壮地与皇太极平起平坐。当小弟的皇太极，对不知深浅的两尊佛，依然要烧香上供。

这个得改，不改，皇太极接受不了，也与他现在拥有的实力和地位不符。

“八王共治”是努尔哈赤制定的政体制度，不是谁想改就能改的。皇太极即位之初就发过血誓，坚决执行“八王共治”的政体制度。皇太极现在想打破“八王共治”，实行一把手全权负责制，对于誓言他倒是不在意，说过的话可以不算，爱过的人可以再换。他主要担心的是圈里人的意见。

皇太极为了试探圈子里的水到底有多深，决定向这池水中扔3块石头，看看能产生多大的涟漪，然后视情况而定。

1631年2月1日，皇太极分别给代善、莽古尔泰两大贝勒，岳托、济尔哈朗等10个议政贝勒，8个大臣，写了3封信，派秘书分别送出。

皇太极要秘书转告这些人，他写这封信的目的很简单，就是为了把后金圈子做大做强，完善他的工作作风，请他们给他多提宝贵意见，找出他在为人、处事上的不足，指正他的过失。

皇太极虽然这么说，其实他是想通过这种方式，考察一下大家对他的真实态度。

皇太极在给代善、莽古尔泰的信中，这样写道：

两位哥哥与大家推举我为后金圈子的一把手，我深知此副担子的分量与责任不轻。当这个一把手，对上，要把先汗创建的事业发扬光大；对下，要为百姓安居乐业提供保障。几年以来，我在这个位置上如履薄冰，殚精竭虑，不敢有一丝放松、放纵。

人非圣贤，孰能无过？我尽管为后金圈子尽心尽力，尽职尽责，也免不了在某些地方存在疏漏。最近，我听说圈子里的百姓对我政府非常不满，是不是因为我们执法不严、违法不究？或者该奖励的没奖励，该处罚的没处罚？还是政府里的官员依仗手中的权力，贪污受贿、欺压百姓，只顾吃喝玩乐，工作不作为？

当然，作为圈子里的一把手，圈子里出现任何问题，我都负有领导责任。但是，我的时间、精力毕竟有限，圈子里的大小事、每个人，我不可能全部照顾到。在我顾及不到时，希望知道具体情况的人，给予指出、帮助。

古人说，一根筷子易折断，众人划桨开大船。后金圈子是我们大家的，不是我皇太极个人的。两位兄长也是后金圈子里重要的一分子，你们对整个圈子的建设，还是肩负重要责任的。你们不要因为我是圈子的负责人，顾及我的脸面，维护我的权威，在一些事情上即使对我有看法、有意见，就有所保留，选择服从。你们这样做，不是帮我，而是害我。我是后金圈子的管理者，但是，我更是后金圈子的服务者。为后金圈子里的人服好务，才是我的使命和责任。

我即位6年来，你们没有给我提过一条意见。你们不提意见，不等于你们对我没意见，不等于我在工作上没有瑕疵。我虽然是一把手，但毕竟远离工作一线，有些政策是否合适，你们比我清楚。你们不向我反映，我就不可能认识到政令的缺点或弊端。

政策、政令的正确与否，决定着一个圈子的成败兴衰。不符合后金圈子发展需要的，或者已经成为后金圈子发展障碍的政策、政令，甚至包括先汗制定的制度，我们一定要改，不但要改得正确，还要有前瞻性。这就需要两位兄长为了后金圈子的前途，大胆提出建议。建议不分好坏，只要符合后金圈子的发展需要就成。

这次，我希望大家集思广益，群策群力，制定出积极、有效、正确的制度，使其成为支持后金圈子高速运转的软件。

皇太极在给10个议政贝勒的信中，主要谈道：

自我即位以来，就没有听见你们劝谏我一句话，好像我做什么都是一贯正确。实事求是地说，一贯正确的人，是不存在的。我肯定有错误，在某方面可能还错得很严重。当局者迷，旁观者清。你们作为议政贝勒、具体工作的执行人，不可能不清楚我的错误。

对于我所犯的错误，你们不直接指出来，是认为我已经无药可救，说了也白说吗？我们都是后金人，都是为共同的理想而奋斗。我的错误，就是大家的错误。如果你们不指正我的错误，因错误造成的损失也是大家的。

我希望你们这些在一线工作的贝勒们，本着对后金圈子前途负责、对自己前途负责的精神，以后凡是有利于后金圈子发展的建议、见解，不要在背后几个人开小会，而要与每个人开大会，知无不言，言无不尽。

我给你们写此信的目的，就是请求你们直言我过去工作上的失误，性格、习惯上的缺点，让我知道改什么，怎么改。

对于你们在工作中遇到的困难、所属百姓的疾苦，也要完全说出来，不要隐瞒。有问题，就会有解决问题的办法。

皇太极在给 8 个大臣的信中，主要谈道：

我即位之后，把你们这些人提拔到重要的岗位上，让你们当大官掌大权，与各位贝勒共议国政，我这样做的初衷，就是希望你们能监督、纠正我和各位贝勒们在工作中出现的错误。你们也许比我清楚，权力越大，所犯错误造成的损失、恶劣影响也就越大。我们犯的小错误，甚至会影响到后金的国计民生。

现在，我听说后金圈子里的底层民众，对我们有法不依、执法不严、违法不究的现象颇有怨言，如果果真如此，说明我们的管理、监督体系还不够健全。

百姓无小事。作为后金圈子的一把手，我不可能下去向每个老百姓询问。我了解下面情况的唯一渠道，就是听你们的汇报。如果你们对我畏手畏脚，担心说了也白说，言多无益，反而获罪，那么在你们中间，就会形成一股不良风气，多说不如少说，少说不如不说。

我不知道你们为什么会这样想，我有那么狭隘、龌龊、霸道吗？在咱们后金圈子里，有人因为说了正确的话，受到打击报复了吗？

托上天的福，后金圈子日益富有、强大，你们建功立业、大展宏图的时候到了。现在是强者上、弱者下、混日子的人被淘汰的时代。你们只有把工作中的困难、问题、矛盾上报，才能得到彻底解决。你们只有为后金圈子解决更多的问题，才能证明你们存在的价值。

以前的事实证明，你们是后金圈子里最优秀的人，我从不怀疑你们的工作能力，希望你们以前优秀，现在突出，明天卓越。在后金圈子的发展、建设过程中，我不靠你们，还能靠谁呢？

态度胜于能力，结果说明一切。我请求你们，以公忠体国之心，本着对自己前途负责的态度，对后金圈子的政体弊端、制度缺欠，对我本人的缺点、弱点、错误提出宝贵意见，让我们一起见证后金富有四海、威及天下吧！

2. 忠不忠，看行动

皇太极扔出这 3 块石头之后，后金圈子里果然有了反应。

2 个大贝勒，10 个议政贝勒，8 个大臣，在揣摩好一把手写信的真正意图之后，纷纷以书面形式给皇太极回了信。

代善针对执法问题，提出了意见：

在我们后金圈子里，的确出现有法不依、执法不严、违法不究的现象，导致一些有权、有势、有钱的人，为非作歹，横行霸道，老百姓对此意见非常大,几乎到了天怒人怨的地步。出现这种现象，主要是刑讼部门负责人贪赃枉法玩忽职守，不给好处不办事、给了好处乱办事。建议刑讼部门更换高素质的人，一要干活，二要干净。多做好事，少做错事，不做坏事。

莽古尔泰作为后金政府主管刑讼部门的负责人，见皇太极对后金圈子里的刑讼非常不满，就写信说出了他的苦衷。

他在信中这样写道：

至于大家所说的刑讼混乱，我私下在想，即使我在家里办案，也是对每个人的供词认真地看三遍以上，仔细推敲、推理，才敢确定谁是谁非，从来没有明明知道证据不足而误审误判的。

刑讼事宜，本来就是惹人的差使，挨累不讨好。如果双方是平民百姓，没有什么难断的。一旦涉及汗王身边的人、贝勒、大臣，就很棘手。违法的，往往是那些有特权的人。我认为，要想保证刑讼公正，首先必须保证汗王身边的人洁身自好，管好自己，起到表率作用。

多尔衮是非常聪明的人。在阿敏被囚禁之后，他就意识到，皇太极肯定要向莽古尔泰开刀。在两件事上，皇太极已经露出要整治莽古尔泰的端倪。

第一件事，莽古尔泰统领左翼军，在北京广渠门外与袁崇焕率领的辽军发生激战。结果后金左翼军大败，阿济格、豪格险些丧命。在战后总结会上，皇太极就表现出对莽古尔泰的不满，并罢免了他的左翼军指挥权。

第二件事，发生在1930年11月。皇太极与莽古尔泰率各自属下到扎木谷打猎。莽古尔泰打到的猎物比较少，就毫无理由地把属下射杀的2只鹿据为已有。

莽古尔泰这样做，也不是一次两次了，他的属下都习惯了。但是这件事被皇太极知道后，深感不满，竟然为此前来批评莽古尔泰。

皇太极当着众人的面，指责莽古尔泰："属下跟随你打了一天猎，就打到这2只鹿。你惦记着鹿皮鹿肉，就依仗手中有点权力把鹿据为己有。你就没想想，属下跟着你跑了一天，人困马乏，饥寒交迫，一无所获，他靠什么活着呢？我们后金的江山，就是靠这些人打下来的，没有他们，能有你今天吗？我命令你，赶紧把2只鹿还给人家！"

莽古尔泰虽然生性桀骜不驯，但是他特怕皇太极。他见皇太极生气了，就把2只鹿还给属下。同时，他又把正蓝旗捕获的两头活野猪送给皇太极。

没承想，皇太极见到野猪，不但不高兴，反而更加生气。"我是大汗，凭我的身份，怎么能食用这种污秽的东西呢？你以为我是你啊？"皇太极骂完，吩咐左右把野猪射死，还给捕获野猪之人。

皇太极回来后，经常在公开场合批评后金圈子里刑讼混乱。莽古尔泰主管刑讼，这意味着皇太极对莽古尔泰下手，因此处处想激怒莽古尔泰，逼着性格暴躁的莽古尔泰犯错误。

于是，政治嗅觉灵敏的多尔衮，在回信中也指责刑讼的问题。

刑讼，关系国本，决定民心向背。自大汗即位以来，我国的刑讼虽有所进步，但远滞后于我国国力的发展速度，这主要是因为负责刑讼部门的贝勒们，既不专业，也不敬业。因此特建议，以后凡是负责刑讼之人，都应该对大汗有一颗感恩之心，对后金百姓有一颗敬畏之心，不能不为工作找方法，而为无能找理由。

阿济格，现在老实多了。他被皇太极整治几次之后，再加上弟弟多尔衮多次劝导，已经认识到，在后金圈子里，已经没人能与皇太极抗衡。他只有跟紧皇太极，才能获得更高的职位、更好的前途。

因此，阿济格在信中写得很简单。

臣自知愚鲁无能，总是不断地犯错误，给大汗添乱。从现在起，我发誓一定要改掉以前那些坏毛病，坏习惯，同时也恳请大汗对我监督。我一定积极努力地工作，为把后金圈子做大做强尽心尽力，尽职尽责。

济尔哈朗是后金圈子里的人精，不仅有能力，而且人缘好。最主要的是，他绝对是一个知道自己在什么位置上、想到什么位置去的人。他给自己制定了“跟对人，做对事”的6字发展方针。

虽然阿敏是他的亲哥哥，但在他看来，他在圈子里的前途高于一切，包括亲情。必须残忍，方成大事。他经常这样告诫自己。

哥哥阿敏虽然很冤枉，但是，他却是阿敏被囚后最大的受益者。据此，他认识到，在一个圈子里，如果你不能成为一把手，那么就成为一把手真正需要的人、不可替代的人。也只有这样做，才能用自己的才华，换得更高的职位、更多的财富。

济尔哈朗非常清楚皇太极写这封信的真正意图，目的就是为整治莽古尔泰制造舆论。于是，他也针对刑讼提出一些看法。

自大汗即位以来，后金政府综合国力发展迅速，足以和有200多年发展历史的老牌帝国大明抗衡。半年前，我们兵围北京，就是最好的例证。但是，相对于我国经济、军事的发展速度，我国的刑讼发展明显滞后，已经成为后金称霸天下的短板。

究其原因，还是我们这些做臣子的，没有彻底领会大汗治国的指示精神，没有按大汗的战略部署要求自己的工作。刑讼涉及国计民生，因此不能不重视。特此建议，在贝勒当中，选择刑讼业务精、责任心强、做事严谨、为人正派的人，担当此任。

岳托和济尔哈朗的意见差不多，也要求更换主管刑讼的负责人，由素质高、业务精的人担任。

其他贝勒、大臣的回信，内容可分为两种：一是贬低自己，抬高皇太极，行拍马吹捧之事；二是言不及义的官话、套话、空话或屁话。

皇太极从这些信中看出端倪，大家都对莽古尔泰有意见，而且意见还不小，他心里有谱了。

于是，皇太极找到文院的宁完我、高鸿中、范文程等汉人，询问改革政体制度的办法。这些人暗示皇太极，要想玩新游戏，必须先制定好新的游戏规则。

3. 制度下的蛋

一个人在他没有实力的时候，他希望圈子里的游戏没有规则，那样他可以趁乱发展自己的势力，壮大自己的实力。一旦这个人的势力、实力在圈子里最大，他就要制定圈子里的游戏规则，以此限制其他人发展壮大他们的实力。

只有有权力、有实力的人，才有资格、有资本给一个圈子制定规则。

制定规则，就等于在圈子里埋地雷。圈子里的人，只能老老实实地待在原位，手脚不能乱动。一旦乱动触雷，不死即伤。

在1631年6至7月期间，皇太极为后金圈子的很多方面，制定了规则。

为了鼓励其他部落投降、后金臣工们努力工作，积极为后金圈子作贡献，皇太极制定了后金政府官员世袭制度条例。

后金政府官员世袭制度条例包括：

一、过去、现在还是将来，其他部落、国家的贝勒率部投金，或者在本国享受高职高薪时，跳槽到后金的人，不论阵亡或者病故，其世代子孙均可接班。

二、如果在本部受压制、遭迫害，或者觉得在本部没有前途，不得已投降后金政府的人，阵亡允许后代接班5次，病故允许后代接班3次。

三、各旗将士，在攻城拔寨时，第一、第二个冲上去的人，不论阵亡还是病故，后代都可以照其原官职世袭罔替。附：执行此条例，结合其本人平时有无罪过，另行酌情办理。

四、在八旗内，凡主动向上级告发他人预谋叛逆、乱国大罪者，按情形封赏官职，后代可接班6次。

五、在其他部落，没有受到迫害、排挤或压制，只身投靠后金政府的人，为后金阵亡，允许后代接班2次，病故允许后代接班1次。

六、没有官职的人，在后金军处于危急时刻，挺身而出，第一个战死或者率先冲上城头、阵地阵亡的人，根据当时情况授予官职，后代可替其任职。

七、没有官职的人，因为抓住奸细获得的官职，阵亡可允许后代接班1次，病故不许后代接班。

努尔哈赤在世时，各旗之人只有向上级举报本旗贝勒，才允许此人离开所在之旗，转迁其他旗。后来，努尔哈赤又规定，除举报叛逆、造反之外的事，向上级举报本旗贝勒者，都不许举报人离开本旗。

皇太极认为，这个条例存在很大的弊端，不利于监督各个贝勒的私下行为。不许举报人离开所在之旗，仍归被告贝勒管制，举报人不会不考虑告发的后果。如果对各位贝勒失去监督，他们在暗地里肆意妄为在所难免。

对各位掌权贝勒失去有力的监督，肯定不利于皇太极对后金圈子的管理。于是，为了限制贝勒的特权，皇太极更新了离主条例。条例内容如下：

一、除八大和硕贝勒以外，其他贝勒被人举报私自打猎，其所得猎物充公，举报人可以离主。

二、除八大和硕贝勒以外，其他贝勒在打仗过程中，私自藏匿所获财物，被人举报，所藏匿之物悉数充公，举报人可以离主。

三、擅杀人命者，原告准其离主，而且被害人近支兄弟并准离主，可以离主，但仍罚银1000两。

四、有奸淫下属妻子女儿的贝勒，原告允许其离主，被害人丈夫的近支兄弟也允许其离主，可以离主，但仍罚银600两。

五、诸贝勒将属下从征效力战士隐匿不报，仍以并未效力之私人冒功滥荐者，效力之人可以举报，可以离主，仍罚银400两。

六、本旗人想举报该主旗贝勒，而且受到贝勒的威胁或压制，不许申诉。对此事的举报者，允许其离主，仍罚银300两。

七、因为一点小事儿就举报主子的人，不许离主。但视事情的轻重审理。应离主者，拨于本旗的其他贝勒。

为了进一步限制贝勒的行为，皇太极又制定了贝勒罚银条例。条例如下：

、贝勒审案，毫无根据地判人死罪，罚银600两。

二、贝勒胡乱判人杖赎等罪，不执行上级命令，私自派人进行国际贸易，或玩忽职守，或擅取老百姓财物马匹，将本旗女子不上报就据为己有者，均罚银200两。

附：贝勒评判诉讼案件，必须讲事实，重证据，坚持公正、公平的原则。此条例生效执行之后，负责诉讼的贝勒，如不先取证据、口供，便乱下结论者，按情节严重程度、影响大小治罪。

在1631年7月之前，八旗军不论发动多大规模的战争，均不设总指挥，军队的战略战术，由参战的贝勒、大臣集体决定。这样的制度，存在一个很大的弊端。在布置战术时，每个贝勒都会或多或少地考虑本旗的得失，如果参加决策的贝勒级别差不多，就很难迅速形成统一的意见，导致贻误战机。

在战场上，当某旗处于被动、危险境地时，其他旗为了避免本旗的无谓伤亡，很难从战争全局出发，因而经常出现见死不救的现象。

最明显的例子，就是阿敏在永平拥兵不救，导致关内4城几天内尽失。皇太极在此战失利后的总结大会上，愤愤地说道："若是其他三城的守军都是镶蓝旗人，即使战到尸如山，血成河，阿敏也会前去营救。"

皇太极一直想改变这个弊端，但苦无良策。后来，头脑灵活的萨哈粼建议，出兵时，八旗军设立总指挥，这个问题就会迎刃而解。

于是，皇太极又制定战时，实行将帅制度。制度规定：

以后凡有大的征战，八旗两翼军，由大汗委派的总指挥全权指挥，每旗、每翼设副将1人，每甲喇设参将1名，副将、参将在战斗中，无条件服从总指挥调遣。每旗的红衣大炮、大将军炮及拉炮的车马，均由总兵官佟养性管理、调度。

4. 有心计的人晋升最快

皇太极一再更改各种政体制度，圈子里的大部分满族人，依然不明白皇太极的意图。他们依然把思维停留在“八王共治”的政体模式里，一切还按照“八王共治”时代的惯性思路思考问题。

但是从明朝投降过来的汉官，到后金圈子里谋生的汉人，却深谙官场的潜规则，熟悉窝里斗的套路。这些人已经看出皇太极要抛弃八王共理共治体制，采取迂回策略集中君权，搞一把手专政。

宁完我、高鸿中、范文程等人，跟后金圈子里的满人想法不一样，他们特别希望皇太极搞独裁统治。在后金圈子里，一旦皇太极成为绝对领导，他们就是最大的受益者。他们的前途，要比八王共治时代好得多。

皇太极的确想成为集军、政、财大权于一身的一把手。他对自己的名誉大汗身份早已深恶痛绝。

皇太极怎么也忘不了，在他第一次率八旗军征讨北京时，代善、莽古尔泰中途要退兵，为此他们像训孙子一样，逼迫他这位大汗服从的情景。皇太极只要想到此事，就会火冒三丈。因此，他下决心要做掉所有阻止他大权独揽、朝纲专断的人，不论是谁。

现在，皇太极已经是后金圈子里最具实力的人，但是，他仍然受“八王共治”政体管理模式的制约。为此，他非常苦恼。

一把手需要什么，圈子里自然会有人提供什么。

宁完我对皇太极给予他的赏识、重用和提拔，心存感激，他一直在寻找机会报答皇太极的知遇之恩。

宁完我确实有才华，对于治理国家有高于常人的见解。而且他这个人心直口快，只要是对后金圈子发展有益，对皇太极管理圈子有帮助，都是知无不言，言无不尽。

宁完我这个人，虽然有才华，但也有传统文人的弱点。这个弱点就是，一旦领导对他赏识重用，他就忘乎所以，不拿自己当外人。

宁完我联合高鸿中、范文程等人，公开上疏提出，随着后金国的政治、经济、军事、文化方面的发展，旧有的管理模式和机构，已经成为后金迈向大国、强国地位的羁绊。后金政府要想和明政府抗衡，改革政体制度，降低无谓的内耗已是当务之急，重中之重。因此，模仿明政府的管理模式，结合后金实际情况，成立具有后金特色的六部管理机构，是非常必要的，也是必须的。

皇太极对于宁完我等人建议设置六部的目的，心里自然非常清楚。一旦后金政府设立六部衙门，无疑为逐渐颠覆大贝勒联合执政、八旗固山额真共同参政议政的传统制度，为他实现一把手负责制、大权独揽奠定基础。

阿敏被囚，济尔哈朗接班后，皇太极在后金圈子里，可以说达到了一呼百应。按照少数服从多数的原则，他想干什么，几乎没有人能够阻止。

因此皇太极召开了贝勒级别以上的干部扩大会议。在会上，他拿出宁完我等人提出的政体改革、设置六部机构的草案，让诸贝勒讨论，最后该草案顺利通过并实施。

六部，分吏、兵、刑、户、工、礼部。

每部由大汗提名的贝勒统摄，根据各部的不同情况，下设若干承政、参政和启心郎。每部统摄的贝勒，直接归大汗领导；所属承政、参政和启心郎，由该部统摄贝勒领导。

吏部，由多尔衮贝勒统摄，图格尔为承政，满朱习礼为蒙古承政，李延庚为汉承政，其下设 8 名参政，索尼为启心郎。

兵部，由岳托贝勒统摄，纳穆泰、叶克书为承政，苏纳为蒙古承政，金砺为汉承政，其下设参政 8 员，祁成格为启心郎。

刑部，由济尔哈朗贝勒统摄，车格尔、索海为承政，多尔济为蒙古承政，高鸿中、孟乔芳为汉承政，其下设参政 8 员，额尔格图为启心郎。

户部，由德格类贝勒统摄，英俄尔岱、觉罗萨壁翰为承政，巴思翰为蒙古承政，吴守进为汉承政，其下设参政8员，布丹为启心郎。

工部，由阿巴泰贝勒统摄，孟阿图、康喀赖为承政，囊努克为蒙古承政，祝世胤为汉承政，其下设满洲参政2员，蒙古参政2员，汉参政2员，苗硕浑为满洲启心郎，罗绣锦、马鸣佩为汉启心郎。

礼部，由萨哈粼贝勒统摄，巴都礼、吉孙为承政，布彦代为蒙古承政，金玉和为汉承政，其下设参政8员，穆充格为启心郎。

各部的办事笔帖式，也就是文员、秘书，按各部的工作性质及需要，酌情补授，名额不受限制。

皇太极设立的六部，与明政府的六部比较而言，就是一个草台班子，很多方面还不够完善。尽管六部负责人依然是以前参政议政的贝勒，但他们现在的权力，不再像以前那样，由努尔哈赤时代所规定的制度赋予，而是由现任大汗皇太极赏赐。

六部部门领导，由皇太极任命。所任命的贝勒，就必须对皇太极负责，并随时接受皇太极的监督。这样一来，后金政府的权力，已经变相地集中在皇太极的手里。

设置六部的主要倡导者宁完我，为皇太极实现大权独揽，立下首功一件，因此宁完我也就成了皇太极身边的红人。

从六部的一把手来看，除工部的阿巴泰，属于没心没肺、无党无派人士外，其他5人，都是皇太极的心腹或亲信，特别是3大重要权力部门，吏、兵、户3部，几乎和皇太极自己掌控一样。

在六部统摄中，吏部一把手多尔衮，是后金圈子里这几年晋升速度最快的人。

1626年8月，多尔衮在皇太极即位时，还仅仅是拥有15个牛录的闲散贝勒。

1628年3月，多尔衮接替哥哥阿济格之职，成为正白旗的主旗贝勒。

1631 年 7 月，多尔衮成为后金政府六部之首吏部的一把手。

为什么说多尔衮晋升速度最快呢？因为多尔衮和四大贝勒有逼母殉葬的深仇大恨，四大贝勒都是多尔衮的仇人。而且，在皇太极即位时，多尔衮还是个孩子，寸功未立，和皇太极的“五大金刚”根本不能相提并论。

从多方面看，多尔衮在后金圈子里根本没有前途可言。他与其他少壮派贝勒相比，只有劣势，没有优势。

但是，多尔衮和皇太极，却是后金圈子里个人目标最明确的人。皇太极一心想成为真正的皇帝，多尔衮一心想成为后金圈子里的二把手。多尔衮在看清皇太极的需要、自己的需要之后，便把他的目标放在皇太极的目标之中，在帮助皇太极实现目标的过程中，他也就实现了自己的目标。

多尔衮为了实现他的个人目标，制定了名为“尊汗抑王”的发展计划。

多尔衮的“尊汗抑王”计划，分为“尊汗”和“抑王”两大部分。“尊汗”，就是时时、处处维护皇太极的利益、立场，为满足皇太极的需要，可以作任何牺牲。“抑王”，就是抑制代善、阿敏、莽古尔泰。巧妙利用 3 人之间的矛盾、弱点和失误，在保护好自己的情况下，给予坚决、彻底的打击。

皇太极为了实现他的目标，自然四处招募打手。他经过种种考察、验证后发现，多尔衮是能帮他实现个人目标的理想人选，便毫不吝啬地提拔多尔衮。

人是活出来的，事是做出来的，和基础无关。

前途是明确计划和坚决执行的结果，与出身、本事、能力有关，也无关。

5. 谁会沦为两个圈子争斗的阵地

皇太极在后金圈子里，为他大权独揽布子抢位时，明朝圈子里的两个圈子——东林党和阉党，也为各自圈子的利益，斗得头破血流。

皇太极撤离北京、明军收复关内四城之后，明朝圈子的人，好了伤疤忘了疼，工作重点又转移到他们乐此不疲的窝里斗上。这些外战外行、内战内行的人，把整治非圈子里的人，当成使命。因为在他们看来，明朝圈子一时半会儿消失不了，小圈子的利益分秒必争。

两个圈子的人，斗争手段也不复杂，就是取宠于一把手崇祯。崇祯站在哪个圈子里，哪个圈子就会得势。

明朝圈子的一把手崇祯，开始站在东林党的圈子里。可是，只知道为明朝圈子前途做正确的事儿、不知道为自己的前途正确地做事儿的袁崇焕，让圈主崇祯心里很不爽。崇祯逮住机会把袁崇焕送进监狱关了半年，袁崇焕依然坚持认为他是在做正确的事儿，不承认自己有错，这让大明圈子一把手崇祯很没面子。崇祯知道袁崇焕对他、对明政府的重要性，但最后还是决定杀掉袁崇焕，以维护他一贯正确的形象。

在崇祯看来，世界上没有任何东西比他一贯正确的形象更重要，即使是他屁股下面那个龙墩的腿儿。

阉党圈子里的人，虽然官职卑微，声名狼藉，不得人心，但是，自从崇祯站到他们的圈子里之后，使他们顿感腰粗了3倍，底气足了10分。

阉党的人，治国本事没多大，但是迎合、奉承、献媚、拍马的功夫上乘。在这个圈子里，崇祯找到了伟大帝王的感觉。

阉党有了崇祯这门杀伤力巨大无比的重炮，自然要向东林党的圈子开火。东林党圈子里的人，或者亲近东林党圈子里的人，纷纷落马，死的死，伤的伤，其所在职位均被阉党圈子里的人取代。

兵部尚书王洽，死于狱中。

刑部尚书乔允升，下狱论死，后发配边疆。

工部尚书张凤翔，下狱论死，后发配边疆。

大学士钱龙锡被遣戍定海卫。

御史毛羽健，落职还乡。

……

阉党党魁周延儒、温体仁成立了新内阁，先是周延儒任首辅，后温体仁代之。阉党圈子以一把手崇祯为后台，权力、势力再一次变得强大。

在大明圈子里，在东林党圈子与阉党圈子的较量中，最终以阉党获胜落幕。东林党圈子里的人，纷纷退出重要职能部门，由阉党圈子里的人接管。

已经下狱半年多的袁崇焕，自然是两党斗法的焦点。1630 年 9 月 22 日，一直受东林党支持的袁崇焕，被阉党圈子的人以“莫须有”的罪名，在北京西市惨遭凌迟，剐了 3600 刀，他以命保护的百姓们，争食其肉。

崇祯杀了让皇太极最头疼的袁崇焕，着实让皇太极高兴了一阵。他认为后金军几次攻打锦、宁二城，均告失败，并不是因为锦、宁二城有多牢固，而是因为袁崇焕太强硬。现在，愚蠢的崇祯自毁长城，他再客气，就对不起上天的安排了。

皇太极在辽东的日子一天比一天红火，这让大明圈子里的人很担心。

孙承宗拔掉皇太极钉在大明圈子里的 4 颗钉子之后，于 1631 年 1 月，东出巡关，准备重新修整关外的防务。后金政府一直对大明圈子垂涎三尺，虎视眈眈，锦宁一线，是他们扑向北京最便捷的通道，不能不防。

现任辽东巡抚邱禾嘉认为，为了防止后金人进一步蚕食大明圈子，要修复广宁、义州和右屯的城池，驻兵屯粮。

孙承宗对此持反对意见。他认为，广宁离海边180里，距辽河160里，路上供给既不安全，也不方便。义州位置偏僻，交通不便，距离广宁较远，彼此不能照应。而且要保义州无虞，就得先占有右屯。在右屯积蓄足够力量之后，才能渐渐接近广宁。

右屯城已经被后金军摧毁，修好之后才能驻兵。右屯地处锦宁线要冲，明军在右屯修城驻兵，皇太极不会坐视不理，肯定会派兵干扰。

最后，孙承宗认为，做好辽东防务，贪多不行。只有以锦州为基点，步步为营，逐渐向东收复失地，才是最可行的办法。经商议，最后众将达成一致意见，先修大、小凌河城，把锦州、杏山、松山、小凌河城、大凌河城连成一片，循序向东北铺开。

孙承宗把他的防务计划，向崇祯做了书面报告。

崇祯批准先修大凌河城。

大凌河城处于什么样的战略位置呢？

大凌河城，地处锦州之北，东距沈阳440里，西距松山40里，离宁远140里，离山海关340里。

正因为大凌河城在沈山线上的位置重要性，在金明数次战争中，此城已经三建三毁。

孙承宗的修城报告批下来之后，于1631年7月，他派先锋总兵祖大寿，率孙定辽、祖可法、何可纲等副将，在大凌河城的旧址上，重新修建大凌河城。

在孙承宗制订修复大凌河城的计划时，就被沈阳的皇太极得知消息，并引起他的密切关注。皇太极不断派遣侦察兵，打探明军修筑大凌河城的进展情况。

皇太极经过3个月的关注，14批次的侦察得知，大凌河城在7月初开始破土动工，现已经进行了半个多月。在修城的过程中，辽东巡抚丘嘉禾自作主张，把修建大凌河城的人力、物力分出一半，转修右屯城，导致大凌河城的修城工程进展缓慢。

皇太极还拿到了大凌河城内驻防兵力的数据：城中原有官兵16002人，派出买战马及守卫宁远的共2200人，城内能作战的官兵13802人。修城工匠、苦力、商人共1万多人。全城人数，总计3万余人。

皇太极认为，不能等大凌河城修好、屯足粮、布置好炮火再去攻城，那样会无故付出更大的代价。要打，就得现在去打。

此时的皇太极，不像以前，他想干点什么事，还得把3个大贝勒、10个小贝勒请来，动之以情，晓之以理，苦口婆心地说服、哀求，一旦有半数人不高兴，再好的事儿也得搁浅。现在他是后金圈子里的一把手，他想干什么事，直接下命令就可以了。

皇太极说干就干，给蒙古各部贝勒下发紧急调令，命他们率精锐部队速来助阵。

1631年7月26日，皇太极主持召开了军委扩大会议。在会上，皇太极强调了这次出兵的纪律，任何人不得以任何理由违反纪律。如有违反，定要从重从严处罚，并要求与会者把会议精神传达到每个人。

7月27日，皇太极命杜度、萨哈粼、豪格留守沈阳，他自任大元帅，统领两翼大军，向西进军。

第十六章

把前途寄生在他人身上的下场

1. 为什么他总被派到吃亏的地方

1631年7月28日，后金大军渡过辽河，在河边扎营。晚上，皇太极再一次召开会议，向各位大臣、贝勒作战前动员。在会上，对于这次出兵伐明，皇太极作了重要讲话。

沈阳城及辽东大片土地，都已归为我国版图。现在，明政府以锦州为基点，以沈山线为轴，不断向沈阳、辽东方向呈扇形修建城郭，以步步为营之势，逐步蚕食我国领地。如果我们坐视不理，任其缮治甲兵，早晚有一天，明政府的大兵就会出现在沈阳城下。

大明亡我之心，自先汗时期就有，继崇祯小儿执政以来，越发强烈。对此，我政府不惜财力，与朝鲜进行贸易换来货物，全部用来购买蒙古战马。这次出征，我们在兵力、人力、物力、财力上，是有充分准备的。我要求在座各位，在思想上，要做好打持久战、攻坚战、拉锯战的准备。因为我们的对手是祖大寿，其指挥能力不在袁崇焕之下。

自从我们征明以来，虽然每次都能所向披靡，战无不胜，攻无不克，但是，我心中却时常恐惧。我恐惧的不是各位的作战能力不强，而是太强。将领作战能力强，导致将领忽视士卒的作用，从而随意惩罚、责骂、殴打士卒。我现在提醒你们，真正决定战斗胜利的，是我们的士卒，不是我们。靠我们在座各位，能打败几万明军吗？就算明军伸着脖子让我们这些人砍，也会把我们累死吧？

前几次，我们对待俘虏的工作做得不是很细，导致明军将士宁可战死，也不投降；或者勉强投降，也不能为我军所用。错，不在他们，而在于我们对待俘虏的政策和态度。我发誓，此次出征，如果上天保佑我们取得胜利，凡俘获之人，都要保证其父子、夫妇安全、团聚，在物质、心理上加以抚慰。我们不能图一时之快，扒其衣服，随意对其辱骂、杀戮。

论个人的骑射能力，我们每个人都比袁崇焕强，但是，为什么他能不断地给我们制造麻烦呢？主要是因为他治军严谨，能与士卒同甘苦、共患难。平时他善待士卒，战时士卒为他拼命。

因此，我在此强调，我们这些做将帅的，一定要体恤士卒，把他们当成兄弟，他们才能用战斗的胜利回报我们。所以，我们要在纪律上严格要求他们，在物质、心理上关心他们。

你们不要说我军人数众多，不能逐一要求。只要有想法，就会有办法，办法总比困难多。在座的各位贝勒、大臣回去，向下级传达，下级再向下级传达，不超过半个时辰，就能让每个人知道吧？只要我们申明纪律，奖罚分明，抚驭得当，我相信，我们的士兵都会积极向上，奋勇杀敌，以建立功名为荣，以胆怯退缩为耻，这样不是很好吗？

8月1日，满蒙大军会合。

8月2日，皇太极分兵两路，一路由岳托、德格类、阿济格三人统领两万大军，经义州向锦州方向进发，在锦州、大凌河城之间扎营；一路由皇太极亲自统领，从白土场走广宁大道，奔大凌河城，并约定，两路人马在8月6日在大凌河城下会合。

两路人马，如约聚集大凌河城下。皇太极又调来40门新式武器——红衣大炮、大将军炮助阵。

在大凌河城南，后金兵抓住一名出城的明兵。皇太极审讯后得知，大凌河城已经修了半个多月，城墙基本完工。祖大寿及8员副将、20员参将均在城里。城里有兵马7000，百姓商贾10000多人。

皇太极分析，明军的优势在于守城，金兵的优势在于野战。以前后金军和明军在锦、宁交战，之所以鲜有胜绩，就是因为金军以己之短，攻明军之长。

祖大寿是与袁崇焕齐名的悍将，他麾下的军队，乃是明朝的精锐部队。如果使祖大寿率部投降后金,就基本摧毁了明军的脊梁。

这一次，皇太极决定和明军打持久战，采用围城打援战术，用最保险的办法，争取这次出兵的胜利。

皇太极之所以作这样的战术安排，基于以下三个原因：

一、避免后金军不善攻坚战的劣势，采用守株待兔的方式，逼明军进行野战。

二、大凌河城刚刚修完，城内物资贮备不足。如果断绝供应，明军现有给养维持不了多久。后金军与他们打消耗战，就能以最小的代价，彻底消灭这支明军精锐。

三、明政府必派兵支援大凌河城。后金军就能利用自己的野战优势，将明军逐一消灭在大凌河城城外。

皇太极战术意图很明确，就是以最小的伤亡代价、最长的时间，彻底消灭这支明军精锐部队，为日后攻占锦、宁夯实基础。

为了防止祖大寿趁八旗军立足未稳连夜突围，皇太极命令八旗军立即奔赴各自阵地，把大凌河城死死围困。

当然，作为具有丰富作战指挥经验的军事家，皇太极在排兵布阵上，也选择了保存自己的实力、消耗圈子里竞争对手实力的策略。

锦州在大凌河城的南面，祖大寿带兵出城，肯定要走南城门；从锦州方向来的援兵，也要就近攻打南城，城南将成为两军厮杀重地。基于此，皇太极对八旗兵力作出如下部署：

正黄旗，由正黄旗固山额真楞格礼统领，围北城；

镶黄旗，由镶黄旗固山额真额驸达尔哈统领，围北城之东，阿巴泰在后策应；

正蓝旗，由正蓝旗固山额真觉罗色勒统领，围正南城，莽古尔泰、德格类在后策应；

镶蓝旗，由镶蓝旗固山额真篇古统领，围南城之西，济尔哈朗在后策应；蒙古固山额真武讷格带蒙古兵，围南城之东；

正白旗，由正白旗固山额真喀克笃礼统领，围东城之北，多铎在后策应；

镶白旗，由镶白旗固山额真伊尔登统领，围东城之南，多尔衮在后策应；

正红旗，由正红旗固山额真额驸和硕图统领，围西城之南，代善在后策应；蒙古固山额真鄂本兑带蒙古兵，围西城；

镶红旗，由镶红旗固山额真叶臣统领，围西城之北，岳托在后策应；

蒙古其他贝勒，带各自人马，游弋在各旗空隙之间，哪里危急就到哪里救援。

额驸佟养性率由汉人组成的炮兵团，驻扎在大凌河城与锦州的交通要道上，阻击从锦州方向来的援兵。

皇太极对各旗统领下了死令：各自固守防地，不许放一人出城。谁失职，谁负责。

2. 扣帽子的时机和技巧

皇太极为了彻底困死这支明朝的精锐部队，又下令，各旗在各自的防地环城挖沟。沟，深 1 丈，宽 1 丈。沟外，再筑 1 丈左右高的墙，墙上修筑垛口。在墙内，距墙 5 丈左右的地方，又挖一道深 7 尺 5 寸、宽 5 尺的沟，沟上铺上秫秸，上面盖上土。

皇太极的工作，就是在大凌河城南的山冈上，监视城内的变化。

后金军在城外的行动，祖大寿掌握得很清楚。大凌河城刚刚筑毕，城内各种防务措施并没有落实到位，军用物资贮备不足。皇太极选择与祖大寿打消耗战，就是抓住了大凌河城的命脉。

祖大寿认为，等后金军在城外挖好壕沟之后，大凌河城就真的变成一座孤城，里面的人出不去，外面的人进不来。时间拖得越久，城内士兵的战斗力就越弱，连吃饭都会成为无法解决的问题。皇太极不费一枪一弹，就会把这支能征惯战的军队活活困死。

明军最好的选择，也是唯一的选择，就是在后金军修好防御工事之前冲出去，回到锦州。

于是，祖大寿选择离锦州最近的南城突围，与莽古尔泰率领的正蓝旗士兵，展开殊死搏斗。

皇太极已经下了死令，明军在谁的阵地突围，谁就要为此付出高昂的代价；明军为了求生，也是死战。两支都输不起的军队，在大凌河城南，杀得尸积如山，血流成河。

祖大寿多次组织士兵突围，均未成功，不得不退回城内。正蓝旗为了达到不放走一人的作战要求，也付出了极大的伤亡代价，减员严重。

8 月 12 日，明军又从南城突围。两蓝旗将士拼死截杀，把明军赶回城去。

两蓝旗将士杀得兴起，直冲城下。没想到，城上炮火齐发，打得因胜利而得意忘形的两蓝旗军措手不及。尤其正蓝旗兵，伤亡更重。

莽古尔泰受不了了。后金与明政府开战，兵围大凌河城，乃八旗共同之事，现在却成了正蓝旗与明军单独作战了。正蓝旗的将士，死的死，伤的伤，而其他旗人毫发未损，这也太不公平了。

莽古尔泰，一直对皇太极有想法。

当初，代善爷仨跟他商量，要推举皇太极做大汗，他还觉得代善爷仨缺心眼儿呢。代善之所以被努尔哈赤从二把手的位置上拿下来，就是因为他和皇太极不断地给代善添乱捣鬼。

当时莽古尔泰之所以那么爽快地答应推举皇太极做大汗，是因为他认为，皇太极与他关系铁，走得近。皇太极做大汗，他可能是后金圈子里受益最多的人。

画龙画虎难画骨，知人知面不知心。皇太极当上后金圈子一把手之后，不但没照顾他的正蓝旗，却把圈子里的脏活儿、累活儿、苦活儿、瘦活儿，动辄就派给正蓝旗，肥差、俏活儿从来就轮不到正蓝旗，导致正蓝旗经常挨累不讨好，赔本赚吆喝。

前些日子，皇太极说镶黄旗有个差使，人手不够，跟他商量从正蓝旗借 10 个牛录护军。皇太极说是暂借，等差使办完就归还。他也没有多想，爽快地从正蓝旗拨出 10 个牛录护军给镶黄旗。没想到，10 个牛录护军去镶黄旗后，就成了打狗的肉包子，有去无回。

半年前，皇太极给他写信，要他对皇太极即位以来，把皇太极在执政方面的不足指出来，语气特诚恳、真挚。他认真地想了好几个晚上，本着实事求是、对后金圈子前途、利益负责的态度，把皇太极的缺点毫无保留地指出来。

皇太极在信中，要求他知无不言，言无不尽，言错无罪。谁承想，圈子里的其他贝勒、大臣，只有他一个人说了实话，惹得皇太极非常不满。皇太极当着众人的面，劈头盖脸地训斥他一顿，根本不顾及他作为大贝勒的面子。

更让他接受不了的是，靠溜须拍马的小儿多尔衮、萨哈粼，做人毫无原则、只考虑自己利益的济尔哈朗，却成为皇太极屡次照顾、提拔的红人，圈子里任何一点好处，都少不了这几个人的。他这个开国功臣、助皇太极即位的亲哥哥，却靠边站了，好事找不着，坏事躲不掉。

这一次兵围大凌河城，损失最惨的依然是正蓝旗。

在努尔哈赤时代，莽古尔泰一直随着自己的性子做人、做事，根本就没忍过谁、让过谁。正蓝旗从那时起，就是八旗中最能打、最能抢、最富有的旗。

莽古尔泰认为，皇太极当了一把手，他的正蓝旗，在八旗之中的地位、财富应该是仅次于两个黄旗的。他的地位，也应该是一人之下，万人之上的。

没承想，莽古尔泰的地位，还不如多尔衮小儿！

面对伤兵满营的正蓝旗，莽古尔泰最大的感受是，他不能再忍让了。他越忍让，越容易被忽视，越容易被人认为软弱可欺。人都有得寸进尺的毛病。自己越替别人着想，别人反而习以为常，日子久了，自己不为别人着想，反倒是自己不对了！这是没道理的。

再者，他的正蓝旗不能太要强，不能所有的苦差使都由他们来做。可以做，但没必要大包大揽。即便正蓝旗能做，也不应该成为应尽的义务。正蓝旗不是万金油，哪里需要就抹到哪里！

莽古尔泰决定找皇太极谈谈。

这年头，肥死不要脸的，爽死蹬鼻子上脸的，饿死拉不下脸的。

皇太极依然像往常一样，悠闲地坐在南山冈上，一副胜利在握的样子。莽古尔泰灰头土脸地来到皇太极面前，汇报了正蓝旗的伤亡情况。

莽古尔泰说："八旗之中，我正蓝旗减员最严重。现在看来，南城依然是两军争夺之重地。为了确保我军每战必胜，请求大汗把从正蓝旗借调到镶黄旗的10个牛录护军，调回南城吧。"

自围城以来，皇太极每天坐在南山冈上，目睹了南城的每次战斗。正蓝旗的伤亡程度，他是看在眼里的。莽古尔泰所说的减员严重，是事实。

皇太极一副瞧之不起的神情，说："一将无能，累死全军！你指挥将士冲到城下，对城上的炮火就应该有所防备。看看你们，一仗小胜，得意忘形，结果遭炮轰，你不减员谁减员？我听说，每次给你们正蓝旗派差，你们都会因为违反规定而屡屡出现错误？"

莽古尔泰见皇太极对正蓝旗的损失，不但不予同情，还责怪他指挥无方，丝毫没有归还正蓝旗护军的打算。在皇太极看来，牺牲的正蓝旗将士，大有死得活该的意思。

脾气暴躁的莽古尔泰，火气腾地一下直撞脑门，说话声音立刻高了八度。

"自大汗即位以来，我们正蓝旗是八旗中办差最多、挨累最多的。大仗、硬仗都是正蓝旗打头阵。虽说有时没有做到完美，但也是人尽其责。现在大汗指责我们经常违规办差，我不知道此话从何而来，请大汗明示！！"

皇太极对莽古尔泰的话，不屑一顾，转身要走，回头对莽古尔泰说："看来我是冤枉正蓝旗喽？那好，如果事实像你所言，那么其他人就是诬告，我一定严惩；但是，如果一切属实，我决不会客气！"

正蓝旗伤兵满营，皇太极当着众贝勒的面，不但不买莽古尔泰的账，还跟他陈谷子烂芝麻地瞎掰扯，让暴脾气的莽古尔泰忍无可忍。

莽古尔泰冲着皇太极喊道："作为八旗的汗王，对八旗不应该厚此薄彼。正蓝旗哪一点不能让你满意，其中的是非曲直，咱们现在当面鼓对面锣地说出来！我就不明白，你为什么处处为难正蓝旗！我莽古尔泰，没怕过谁，也没服过谁，就是因为拿你当汗王，一切都顺从你、服从你、尊重你，而你却一而再、再而三地整治正蓝旗，为什么？玩人，可以，但你不能把人绑起来玩吧？”

作为一介武夫，莽古尔泰越说越生气，手不由自主地握住腰间的刀柄。

皇太极也来劲儿了，双眼怒视着莽古尔泰，一言不发。

这哥俩，平时就经常吵架，皇太极身边的侍卫对此见怪不怪。反正两个人只打嘴仗，吵完就好，所以也没有人上前阻止。

莽古尔泰右手紧握刀柄，他已经被皇太极的无端挑衅气昏了头脑。

站在一边的德格类，担心莽古尔泰把刀抽出来。一旦他把刀抽出来，性质就变了。御前拔刀，可是死罪。

德格类见势不妙，冲上来就给莽古尔泰一拳，想把这位傻哥哥打清醒。他大喊道：“你这个行为，就是大逆不道！这是战场，不是你家炕头！”

莽古尔泰把火气引向德格类，怒骂道：“蠢货，你还敢打我吗？”说着，他就把刀拔出一半来。

德格类见莽古尔泰真要拔刀，便猛扑过去，攥住莽古尔泰拔刀的手不放。

众贝勒见莽古尔泰要动真格的，这才一拥而上，把莽古尔泰架出帐外。

老好人代善为了缓和气氛，狠狠地说了一句：“如此悖乱，还不如去死！”

皇太极表面上生气，心里却暗自得意。他坐在座位上，阴沉着脸，一言不发。

过了一会儿，众贝勒回来告诉皇太极，莽古尔泰已经被他们劝回营地了。

皇太极瞪了众贝勒一眼，起身下冈。贝勒们大气不敢喘，紧随其后。

皇太极愤愤地对诸贝勒说："小时候，我和莽古尔泰的抚育规格是不一样的。父汗给我的东西，都比给莽古尔泰的多。他能吃能穿，父汗所给衣服、食物根本不够他用的。我可怜他，把我的那份送给他。他母亲犯错被贬，他为了证明自己，取悦父汗，竟然杀了自己的母亲！父汗认为他秉性拙劣，让他跟德格类一起生活，目的就是防止他再犯类似错误。你们知道吗？莽古尔泰今天为什么敢跟我动刀子？你们不清楚，我清楚！因为我即位之后，只考虑了后金国的利益、八旗的利益，没有给正蓝旗特殊照顾！我今天为什么不跟他动手？那是我认为，我的刚猛神勇，是对付祖大寿的，不是对付自己兄弟的！你们心里比我清楚，我接手的后金国，就是一个烂摊子，内部 8 个人 8 个心眼，外部盗贼蜂起作乱，按倒葫芦又起来瓢。没想到，我谨身自恃，吃苦遭罪，你们不说我好也就罢了，为什么轻视我到如此地步，想杀就杀呢？"

诸贝勒跟着皇太极身后，各想心事。

回到营中，皇太极怒气未消，对身边的侍卫破口大骂："我养你们这群饭桶有什么用？莽古尔泰都要拔刀杀我了，你们居然伸着脖子看热闹！古人云，操刀必割，执斧必伐。你们作为侍卫，连这点常识都不懂吗？他都把刀亮出来了，你们不知道他要干什么吗？"

侍卫们跪倒一片，连大气都不敢出！

众贝勒没有回自己的营地，过来看望皇太极，劝皇太极消气。

皇太极满眼是泪，非常委屈地说："自从我被大家推举为大汗以来，可以说，我每天都是殚精竭虑、如履薄冰，为后金的发展白加黑、五加二地忙碌。我自知才疏学浅，所以做人低调，做事高效。没想到，我的谦让和善良，却导致莽古尔泰瞧不起、看不上我。”

多尔衮站出来，说：“奴才作为吏部主管，今天发生这样的事，确实是奴才失职。望大汗治奴才的罪！”

济尔哈朗上前说：“王子犯法，与庶民同罪。三贝勒在非常时期，有这样非常的举动，如不按律惩治，恐乱军心。奴才认为，本着惩前毖后、治病救人的原则，应按律处治莽古尔泰！”

皇太极叹了一口气说：“大敌当前，一切以战事为重，这事先往后放放吧！”

3. 小猫进化成老虎之后

莽古尔泰回去之后，冷静下来，才意识到今天他的确太冲动了。

现在的皇太极，已经不是刚即位时逆来顺受、卑躬屈膝的老八了，而是直接控制着五旗兵力、手下有一批死士般的打手，实力远在努尔哈赤之上的大汗。他虽然贵为四大贝勒之一，但随着皇太极小圈子的力量成为后金政府的主宰后，他在后金圈子里，已经是可有可无了。

现在，不是皇太极需要莽古尔泰，而是莽古尔泰需要皇太极。今天，莽古尔泰犯了“御前拔刀”的死罪，按后金例律，皇太极如何处置他都不过分。其他贝勒，也无话可说。即使他们对皇太极的处置办法有意见，但为了各自的前途和命运，谁也不会顶着雷子上。

在内心里，莽古尔泰对皇太极还是比较尊重、支持的。今天是皇太极不讲道理，才导致他有冲动的行为。

跟一把手能有道理可讲吗？他说什么都有道理，都是为了后金圈子的利益！莽古尔泰想到这里，恨得直抽嘴巴，骂自己是糊涂蛋。

说出的话，做过的事，是收不回来的，只能最大限度地及时补救。

莽古尔泰自认为，他对皇太极不薄，以前积极拥护他即位，现在死心塌地地维护他的权威，对他的吩咐不打折扣地执行。今天，自己如此冲动，也是事出有因。说它是事儿，就是事儿；说它不是事儿，也就不是事儿。

莽古尔泰思来想去，觉得他应该及时向皇太极承认错误，说点拜年话，哄皇太极高兴，这样就会大事化小，小事化了。彼此都是自家兄弟，没有什么过不去的。

莽古尔泰在大帐里反思半个时辰后，决定去给皇太极赔个不是。

莽古尔泰带着部将色勒、昂阿拉等人，来到皇太极的大帐前。他未敢像往常那样直接进入，而是对帐外值班的扬古利和达尔汉说："请你们禀报大汗一声，就说莽古尔泰求见！"

扬古利说："大汗今天心情不好，早就交代过了，没有紧急事情，没有他的允许，任何人不得入内，否则我们就是死罪。请大贝勒不要为难我们这些当差的！"

放在以前，扬古利敢这样对莽古尔泰说话，他早就一巴掌抽过去了。可是他今天是以罪臣的身份来请罪的，任何冲动、冒失，都可能使他罪上加罪。

今天必须见到皇太极，把话说开了。莽古尔泰把心一横，撩袍跪倒在帐门口，眼含热泪对扬古利和达尔汉说："有劳二位进去跟大汗说一声，我今天因为空腹喝酒喝多了，神志不清，酒后失态，说了一些狂言乱语。现在非常后悔，请大汗原谅！"

两个人进去一会儿，出来对莽古尔泰说："大汗要我们问你，你白天拔刀想杀我，晚上道的是哪门子歉？阵前饮酒，已犯军纪，属明知故犯，应罪加一等；如果你在此跪着，影响大汗处理军务，也是死罪！"

达尔汉传完皇太极的话，又低声劝道："三贝勒，现在大汗正在气头上，说什么他也听不进去。你在这里跪着，逼大汗见面，影响很不好，你这是让大汗下不来台啊！我劝你还是赶紧回去，多杀敌立功。等把大凌河城拿下来，大汗一高兴，也许就不追究了！”

皇太极根本不吃莽古尔泰要赖这一套，死活不给他道歉的机会。这让莽古尔泰觉得，再这么跪下去也没有意义，于是他垂头丧气地回去了。

莽古尔泰独自坐在空旷的大帐里，过去的一幕一幕，在他眼前变得越来越清晰。

从他青少年时起，就跟随父汗东征西讨。在八旗军中，他以勇猛、强悍著称，每一仗，他都冒着枪林箭雨，冲锋在前，舍命相拼。受过多少伤，他自己都不记得。

为了阻止褚英、代善继承汗位，他和皇太极在暗地里没少使坏。两个人合伙设套，做掉了褚英和代善。代善推举皇太极，他还笑代善缺心眼儿呢。

他认为，皇太极即位之后，会照顾他和正蓝旗。在后金圈子里，他会成为一人之下、万人之上的人。因为为了维护皇太极的利益，他的正蓝旗比其他各旗付出更多、更大的代价。

他万万没有想到，把佛送到西天后，佛会翻脸不认人。皇太极即位后，经过五年的修炼，已经心如铁石。曾经无比熟悉的老八，在他面前，似乎一下子变得无比的陌生、冷酷、无情。现在，无论他怎么做，都是错。

莽古尔泰想到此处，感觉无比凄凉，潸然泪下。

悲伤是没用的。过去的小猫已经进化成老虎，成为林中之王。不怕不行，不服不行。皇太极随便找个罪名，就能把一个人名正言顺、冠冕堂皇地做掉。圈子里没有人能说不、敢说不。

第十七章

理<利

1. 软刀子的刀锋

从 1631 年 8 月 10 日至 9 月 12 日，皇太极的满蒙联军，包围大凌河城已经一个月有余。

在这一个月中，祖大寿有两个选择：一是突围，二是待援。在援兵迟迟不到、城里粮草供应不足的情况下，祖大寿组织了四次突围，均未成功。

皇太极给各旗下的是死令，谁防地，谁负责；谁放走一人，杀谁十人。在这种情况下，后金军凭借修好的工事，拼死阻击突围的明军。明军很难突围。

锦州方面很快得到大凌河城被后金重兵包围的消息。大学士、辽东督师孙承宗并未坐视祖大寿被困不管，先后派出四支援军营救。这次，皇太极运用的战术就是“围城打援，集中优势兵力逐次消灭锦、宁的精锐部队，为将来图谋中原奠定基础”。皇太极在锦州、大凌河城中间的交通要道上，埋伏大批人马，准备随时消灭支援大凌河的明军。

最激烈的是第四次，发生在 9 月 24 日。

这一次，由明太仆寺监军道张春、山海关总兵钟纬、团练总兵吴襄带队，率领副将张洪谟、杨华征、薛大湖、张吉甫、满库、祖大乐、王之敬、赵国志、刘应国、金国臣、张邦才、于永寿，参将姜新、祖邦林、于应选、穆禄、桑阿尔寨、海三代、王宏化等马步兵 3 万人，支援大凌河城。

明军出了锦州，在小凌河安营扎寨。为防止后金军偷袭，张春、吴襄等人，命令士兵挖沟排炮，布置车盾，把军营布置得非常严整。

皇太极早就派人密切注意锦州驻军的动向。明军一出锦州城，皇太极就得到了消息，便亲自带人侦察。他围着明军营盘转了一圈，也找不到理想的攻击点。如果后金军强攻，损失一定不小。

皇太极决定，在明军奔赴大凌河城的路上，打他个措手不及，一举将这股明军彻底歼灭。

皇太极回营之后，连夜安排代善、莽古尔泰、德格类、阿济格、多铎、硕托等人，率领 2 万精兵，在离大凌河城 15 里的地方设伏。

明军见后金军半路设伏，行进中的马步兵立即合营，周围架好大小型火炮，鸟枪口一致对外，以静制动。

后金军以战车作掩护，慢慢逼近明军。

皇太极命令八旗护军与蒙古军分开列队，引诱明军出击，以避免遭到火炮袭击。可是，明军依仗的就是这些火炮，根本不敢和后金军拼刀马功夫，依然选择以静制动。

皇太极见明军龟缩不战，便令弓箭手先是一阵乱射，随后带领两翼骑兵冲过去。

明军的大炮就此开火。一时间，炮声、厮杀声、惨叫声，交织在一起，响彻云天。在广渠门外，八旗左翼军领教过明军大炮的威力，不敢上前，跟在右翼军的后面，因而降低了后金军的冲击力。

此刻，佟养性率领的后金炮团，在明军的东面，对准明军开始开炮、射火箭。也凑巧，又刮起东风，火借风势，席卷了明军阵地。

明军龟缩一团，先是后金骑兵冲击，后遭大火席卷，明军各营乱作一团，已经无心恋战，于是扔下武器，纷纷向锦州方向逃窜。

皇太极早已派人在去锦州的路上埋伏。那些如惊弓之鸟的明军，遇到后金的伏兵，毫无抵抗之力，全部被歼。

此役，后金军俘虏张春、张洪谟、杨华征、薛大湖等参将、游击、都司、守备、备御、千总共33名，阵斩张吉甫、满库、王之敬。全获明军驼、马、车、炮、牛、盔甲、器械。

被俘虏的明将，被押到皇太极面前。这些没有信仰的明将，当兵就是为了吃饭，当官就是为了发财，现在被俘，只求保命。于是，他们纷纷向皇太极跪拜，乞降。

只有张春不跪、不降。

皇太极非常生气，吩咐左右，把张春拉出去，用乱箭射死。

代善、岳托等人上前劝导，说："现在大明政府已经腐败至极，大明的能人志士，因为看不到自己在明朝圈子里的前途，忠君报国之心渐渐冰冷。这时候，明朝将领如果为我所用，此消彼长，远比杀掉要好。以前，我们只屠杀，不招抚，导致我们给明人的印象是残暴、凶狠、不讲道理，所以他们认为，在我们后金做人，还不如在战场上做鬼。我们应该以拉为主，以杀为辅，让他们觉得在后金比在明国更有前途。这样，日后会有更多的人不战而降的。"

皇太极认为代善父子说得有道理，就命人把张春关起来。然后，他命令启心郎索尼，把第4次打援大捷的消息，向沈阳守军汇报。

皇太极大摆酒宴，招待投降的明将。在酒桌上，皇太极和这些明将称兄道弟，不停地嘘寒问暖，夹菜敬酒，给足了明将面子。这些明将，以前在领导面前，哪受过如此尊重？两方领导一对比，人鬼自分。

10月2日，负责监视锦州动向的吴拜、苏达喇，在锦州城附近抓住9名明军散兵。经审讯得知，上次伏击战中，团练总兵吴襄、副将金国臣、参将桑阿尔寨率百十人逃走，其余全被满蒙联军杀死。孙承宗和两个监军，已经跑回关内。

据此消息，皇太极分析，明政府已无支援大凌河城的力量。他现在要做的，就是困死大凌河城内的祖大寿。只要城里人饿着肚子，就会放弃很多原有的坚持。

皇太极一面命人补修工事，加强警戒，不惜一切代价阻击城内明军突围；一面派人展开宣传攻势，瓦解城内明军的斗志。

投降的明将，为了立功，提出给城里军中的朋友、亲属写信，劝他们投降。皇太极欣然应允。他也给祖大寿、何可刚、张存仁写了三封信，言辞诚恳地劝他们投降。

皇太极以最小的伤亡代价，把明政府在辽东的精锐部队消灭了一大半，心情不错。明朝里最让他恐惧的两个人——袁崇焕已经被明政府剐了3600刀，他保护的人争食其肉，千古悲剧；祖大寿被困在大凌河城内，4次突围均告失败，4次救援军队均被消灭，现在是里无粮草，外无救兵。祖大寿面前，只有两个选择：一是饿死，二是投降。

现在，皇太极像一只猫，祖大寿像猫爪下的老鼠。这只老鼠已经是猫的腹中之物，至于什么时候吃，以什么方式吃，要看猫的心情。

皇太极有心情、有时间、有条件陪祖大寿玩下去。

皇太极让明军降将姜桂，带着这些信去见祖大寿。姜桂来到城下，对守城的士兵说，他想进城见祖大寿，有重要情况汇报。

姜桂只身出现在城下，远处有后金兵护送，不用问，这位明将已经投降后金。祖大寿不让姜桂进城，只允许他进入郭内。

姜桂进入郭内后，城门关闭。祖大寿这时才率领将官出现在姜桂面前。

姜桂跪在祖大寿面前，哭诉道："祖大帅，我们 4 次救援大凌河城，均被后金军打败。第 4 次，我们带领 3 万人马，在离城 15 里的地方遭到后金军袭击，只有团练总兵吴襄、副将金国臣、参将桑阿尔寨等百余人逃脱，其余人不是被杀，就是被俘。我们被俘后，皇太极非常尊重我们，真诚地邀请我们与他一起开创大业。大帅，明政府现在是阉党当道，崇祯不辨忠奸。袁督师忠心耿耿，一心报国，却被凌迟，而阉党人则升官发财，过着纸醉金迷、灯红酒绿的生活。我们投金，与道德、品质、素质无关，只因为这个大明，我们爱不起，忠不起！这些书信，都是弟兄们写给您的！"

姜桂把书信呈上，祖大寿连看都不看，便放到一边。

祖大寿留姜桂吃饭。席间，祖大寿对姜桂说："你不必再来了，我宁可饿死在城里，也不会投降。你投靠后金，我也不埋怨。人各有志，不强求！"

2. 被圈子抛弃的背后

祖大寿宁死不降。皇太极不急、不恼、不生气。他非常自信，不超过一个月，祖大寿不降即死，别无选择。

在城内，吃苦挨饿；出城后，就能大口喝酒大碗吃肉。大凌河城里的明军，实在熬不下去了。

10 月 10 日，明将王世龙忍受不了饥饿，出城投降后金。皇太极向王世龙了解城内情况。王世龙说："城内已无粮食，马匹几乎全被杀死吃光，剩下的 30 余匹，也已瘦骨嶙峋。大部分夫役商贾饿死。活着的人，为了填饱肚子，只能吃死人身上的肉。”

皇太极听到这个消息，更不着急了。他每天派人写劝降书，用箭射入城中。

在与祖大寿打消耗战的过程中，后金军也没闲着，把大凌河城附近的联防炮台，一一攻下。明子章炮台、翟家堡炮台、陈兴堡炮台的参将，也悉数投降。

皇太极为了让祖大寿彻底绝望，又派出陈兴堡炮台参将姜新，前去招降祖大寿，叮嘱他把大凌河城外最近发生的一切告诉祖大寿。

祖大寿听说姜新前来招降，便意识到他死守的，已经是一座孤城。他和他的兄弟，已经被明政府抛弃了。

这时，大凌河城内彻底断粮，民兵相食，以骨当柴。北京城里各个圈子为了各自的利益,斗得头破血流。没有一个人想着辽东，惦记着大凌河城。

祖大寿的报国之心,彻底泯灭,便率领众将官出城与姜新相见。姜新向祖大寿描述了各个炮台被攻击、拆毁的过程，然后告诉祖大寿，明政府当局都已经放弃了大凌河城，他们这样守下去毫无意义。

祖大寿没有说什么，把游击韩栋叫到一边，说：“你以议和的名义，跟姜新去一趟后金军大营，顺便察看一下军情，看看从什么地方有可能突围。”

晚上,韩栋回到城里,告诉祖大寿,后金军工事坚固,布阵严谨,几乎无懈可击，突围根本不可能。

听到这个消息，祖大寿彻底绝望，终于下了向皇太极投降的决心。

祖大寿除了投降别无选择，明政府再也组织不起解救孤城的有效力量,大凌河城唾手可得。大获全胜,对皇太极来说近在咫尺。

胜利在握，使皇太极有时间、有心情处理内部的事啦。

自从皇太极即位那一刻起，三大贝勒一直是他实现大权独揽的最大障碍。上一次，经过半年的精心筹备，联合蒙古各部，准备绕道进关时，代善、莽古尔泰两个人，在半路上逼他班师的事，历历在目。每当他想起这件事，就觉得在后金圈子里，他要想成为名副其实的一把手，三大贝勒不能不除，不得不除。否则，他这个大汗，就是一个摆设。

皇太极早就设定好除掉三大贝勒的次序：阿敏、莽古尔泰、代善。

先除阿敏，不是因为他的威胁最大，而是他的圈子最小，势力最弱。皇太极利用永平事件，把阿敏永久囚禁，变为废人。

把莽古尔泰列为第二个打击，是因为他曾经是皇太极打压代善的盟友，知道一些内幕。最让皇太极不放心的是，莽古尔泰脾气粗鲁，头脑简单，贪婪成性，翻脸不认人，说话办事不计后果。他就是后金圈子里的一颗炸弹，不知道什么时候爆炸，也不知道爆炸后的杀伤力有多大。

皇太极认为，他要除掉莽古尔泰，必须具备两个条件：

一、在他掌控圈子里半数以上势力之后。

二、有一个充分、合理的借口。

现在，皇太极已经掌控了后金圈子里的大部分实权，势力远在莽古尔泰之上。莽古尔泰又犯下“御前拔刀”的死罪，即便直接处死他，圈子里任何人，都无话可说。

代善之所以排在第三位，因为代善的两个儿子岳托和萨哈粼，是皇太极不可或缺、无可替代的超级打手、帮手。而代善本人，处事低调，做人老实，暂时对皇太极没有威胁。

现在，就是皇太极打倒莽古尔泰的最佳时机，他绝对不会错过。

莽古尔泰御前拔刀之后，多尔衮、济尔哈朗就主张严惩莽古尔泰，被皇太极以战事为重压下不提。

现在，战局明朗，后金军大获全胜在即，皇太极自然要把处理莽古尔泰之事提到日程上。在一次贝勒、大臣会议上，研究完工作部署之后，皇太极再次强调作战纪律。

皇太极说："从各方面的情况来看，我军这次出兵，将大获全胜。我在这里，一是要感谢上天的眷顾，二是感谢大家同心同德、群策群力、共同谋划。但是，胜利不能掩盖一切。在我们当中还有一些人，仗着自己权力大、资格老，不从大局出发，处处计较自己小圈子的得失，影响之坏、破坏力之强，远超出我八旗人的容忍底线。在这次出兵中，这些人这样的行为，尤为严重。这样的事情，我们再纵容下去，就是对我们后金国民的前途、命运不负责，就是典当先辈们用鲜血、生命为我们换来的基业。这次会议结束后，希望有关负责刑讼的贝勒，好好总结一下，本着公正、公平、公开的原则，对此次出兵过程中有违法乱纪行为的人，进行严肃处理。不管涉及谁，都要严惩不贷！"

皇太极发出了整治莽古尔泰的信号。精明、缜密、善于揣摩一把手心理和需要的多尔衮、济尔哈朗，自然知道他们要干什么了。

济尔哈朗负责刑部，多尔衮负责吏部，两个人都是皇太极小圈子的骨干，对于打击莽古尔泰，根本不需要皇太极动员的。

会后，济尔哈朗和多尔衮召集诸贝勒开会，研究如何给莽古尔泰定罪的问题。

两个人决定：革去莽古尔泰的大贝勒爵位，贬为普通贝勒，罚没 5 个牛录、1 万两白银。

岳托是一个正直、坦荡、无私的人。不论做什么事，他都坚持公平、合理、问心无愧的原则，从不考虑自己的得失。

会上，岳托反对从重从严处罚莽古尔泰。他认为，在此战中，大部分战斗都发生在南城，正蓝旗减员确实严重。莽古尔泰为了确保阵地不失、不放走一个明军的作战要求，向皇太极索要本属于正蓝旗的 10 个牛录护军，也在情理之中。至于拔刀，也是下意识行为。岳托提出对莽古尔泰给予警告、记大过、象征性罚点钱就算了，没必要上纲上线。

很多贝勒的想法和岳托一样，也认为岳托说得在理。但是，他们却反对岳托的提法。

他们一致同意多尔衮、济尔哈朗的决定，莽古尔泰御前拔刀是毫无争议的事实，没什么好议的，应该从严从重处理。

大部分贝勒都意识到，打压莽古尔泰，是皇太极的需要。在这个问题上，事实不重要，法律不重要，自己的态度才重要。在这个非常时刻，如果自己为莽古尔泰说情，或者反对从重从严处理，都会被皇太极视为异己，以后在后金圈子里，肯定是前途渺茫，晋升无望！

前途大于一切，管他什么公平、公证和良心！在后金圈子里，一把手永远是对的，紧跟一把手，也永远是对的。

对于济尔哈朗、多尔衮提出的判罚，除岳托保留意见外，其他贝勒一致通过。

3. 领导眼里的好员工有两类

济尔哈朗、多尔衮把会议讨论结果形成书面报告，呈报皇太极批示。皇太极见报告中，有把莽古尔泰从大贝勒降为普通贝勒这一条，就已经非常满意了。

在贝勒会议上，岳托没有说服众人，就直接找到皇太极，说这样处罚莽古尔泰，既不合情，也不合理。

岳托说："三贝勒与大汗发生矛盾，事出有因。当时他对大汗说话的态度，虽然有些强硬，但也是在正蓝旗伤亡惨重、情急之下说出来的。三贝勒所言，基本属实，没有妄言。后来，他一直坐在自己的大帐里，为自己的莽撞行为忏悔、痛哭流涕。您说句心里话，自您即位以来，三贝勒对他的言行还是很收敛的。他在工作上，虽有瑕疵，也是能力不及。他的优势毕竟在战场上。现在，仅因为三贝勒在您面前无意识地拔刀，就要处以这么严厉的惩罚，是不是难以服众？”

皇太极没想到，在这个关键时刻，岳托竟然不明白他为什么要整治莽古尔泰，还站出来装好人。

皇太极质问岳托：“这样处理三贝勒，是众望所归，不是我个人的决定。事情也许如你所说，既不合情，也不合理，但是合法。你不是也说后金有法不依、执法不严、违法不究吗？三贝勒御前拔刀，按律当诛。这样处理他，已经够宽容的了！”

岳托坚持认为自己没错。他接着强调：“三贝勒心直口快，说话办事不过脑子，也不是一天两天了。他对大汗、对后金还是忠心耿耿的。我们如果因为他的一次冲动，就给予如此严厉的惩罚，虽然合法，却违背情理。”

皇太极一拍桌子，冲着岳托喊道：“你这是替后金政府说话，还是替莽古尔泰说话？”

岳托也郁闷了，低声说：“我真不明白，他到底有什么明显的罪过！更不明白，汗王与三贝勒之间，到底有什么不可调和的过节！既然大家都在为后金前途打拼，为什么要苦苦相逼呢？”

岳托说话办事，向来都是从后金圈子大局出发，为后金圈子整体利益考虑，从不去想他的所作所为，对他的前途会有什么样的不良影响。

通过这件事，让皇太极意识到，岳托这个人，是个好员工，但绝对成不了他需要的员工。在岳托心目中，后金是后金所有人的，而不是皇太极一个人的。

在皇太极心目中，后金就是他的私家作坊。所有后金人，都是他的奴才，对他必须绝对服从。

济尔哈朗、多尔衮代表皇太极，向莽古尔泰宣布了处罚决定。

莽古尔泰对于如此严厉的惩罚，只能接受。他不接受，可能要遭到更严厉的惩罚。现在的皇太极，已经不是当初那个对他毕恭毕敬的老八了。

皇太极不动声色地整倒了莽古尔泰，心里很爽。现在，他更有心情、有时间陪垂死挣扎的祖大寿玩猫捉老鼠的游戏了。

10月25日，祖大寿派义子祖泽润，把要求见面和谈的信，用箭射出城去，信中要求皇太极派明朝降将石廷柱为全权代表，负责与祖大寿的谈判事宜。为了表示谈判的诚意，祖大寿把儿子祖可法，送到后金营中做人质。

皇太极见祖大寿同意谈判，非常高兴，回信说，一切按祖大寿的要求进行谈判。

10月26日，韩栋送祖可法到后金营中做人质。皇太极派出后金圈子里有文化、素质高、形象好、权力大的岳托、济尔哈朗负责接待工作。

祖可法见到岳托、济尔哈朗二人，便要下拜。岳托一把拉住祖可法，非常真诚地说："以前，我们两军对垒，各为其主，相互厮杀，那是仇敌。现在，我们已经讲和，见面就是兄弟，以后还是同事，还需要那么多繁文缛节干吗？见面拱手抱拳，打个招呼，就可以了！我们这里可没有那么多讲究啊，呵呵！"

皇太极见祖大寿果然履行了谈判协议，把儿子送来做人质，便马上派出后金政府的谈判高手库尔缠、龙什、宁完我三人，随石廷柱进入大凌河城，进行谈判。

祖大寿对皇太极的谈判代表说："现在，既然我不能、无法为国尽忠，报效皇帝，又不想死，所以只能投降了。但是你们也知道，一旦我投降，明政府就会诛杀我的九族。我一人苟活，全家人为我丧命，那我还有什么脸面活着？我的家人，现在都在锦州城内。你们占领大凌河城后，如果不班师，一定要想办法攻下锦州，解救我的家人！"

祖大寿说得很委婉，但意思很明确。如果后金政府要他投降，不是不可以，但有条件，在他投降之前，后金军必须攻打锦州，解救他的家人，保证他家人的安全。

这个条件，代表团中没人敢做主。于是，他们回来请示皇太极。

谁知道皇太极对攻打锦州、解救祖大寿家属的问题上，毫不犹豫，爽快答应。皇太极的目的很简单，就是想让祖大寿先放弃大凌河城投降。至于打不打锦州，那是以后的事情。

明政府已经放弃了大凌河城，祖大寿是死是活，明朝圈子里的人，没有人会考虑，这是明摆着的事情。众贝勒对祖大寿坚守孤城，死要面子活受罪的行为感到不解。

众贝勒问祖可法："你们里无粮草，外无救兵，突围根本不可能。大凌河城破，只是早晚的事情。你们为什么还要死守孤城呢？何苦呢？"

祖可法说："我们都是打工的，吃人俸禄，替人消灾，乃天经地义的事。的确我们拿崇祯一天俸禄，替崇祯办一天事。崇祯在你们眼里，可能是昏聩无能，愚昧无知，但他毕竟是我们的衣食父母。人，总得知道感恩吧？这不是说我们有多高尚，而是员工的职业操守。你们占领了辽东、永平等地，也有很多人归顺你们，可你们是如何对待这些降民的？杀戮，疯狂地杀戮。我们战是死，降也是死，为什么要选择投降呢？战死，最起码还落个好名声呢！"

岳托说："我能理解你们的这种想法，更敬佩你们的职业操守。没有职业操守的人，的确，我们也不会如此用心良苦招降。我们曾经杀害过很多无辜的人，这一点我们也承认。但是，屠杀辽东百姓，是先汗对汉人实行了错误的民族政策，我们为那些错误政策，也付出了高昂的代价。杀害永平兵民，是二贝勒阿敏的个人行为，他也为他的错误付出惨重的代价。我们大汗，已经按律把他贬为平民，财产充公，终身囚禁。我们大汗自从即位以来，制定新政，敦行礼义，抚养百姓，爱惜士卒，估计这些你们也有所耳闻吧？"

祖可法说："对于你们实行的新政，大汗礼贤下士，爱民如子，听说过没见过。我们只见过你们疯狂地毫无人性地抢掠、杀戮、屠城。现在在我们眼里，你们仍是杀人不眨眼的魔鬼。你们口口声声说珍惜自己、珍惜别人，我不相信，也不敢相信！我们的谈判已经告一段落，我这个人质的作用也结束了。我想我该回去了！”

祖可法要走，岳托手下人欲阻止。岳托说：“既然我们两家已经讲和，彼此就是兄弟，在哪里都一样。他要走，我们应该以礼相送才是。”

岳托说完，把祖可法送到帐外，拱手告别。

谈判，似乎又陷入了僵局。

4. 谁是棋子的命

要祖大寿投降，只有攻打锦州这一个不可更改的条件。皇太极见两家的谈判在打不打锦州的问题上产生分歧，于是，他提出一个条件，派石廷柱、达海与祖大寿再一次谈判。

达海对祖大寿说：“你不投降，我们肯定要继续围困大凌河城。现在，你要求我们先派兵攻打锦州，打下锦州你再投降，这对我们来说，确实有难度。锦州之坚固，大帅比我们更清楚。如果我们兵分两路，战斗力将大打折扣。锦州不但打不下来，还会使我军白白受损。希望大帅考虑一下我们的难处！”

祖大寿反问道：“你们大汗的意思呢？”

达海说：“你看这样行不行？大帅率众归顺之后，我们一起谋划锦州，是不是更可行？到那时，或以武力强夺，或以计智取，全凭大帅定夺。”

祖大寿说：“给我一天时间，容我再考虑一下。”

10月27日，祖大寿派部下施中军到后金营地，表示决定投降，并提供攻击锦州的计划。施中军对皇太极说：“我家大帅建议，如果派人混入锦州做内应，一旦消息走漏，恐怕大帅的家人会受到牵连。他想假扮突围成功，混入锦州，不知道大汗意下如何？”

皇太极说：“你家大帅打算带着属下去，还是他一人只身前往？”

施中军说：“这一点，我家大帅早已想好，其他部署留在金营，由他一人前往锦州做内应。”

皇太极想了想，说：“祖大帅的条件，我可以答应，但是，他必须当众杀掉何可刚。否则，我对手下无法交代！”

皇太极知道，明朝圈子里的人，内战内行，外战外行，他们最擅长的是窝里斗，整治同僚。现在明政府边关告急，内地农民起义不断，可谓里忧外患，却没人关心这些事情。只要祖大寿杀了何可刚，他的尾巴就被阉党圈子的人踩在脚下。即使他不投降后金，在明朝圈子里也没有活路。

何可刚是跟随祖大寿多年的名将，对祖大寿忠心不贰。但是祖大寿为了保住更多人的性命，照顾更多人的利益，也顾不了那么多了。他找了一个理由，在城外当着后金诸贝勒的面杀了何可刚。

祖大寿杀了何可刚之后，随即带着 4 名副将、2 名参将，与后金受降代表举行了投降仪式。

皇太极携众贝勒在受降仪式上，首先盟誓：

明朝总兵官祖大寿、副将刘天禄、张存仁、祖泽洪、祖润泽、祖可法、曹恭诚、韩大勋、孙定辽、裴国珍、陈邦选、李云、邓长春、刘毓英、窦承武，参将、游击吴良弼、高光辉、刘士英、盛忠、祖泽远、胡宏光、祖克勇、祖邦武、施大勇、夏得胜、李一忠、刘良臣、张可范、萧永祚、韩栋、段学孔、张廉、吴奉成、方一元、涂应乾、陈度武、方献可、刘武元、杨名世等人，现率领大凌河城内官员、兵民归降后金。所有归降官兵，如果后金人将其诱骗杀死，或在他们投降之后离散其妻子，分散其财物、牲畜，天地降罚，夺其寿命。归降官兵，如果心怀不轨，或逃或叛，天地降罚，使其短寿。如果遵守盟誓，天地保佑，寿命延长，安享太平。

皇太极盟誓完毕，祖大寿接着盟誓：

少傅总兵官祖大寿等人，虔诚地昭告天地，我们率兵筑城，被满洲兵围困3个月，军饷已尽，不得已率众投降。归顺之后，所有官兵及家属俱获保全。如果祖大寿等人违背誓约，天地鉴之，殃灾及身，死于刀箭之下。如果满洲国汗设计陷害，也请上天看着处理。

双方盟誓完毕，各自回去，准备履行相关事宜。

皇太极派龙什到祖大寿那里，商讨攻取锦州的办法。

祖大寿见皇太极派龙什与他商讨攻打锦州的计划，就觉得皇太极没有忽悠他。他也立即随龙什去见皇太极。

皇太极为了表示对祖大寿的尊重，派诸位贝勒出营一里迎接。诸贝勒众星捧月一般，把祖大寿迎到皇太极的御营前，皇太极早已在帐外恭候。

在明朝圈子里，祖大寿何时享受过此等待遇？他心里顿时充满感动、感激，不由自主地想要跪在皇太极面前。

皇太极一把拉住祖大寿，紧紧地与他拥抱，然后两个人搭肩搂背进入大帐。皇太极亲自给祖大寿搬来一把椅子，摆在他座位的左边，让祖大寿坐下。

皇太极赐给祖大寿御用衣服、金银、白马等物，并吩咐御膳房，准备丰盛的宴席，招待祖大寿。

皇太极的举动，出乎祖大寿的意料之外，他两眼含泪说："承蒙大汗如此厚待败军之将，就算在下是铁石之人，也已经被大汗的真情感化。常言说，士为知己者死，为报大汗知遇、赏识之恩，大寿万死不辞！"

于是，祖大寿向皇太极说出了他的智取锦州之计。皇太极听后，拍手称妙。

10月29日半夜，祖大寿命人在大凌河城内放炮，炮声震天。祖大寿带领属下350人，出城与后金军会合。

皇太极让阿巴泰、德格类、多尔衮、岳托率领8名梅勒额真，14员猛将，4000士卒，穿上汉人服装，在城外等候祖大寿。

两军会合之后，以溃败状，向锦州狂奔。

不巧的是，此时天降大雾，能见度极低，难以行军。众人商议之后，取消行动计划，各回营地。

皇太极答应祖大寿进入锦州潜伏，众贝勒中有很多人对此持有疑虑。他们担心，一旦祖大寿进入锦州城，恐怕是肉包子打狗，有去无回。

皇太极说："明政府在辽东的精锐部队，乃至明朝的精锐部队，都已经被我军消灭。这些精锐部队的将领已经归顺于我。祖大寿以前之所以厉害，是因为他手里有这支部队。现在这支部队不存在了，他也不是以前的祖大寿了。我们与其把祖大寿留在身边，不如放他回锦州，让他潜伏下来，为日后我军攻打锦州添一个筹码。"

有人问道："万一他回到锦州，不但不献城，反而继续与我为敌呢？我们不是放虎归山吗？"

皇太极说："就算祖大寿如此待我，对我也不会有以前那么大的威胁。如果我们不放他回去，明朝肯定要派别人镇守锦州、宁远，那样的话，事情不就更难办了吗？祖大寿的子侄都在我们手里，我们把他们带回沈阳，好好对待，这也是我们挟制祖大寿的一个筹码！想干大事，就得有赌性，什么都在乎，什么都不舍，肯定不行的！"

对放祖大寿回锦州的事情上，后金领导层意见统一之后，皇太极命人进城告诉祖大寿："我家大汗让你回锦州，他想知道你如何进入锦州，怎样拿下锦州。"

祖大寿对使者说："这件事情，我早已考虑好了。我会对他们说，我昨夜突围，暂避山上。今夜徒步到锦州，他们不会不让我进城的。我唯一担心的是，邱巡抚已经得知大凌河城方面的情况。不过，锦州的将士，都是我带出来的，有我在，邱巡抚未必能指挥得动。如果我能调动锦州的军队，捉住或者杀死邱巡抚，献出锦州，是一件很容易的事情。如果 11 月 2 日听见锦州城里有炮声，就证明我已经顺利进城；3 日、4 日再听到炮声，就证明大事已成，大汗可派兵进驻锦州。”

皇太极同意祖大寿的计划，并命石廷柱、库尔缠到相约的地方送行。祖大寿带领 26 名亲信，与石廷柱、库尔缠分手后，连夜渡过小凌河，徒步向锦州进发。

锦州，根本不在皇太极这次征讨之列。祖大寿离开大凌河城 3 天之后没动静，皇太极便命归降的明兵明将易服、剃头，拆毁大凌河城。

11 月 9 日，张有功带着祖大寿的亲笔信，来见皇太极。祖大寿在信中说，他已经进入锦州城，锦州驻军全部更换，巡抚、巡按对他很戒备，对他实行全天候的监视。他身边的亲信甚少，不能举事，只能等待机会。

皇太极根本没有心情想锦州的事儿。在他心中，还有一件更要紧的事不能再拖，必须马上处理。

这件事，就是莽古尔泰“御前拔刀”一案的后续相关事宜。班师回沈之后，他必须把这篇文章，做得异常精彩！

第十八章

规矩为什么要由人制定

1. 一幕精彩的双簧表演

1631 年是皇太极在后金圈里圈外收获颇丰的一年。

皇太极脚面上的 3 只大蛤蟆——三大贝勒，阿敏被终身囚禁，莽古尔泰被贬为普通贝勒，只剩下没脾气没骨气的代善，低三下四地苟活着，对皇太极已经没有任何威胁。

这一年，皇太极名正言顺地颠覆了努尔哈赤遗留的“八大贝勒共治国政”的政体制度，以六部衙门取而代之。吏部负责人多尔衮、兵部负责人岳托、刑部负责人济尔哈朗、户部负责人德格类、礼部负责人萨哈粼，都是皇太极的心腹。这 5 个人，掌控着后金圈子里的人事、军队、司法、财政、建制大权，这就等于皇太极真正、彻底掌控了后金圈子的实权。

在后金政府里，以前因四大势力共存，导致圈子里各种会议、外事接待上，三大贝勒与皇太极一直平起平坐，给人的印象是4人共同当家。这是皇太极无法接受却一直忍受的事。

后金政府设置六部以后，各部门负责人都根据皇太极的真实需要，纷纷改革旧制，制订新的工作计划，以证明他们能胜任其职，是值得领导信赖的人。

头脑灵活、思路清晰、善于揣摩一把手心理的萨哈粼，在大凌河城大捷、莽古尔泰被贬之后，就觉得礼部应该有所行动了。

大凌河城战役完胜，皇太极等人携带抢掠的人口、牲口、物资、财物回到沈阳。分赃完毕，大家都很高兴。在庆功表彰大会上，萨哈粼作为礼部负责人，向皇太极汇报了礼部下一步的工作计划。

萨哈粼说："1583年，先汗以父祖13副遗甲起兵，经过两代领导人50多年的励精图治，建州女真从一方部落，发展成人口数百万众，版图千里，综合国力可以和南明帝国抗衡的后金国，一在于上天垂佑，二在于领导英明，三在于众志成城。

"但是，我们不应该、也不能满足于已经取得的成就。我们应该秉承先汗的遗志，入主中原，以拯救处于大明政府暴政统治下的百姓为己任。这是上天赋予我们的责任与使命，不容推卸，否则就要遭到惩罚的。

"在过去的50年中，特别是在天聪汗即位后的5年里，我国经济发展迅速，国力扶摇直上，与天命汗时期不可同日而语。但是，政体制度决定国力发展速度。我们不得不承认，现有的后金政府的政体制度，已经严重制约了后金国政治、经济、文化的发展速度，成为后金国做大做强的羁绊。因此，改制已经势在必行。"

今天萨哈粼提出改制，绝对不是他一时头脑发热、酒后尽兴发挥的畅想，而是事前征求过皇太极的意见。皇太极早就希望改制了，只是他的势力、实力不允许而已。

现在，各方面的条件已经成熟。萨哈粼提出改制，正中皇太极的下怀。他看完萨哈粼的改制报告，非常满意。

皇太极说："自我即位以来，一直以贯彻先汗的八王共治国政为己任。从后金发展需要上看，我们再坚持执行原有的政体模式，可能就要制约我国各方面的发展速度。因此，改制势在必行。但是我们当中的很多老人，包括年轻人的思维，并没有与时俱进，依然停留在八王共治的思维模式之中。在我们后金政府里，什么最重要？稳定、和谐、团结、发展最重要。要那些人转变思想观念，是个大工程，绝对不是一蹴而就的。不过，萨哈粼的建议很有前瞻性，可以拿到贝勒、大臣会议上讨论，听听大家的意见。"

萨哈粼在会上提出改制，很多贝勒都明白要改什么了。他们心里很清楚，这是萨哈粼与皇太极在唱双簧。于是，有更多的贝勒站出来，表示为了后金的发展，坚决拥护改制。

皇太极说："八王共治国政，是先汗制定的，如果不到非改不可的地步，最好不要改，这是我们的国本。但是，我们所有的政体制度，都要服务、服从于后金的发展需要。所以，一旦后金国的现行体制，已经拖了后金发展的后腿，就没有不能改的。为了后金国的强大，我已经做好随时退位让贤的准备，所以，没有什么不能改变的。你们回去集体研究一下，改什么，怎么改，一定要科学合理。"

改什么,怎么改,萨哈粼早就想好了。要改,就得先把莽古尔泰、代善从皇太极的身边改下去。君臣同坐，绝对不是皇太极需要的。

萨哈粼是皇太极身边的红人，关系不一般。由他提出让莽古尔泰、代善坐到皇太极的下手，肯定不合适。况且，代善还是他的老爸。于是他就命令礼部参政李伯龙出面，提出废除朝贺时大贝勒与皇太极并坐受贺的制度。

在接下来的贝勒、大臣会议上，李伯龙就当众提出：

"我后金国不论经济、军事、人口、版图，都已是大国，但是在我们的内部，很多规章制度还停留在当初草台班子阶段，这与我们的大国身份不符。”

皇太极装作很生气的样子，把脸一沉，说：“我们满人注重效能，不像你们汉人，只讲究形式，不重实效。我们的草台班子，就能战无不胜，攻无不克，打得南明政府一点脾气都没有。”

李伯龙一点儿都不害怕，接着说：“常言道，无规矩不成方圆。完善的规章制度，是一个政府正常、安全运转的保证。这一点，在我们后金政府里，还是非常欠缺的。最起码，在一些人的头脑里，就没有制度意识，导致他们在一些关键场合，找不到自己准确的位置。如果我们有严格的规章制度，就不会发生‘御前拔刀’的事件。这一次，‘御前拔刀’没有伤及大汗，下次呢？”

皇太极做沉思状，示意李伯龙接着说。

李伯龙接着说：“‘御前拔刀’看似是个偶然事件，但我个人认为它有其必然性。我们在召开大型会议或者在其他重大节日时，经常有人超越班次，不管自己的身份如何、官职大小，想坐哪里就坐哪里，想站哪里就站哪里，想说什么就说什么，想跟谁说就跟谁说。习惯成自然，长此以往，不乱才怪！我们后金既然是大国，就得有个大国的样子，一切都要按程序办事，而不是按脾气办事。”

多尔衮站出来说：“奴才作为吏部负责人，对李参政的建议，感触颇深。李参政所言，绝对不是危言耸听。我们的政体制度，的确到了不改不行的地步。作为一个大国，如果只靠个人素养、职业操守运转，本身就是幼稚的，甚至是荒唐的。”

济尔哈朗也站出来，他更直接地说：“大贝勒莽古尔泰‘御前拔刀’，已经犯下死罪。大汗宽宏大量，只免去了他大贝勒爵位，保留其普通贝勒爵位。他作为普通贝勒，却和大汗并坐，接受其他和硕贝勒的参拜，这本身就于理不合。大汗可以不在乎，但让下面的人怎么想？”

皇太极说：“以前莽古尔泰就一直和我并坐，现在突然不让他与我并坐，我们内部的人还能理解，其他国家、部落的贝勒不了解情况，肯定会怀疑我们兄弟之间发生了什么矛盾，影响不太好吧？既然大家说的都有道理，我建议，由多尔衮、济尔哈朗牵头，你们回去好好研究一下，再征求两个大贝勒的意见。我还是那句话，一切以稳定、团结、发展为主。至于改与不改，还是采取少数服从多数的原则。只要有利于我为国家、为大家服务，无论怎么改、改什么，我都无条件服从！”

2. 改制，改的是什么

散会后，多尔衮、济尔哈朗便立即行动，组织了一个庞大的政体改制讨论团。

其实，讨论团的讨论，基本是走形式。大家心照不宣，八王共治国政的时代已经结束；皇太极大权独揽的时代已经到来。莽古尔泰、代善从皇太极身边消失，是必须的，也是必然的。

这个讨论会，因为事关两个大贝勒，多尔衮、济尔哈朗要求莽古尔泰、代善参加。

代善已经对皇太极缴械认输。皇太极只要保住他正红旗旗主、大贝勒的爵位和待遇，他就很知足了。代善对后金圈子里的事儿，早就是睁一只眼闭一只眼，对任何事都持事不关已、高高挂起的态度。只要生活过得去，管他如意不如意。

莽古尔泰一直自我感觉良好。他私下认为，无论到什么时候，皇太极都不可能亏待他。通过大凌河城事件，莽古尔泰才意识到，现在的皇太极，已经不是过去与他解衣推食的老八了，而是有实力、有能力把圈子里任何人打入十八层地狱的铁面阎罗。

莽古尔泰本身就是外强中干、色厉内荏的人。他对皇太极，天生就有一种说不出的恐惧，就像老鼠对猫的那种恐惧。皇太极即位以后，总是在他面前走凌波微步，专打他的弱点，令他防不胜防，有苦说不出。

以前，莽古尔泰眼里的屁孩儿——多尔衮、济尔哈朗，几年之间已经成为后金圈子里前5位的实力派人物，位置远在两个大贝勒之上。代善、莽古尔泰虽然被圈里人尊称为大贝勒，那只不过是形式而已。尊重他们是人情，不尊重他们是本分。因为一把手不把他们放在眼里，紧跟一把手的年轻贝勒，也不可能把他们当回事儿。

多尔衮、济尔哈朗面前摆着李伯龙提交的关于政体改制的报告。他们见贝勒们坐好之后，济尔哈朗示意多尔衮先发言。

多尔衮也不客气，以吏部负责人的身份开始讲话。

多尔衮说："李伯龙提交的改制报告，是适时、及时的。随着我国综合国力的飞速发展，我们原有的体制，已经成为制约我后金向大国发展的羁绊。自私、贪婪、趋利避害、损公肥私、损人利己是人性的弱点，每个人都有，每个人都会，包括在座的各位。我们满人，从一个小小的女真部落，发展成人口过百万、版图数千里的后金国，将来还要图谋中原，统一华夏。如果我国政府没有严谨、健全的政体制度，如果我们仅仅把官员的责任心、事业心都寄希望于官员的朴素感情和自觉性上，那么，别说统一华夏，维持好现状都是一句空谈。

"一个国家政体制度的健全和完善，是国家正规化建设的最基础的保障。健全、完善的政体制度，既是国家未来发展的保障，也是对在座各位人生前途的保证。如果没有健全和完善的政体制度，就会纵容和鼓励某些人犯错误，甚至导致某些人犯罪。那是对我们的前辈、国家、维护后金国家利益之人的犯罪。

"制度好，可以使坏人无法任意横行；制度不好，可以使好人无法充分做好事，甚至会走向反面。所以，原有的、落后的、制约后金发展的政体制度，一定要改，这没有商量的余地和必要。我们今天讨论的话题，不是改不改，而是怎么改、改什么！"

多尔衮的一席话，已经给这次会议画了圈、定了调。同时，他也在提醒大家，要找准你们的位置，掂量好你们说的话。在这里说的每一句话，都会影响你们在后金圈子里的前途。

济尔哈朗接着说："我们今天开会的主要议题是讨论两个大贝勒和大汗并坐的问题。当然了，两个大贝勒，对于我们后金的创建和发展，立下了汗马功劳，这一点是永远不能抹杀的。两位大贝勒，当初积极推举大汗即位，也是希望在大汗的正确领导下，把后金做大做强的。我们今天提出这个议题，目的很简单，就是为了后金在今后的日子里，更加有序、健康、快速地发展，为我们早日放马中原提供软件支持。下面，就请两大贝勒表个态吧！"

老奸巨猾的代善，已经嗅出这次会议的味道。他已经清楚地意识到，现在的后金，就是皇太极的后金。整个后金圈子里的人，都得看皇太极的脸色行事。过去的事儿、失势的人，已经成为历史，可以摆在供桌上，也可以扔进垃圾堆。

既然皇太极不允许他身边坐着别人，代善只有两个选择：一、冠冕堂皇地从皇太极身边走下来，二、被皇太极的打手们找个理由赶下来。

代善自己走下来，最差的结果是回家养老，但仍然享受开国功臣的待遇；如果他被别人赶下来，他就是第二个阿敏。别说大贝勒的待遇，就连普通人的自由，都会被剥夺。

在权力决定一切的圈子里，不服不行，不怕也不行。

代善说："当初我支持大汗即位，就是因为我认为大汗是个雄才伟略之人，他一定能秉承先汗的遗志，带领我们把后金做大做强。大汗即位5年来，事实证明，大家的选择没有错。当初我们与大汗并坐，一是大汗对我们的尊重；二是出于巩固、建立大汗权威的需要。说实在的，我们既然奉大汗居大位，又和大汗并列而坐，我心中是非常不安的。我认为，从今以后，我和莽古尔泰应该侍坐大汗两侧，蒙古贝勒坐我们之下，这样，才能做到有礼、有序。"

莽古尔泰认为，八王共治国政，是先汗制定的规矩。四大贝勒同位而坐，也是皇太极自己要求的。现在皇太极修炼成精，想搞一家独大，既是忘本，也坏了规矩。

但是，皇太极已经利用手中的权力和他一时疏忽犯的错误，把他由劳苦功高的大贝勒，变成戴罪立功的普通贝勒。如果他再不服，就很可能把他从普通贝勒变成一无所有的庶民。

现在，后金圈子就是皇太极的圈子。在这个圈子里，莽古尔泰已经不是当初的莽古尔泰。皇太极可以叫他活，可以叫他死，也可以叫他生不如死。

在圈子里，没混好，就得被选择，被安排，被服从，总之，一切都被动，走背运。

到了这地步，莽古尔泰即便嘴含黄连也得喊甜。他说："我就是一介武夫，打仗杀敌还可以，要说治理国家，管理政务，确实是外行。我坐在上面，听你们和大汗探讨什么制度啊，政策啊，如听天书，如坐针毡，难受得要命。现在，你们允许我坐在下面，对我来说就是一种解脱。我非常同意大汗面南背北独坐，把我们并坐的形式尽快取消。这样，既有利于大汗管理国家，也让我轻松自在一下。"

多尔衮和济尔哈朗两个人，本以为代善、莽古尔泰会反对，没想到两个人非常识时务，主动要求从皇太极身边消失，事情就好办多了。

多尔衮见两个大贝勒愿意让出位置，心里很高兴。他环视会场一周，说："两位大贝勒识大体、顾大局，主动要求不与大汗并坐，真是值得我们钦佩。两位大贝勒具有如此高的思想境界，是值得我们学习的榜样。这样吧，认为两位大贝勒应该与大汗并坐的人举手，如果举手的人超过半数，两位大贝勒的提请就算无效。"

两个大贝勒都屈从，还有谁敢提出反对意见？

多尔衮见没人举手，暗想：你们还算识趣！于是，他接着说：

“既然大家一致同意两位大贝勒从大汗身边撤座，那我们就把你们的意见上报给大汗，交他定夺！谁还有其他的建议？”

萨哈粼说：“大家都很忙，聚在一起开会不容易。经我们礼部众人商议，在朝贺礼仪上有一些建议，希望大家在此讨论一下。”

众人对礼部制定的朝贺礼仪，也是一致通过。

多尔衮、济尔哈朗把会议纪要呈报给皇太极批阅。皇太极表示尊重大家的意见。会议研究的结果，即日执行。

3. 流氓年年有，现在特别多

萨哈粼代表礼部，向后金国大小臣工宣布在重要节日时，贝勒、大臣向皇太极的参拜礼仪。

在重大节日，首先是八旗诸贝勒给皇太极行礼；其次，是察哈尔、喀尔喀诸贝勒行礼；再次，是满洲、蒙古、汉官带领各旗官员行礼。

各级官员给皇太极行礼时，先是总兵官、固山额真；其次是副将、参将、游击、护军额真侍卫；再次是备御，各分班序行礼。

代善、莽古尔泰不再与皇太极并坐，看上去也就是开会、举行仪式时，在那里就坐的小事儿，其实则不然。

两个大贝勒从皇太极身边消失，皇太极一个人在上面独坐，标志着后金八王共治国政时代彻底结束，皇太极大权独揽、朝纲独断的序幕正式拉开。

鉴于莽古尔泰这次表现不错，老实听话，皇太极对其表示关怀，将以前罚没的 5 个牛录及其中的汉民、供役汉人的庄屯等，又都还给他。

莽古尔泰对皇太极感激涕零。

尽管皇太极把罚没的东西还给莽古尔泰，却没有恢复他的大贝勒爵位。但是让莽古尔泰感觉到，自从他主动要求不与皇太极并坐之后，这位刻薄的兄弟，似乎比以前对他更关心、更照顾、更体贴了。

星星还是那颗星星，月亮还是那个月亮。莽古尔泰已不是昨天的莽古尔泰，皇太极也不是昨天的皇太极。

莽古尔泰对皇太极又恨又怕，他在皇太极面前，只有老老实实地夹着尾巴做人，规规矩矩地按吩咐做事，才能保命、保住位子和待遇。否则，他就有被贬、下岗、失业，甚至像阿敏一样，被终身囚禁的危险。

莽古尔泰认账了，认命了，但是，皇太极却没有对他放松警惕。表面上，皇太极一改常态，对这位曾经的大贝勒尊重无比；背地里，他却派心腹之人，秘密收买莽古尔泰身边的人，监视他的一举一动，一言一行。

在皇太极看来，代善和莽古尔泰是服从他手里的权，而不是服从他的人。他们就是落入平阳的老虎，暂时虽然如猫，但只要不死，虎性就在，一旦回到山冈，就有可能成为林中之王。

只有他们从这个世界上彻底消失，皇太极才会对他们放心。这样的人，只有去了另一个世界，才不会对他的大汗宝座构成威胁。

两位大贝勒从皇太极身边消失，坐到皇太极下面。开会时，他们一改往日有一说一的态度，坚持“羊跟大帮不挨打，人随大流不挨罚”的原则，凡事都随大流，遇事唯上是举，不越雷池半步。

后金圈子里，暂时被皇太极收拾利索了，他回头又开始做扩大后金圈子的业务。

大凌河围城战役结束后，皇太极认为，大明政府树大根深，不是一斧子两斧子就能砍倒的。要想砍倒这棵大树，一要清理自家后院，二要清理后金圈子后院。这两个后院，不清理干净，后金就不可能专心伐明。

皇太极已经是爱新觉罗家族的家长，后金领导班子的班长，八旗军的首长，自家后院和谐稳定，不必操心。但是，后金圈子的后院——漠南蒙古察哈尔部，就让皇太极很不省心。

当时，在中国版图上，可以划为4个大圈子——明政府、后金政府、农民起义军政权和蒙古各个部落。

农民起义军政权的圈子，在明朝圈子里，不会影响到后金政府的利益。明政府自身难保，圈子内部乱套，也不可能对后金政府构成威胁。

蒙古各部落，按其游牧区域可分为三大部分：以戈壁大沙漠为界线，其南部称为漠南蒙古，也就是内蒙古，也叫喀尔喀蒙古；北部称为漠北蒙古或外蒙古；西部称漠西额鲁特蒙古。其中，漠南蒙古东边，与后金接壤，西边与明朝相邻。

林丹汗，是漠南蒙古察哈尔部的首领。他的祖先达延车臣汗，是成吉思汗的15代世孙。

元朝被朱元璋终结，蒙古贵族退出北京，在草原上形成了9个小圈子，其中包括敖汉、奈曼、巴林、扎鲁特、克什克腾、乌珠穆沁、浩齐特、苏尼特和鄂尔多斯。

这9个小圈子的领导虽是同一祖先的子孙，但为了自己小圈子的利益，他们经常相互残杀。结果杀来杀去，没有一个真正的赢家。最后，各个圈子都走了下坡路。

林丹汗成为察哈尔圈子的一把手之后，积极发展本圈子的力量，梦想着光复祖业，把蒙古的各个小圈子，融合成一个大蒙古圈子，重新建立统一的蒙古政权。

圈子里的一把手真正想干点事儿，就没有干不成的，除非他把圈子当成自己的私人作坊，干些以权谋私不务正业的事儿。

林丹汗经过几年的苦心经营，使察哈尔圈子的实力一度强盛，部富民丰，兵强马壮。其他蒙古各圈子，均不具备与他叫板、对抗的实力。

按理说，林丹汗恢复祖业，光复大元，是蒙古贵族的同一梦想。

但是，林丹汗仗着自己兵强粮足、能砍能杀能抢，便对其他蒙古小圈子，只使大棒子，不给胡萝卜，实行服者收之、不服者杀之的简单、粗暴政策，其所到之处，大肆施行N光政策。

林丹汗在那些已经臣服他的蒙古小圈主面前，根本没有当大汗的样子，却像个黑社会老大，无休止地向这些蒙古小部落吃、拿、卡、要，收保护费。只要小圈主们手里有他相中的人或物，必须上缴，否则，他就进行杀伐。

科尔沁部首领土谢图有一匹名叫“杭爱”的宝马，据说日行千里天不黑，夜走八百天不明。林丹汗听说后，便提出用一副甲胄与之交换。拿一副普通甲胄换一匹罕见的宝马，就等于拿一块砖头换一块黄金，傻子都不会换。土谢图不傻，但是怕打，只能咬牙含泪与之交换。

林丹汗派人把一副甲胄送到阿禄部，提出要与阿禄部首领济农换1000匹马，这不是明摆着欺负人吗？济农说：“你们拿一副甲胄换我1000匹马，认为是公平的；那么，我拿一副甲胄换你们10匹马，你们换不？”

使者不耐烦了：“我家大汗说公平就是公平，废什么话啊？我家大汗跟你做买卖，是抬举你，别敬酒不吃吃罚酒！我们的耐心是非常有限的！”

流氓会武术，谁见谁发憷。为了避免更大的损失，济农只能认栽，好说歹说，送上500匹马，才把那些爷爷打发走。

……

林丹汗仗势欺人，横征暴敛，导致蒙古各个圈子里的人，纷纷找到还能讲点道理的后金国做保护伞。

在努尔哈赤时代，林丹汗就一直和后金对抗。努尔哈赤采取笼络蒙古各个小圈子，孤立林丹汗的政策，使林丹汗不敢轻易向满蒙联盟宣战。

皇太极认为，要想让蒙古各部死心塌地地跟着他对付明政府，林丹汗这个橛子不能不拔。他得替蒙古各部出头，彻底消灭林丹汗，免去各蒙古部落的后顾之忧。

从皇太极对付明朝的战略上，这个林丹汗也是非除不可的。

林丹汗控制的漠南地区，处于明朝与后金之间具有重要意义的战略位置。林丹汗一直是后金、明朝的拉拢对象。由于后金政府罩着其他蒙古部落，林丹汗就倾向于明政府。被贪欲控制的林丹汗，从明政府那里也得到不少好处。

明政府认为，他们的最大敌人是后金，于是他们采取了“笼络西虏，控制东夷”的外交政策。虏，指蒙古各部落，主要是林丹汗；夷，指满洲女真。

林丹汗也清楚明政府拉拢他的目的，于是他也不客气，年年向明政府索要辛苦费，而且一年比一年多。从4千两白银增至4万、8万、14万两，最后要到黄金8万1千两。

明政府为了让林丹汗不捣乱，不添乱，每年除了给他黄金白银之外，还得送上牛羊、茶果、米谷、布匹，哄着林丹汗在明、后金之间保持中立，使明政府能集中精力对付后金。

贪财好色的林丹汗，中了明政府的糖衣炮弹，横在后金和明朝中间，理直气壮地吃、拿、卡、要，小日子过得非常舒服。

林丹汗舒服了，皇太极肯定不舒服。林丹汗的存在，让皇太极总感觉后金圈子后院有贼盯着，使他不能放心攻明。

因此，从这一点来说，林丹汗也是皇太极的眼中钉、肉中刺，不能不拔。

4. 泄密的代价

现在皇太极是后金圈子里说一不二的一把手，拥有绝对的支配权力。他想干什么，几乎是一呼百应，没有人敢反对。

皇太极挖空心思、绞尽脑汁要把三大贝勒赶下台，要的就是这种感觉。

皇太极提出要征讨林丹汗，群臣一致支持。现在后金圈子里的人，包括代善、莽古尔泰那样的老资格，阿巴泰、阿济格那样的心智不成熟者，都已经意识到，要想在后金圈子里混个好前途，态度比能力更重要。

无爱无恨无我紧跟一把手，不管是非对错支持一把手，才能保住现在的位置，将来获得更好的位置。

1632 年 3 月，皇太极向蒙古各个部落发函，提出满蒙联合，围剿林丹汗。这些蒙古部落饱受林丹汗的欺负，忍气吞声好多年。现在皇太极主动当带头大哥，向林丹汗宣战，他们自然是强烈支持。

经过一个月的筹备，于 4 月 1 日，后金军从沈阳起程，西渡辽河。不巧，辽河水暴涨。皇太极命人征集舟船，人马涉水过河。由于人多船少，后金军用了两昼夜，才全部过河。

过河之后，后金军走都尔鼻，过西拉木轮河，一路上有蒙古贝勒率队不断加入，到昭乌达时，满蒙联军集结完毕，总兵力达 10 万人。

在昭乌达，皇太极举行隆重的宴会，宴请蒙古各部贝勒。在宴会上，皇太极作了重要讲话，阐述了这次征讨林丹汗的重要意义。同时，他对集结快、带兵多的贝勒给予褒奖；对那些行动慢、带兵少的贝勒，提出严厉批评。

蒙古各部落的贝勒，早已领教过皇太极的手段，对皇太极怕得要命。最关键的是他们实力不济，要想在这片丛林里生存，就得仰仗这位大哥关照。所以他们对皇太极的褒奖或惩罚，皆叩首受命。

皇太极这次率满蒙联军围剿林丹汗，目的就是摧毁林丹汗的巢穴，一举拿下察哈尔，统一蒙古，让后金圈子的后院干净、无虞。

为了给林丹汗以毁灭性的打击，皇太极下令千里急行军。不到 20 天，满蒙联军已经行军将近 1200 里，越过大兴安岭，在大儿湖附近的公古里河扎营。

让皇太极感到失望的是，在 1200 里的追击中，他们连察哈尔人的人影都没看见。

不可一世的林丹汗跑到哪里去了呢？原来，在满蒙联军中，有两个林丹汗的卧底，在联军向漠南挺进时，他们事先向林丹汗提供了联军的行军路线及作战意图。

在 1628 年，皇太极即位后，就对林丹汗进行过一次围剿，打得林丹汗屁滚尿流。

林丹汗自知不是满蒙联军的对手，他更清楚，他一旦落入那些平时饱受他压榨、盘剥的蒙古贝勒手里，极有可能被碎尸万段。于是他通知本部人马，丢弃老巢向西转移。同时，他又派人对归化城里的富裕人家，以武力相逼，命他们带着财产、牲口过黄河。

也有人不愿意受林丹汗的奴役，从察哈尔部跑出来，向满蒙联军通报说，林丹汗携带部众，已经到了库黑得勒酥，距离联军驻地有一个月的行程。

满蒙联军长途奔袭，快速行军，供给无法保证。特别是联军在荒无人烟的大草原上无头苍蝇般四处狂奔，除了疲劳，一无所获，将士们心中对盲目行军渐渐滋生抵触情绪。

为了避免将士的不良情绪恶化，解决粮饷问题，缓解人马的身心疲惫，皇太极下令大军掉转马头，奔向归化城。

从公古里河到归化的途中，多是无人区，10 万人的吃喝成了大问题。从沈阳或其他蒙古部落调拨粮草，根本不可行。无奈之下，满蒙联军只能靠捕食猎物充饥。

大军来到一个叫朱儿格的地方，发现这里黄羊遍地，数不胜数。皇太极喜出望外，命令大军包围黄羊群，自己带头捕杀黄羊。

黄羊多，大军人数更多。几个时辰下来，满蒙联军就捕获数万只黄羊，暂时解决了吃的问题。

时值夏季，骄阳似火，天气炎热无比，饮水又成为联军无法解决的问题。因为是无人区，满蒙联军找不到河流、水井，士兵们干渴难耐，部队非战斗减员严重。

皇太极迫于无奈，只得让大军白天休息，夜晚行军，又导致很多人掉队。

5 月 23 日，满蒙联军达到木鲁哈喇克沁。皇太极见大军这样盲目奔波，一无所获，将士劳苦，非战斗减员严重，再这样下去，他这次出兵，将会遭到圈里很多人的质疑。

于是，皇太极把大军分成 3 路，分头行动。

左翼：由阿济格任总指挥，带领科尔沁、巴林、扎鲁特、喀喇沁、土默特、阿鲁等部的 1 万人马，进攻大同、宣府外围的察哈尔属地。

右翼：由济尔哈朗、岳托、德格类、萨哈粼、多尔衮、多铎、豪格率 2 万人马，向归化、黄河一带进军。

皇太极、代善、莽古尔泰老哥仨带领剩余的人马，按原计划行进。

3 路大军，按照每日 70 里的行进速度，扑向各自的目的地。5 月 27 日，皆准时到达各自目的地。

林丹汗不敢与满蒙联军正面交锋，在得知三路大军对他进行合围之后，惊慌失措，连夜向青海方向逃窜。

皇太极发动这次围剿林丹汗的战役，历时 40 天，战果是：斩 1 人，获 6 人、1 匹马、1 峰骆驼。

满蒙联军找不到林丹汗的主力部队，又受炎热天气困扰，无奈之下，皇太极只好命大军返回。

征讨林丹汗，是皇太极的决定。这次劳军伤财，一无所获，让皇太极很没面子。如果就这样灰头土脸地回去，在后金圈子里，他的权威肯定要大打折扣。

皇太极太了解这些贪欲横流的满人了。这些人出门不抢掠点儿财物，就像自己的财物被别人抢掠一样难受。更何况，经历 40

天千里奔袭，空手回家，不等于要了他们的命一样吗？

于是，皇太极决定，满蒙联军途经明朝的宣府、张家口等地时，让八旗军把对他的怨恨之气，全部发泄在明朝百姓身上，对其大肆抢掠一番，以转移贝勒们的注意力。

发动战争，总需要一个借口。没借口，也得制造一个借口。

皇太极派人要求明朝边境的守将，无条件地将他们收留的察哈尔零散部众，交给后金军。否则，后金军就要向明政府开战。

皇太极以为，明军守将不会答应他这个无理条件，谁承想，明军竟然把那些到明境避难的察哈尔人，如数交出。这让皇太极无法再以追讨察哈尔游民为由，制造矛盾，挑起战争。

没办法，皇太极只好把他的高参——宁完我、范文程、马国柱叫来，让他们想办法。

3 个人为此合计了一个晚上。第二天 3 人联名给皇太极上了一道奏疏。

“大汗想率军进入明朝腹地，又担心因此给后金军带来不良影响。明军对大汗言听计从，使大汗陷入两难境地。我们 3 人经过分析研究，认为现有 2 计可行。第一条是明显之计。办法如下：派人沿途张贴布告，告诉当地政府和百姓，林丹汗抛下他的子民，远走青海，我们要让流离失所的察哈尔人返回故土。假如让这些人走回去，恐怕路途遥远难以到达。因此向明政府和百姓暂借马、骡和驴，让察哈尔人乘坐。等我们与你们的皇帝议和成功，我们会将所借牲畜，如数奉还。如果明政府中了这条计，后金军不费吹灰之力，便获得大量骡马。

“第二条，名为乘衅之计。此计办法如下：命人给近边官员写信，要求他们在一定期限内，替后金政府向上级讲和。在北京方面，有很多朝臣是拒绝讲和的，边关守将自然不敢承担讲和的事情。在规定期限内，他们肯定完不成这项任务。到那时，是进是退，全由我们决定了。”

事实果真如 3 人所料。

八旗军利用这些借口，不但抢明朝百姓，还威逼宣府、张家口等地的明政府官员，送钱送物。这些对百姓如虎、对侵略者如鼠的官员们，为了保命保财产，便把纳税人的钱粮，恭送到满人手上。

满蒙联军，兴师动众地征讨林丹汗，结果白忙活一场。但是，后金圈子里人回到沈阳之后，都认为豪格在这次行动中，表现优异，成绩突出，奏请皇太极晋升豪格。

皇太极一直想提拔自己的儿子，可惜没有合适的机会和理由。这次，大家这么识趣，他就顺水推舟，把豪格从普通贝勒晋升为和硕贝勒。

5. 敲警钟的讲究

1632 年 8 月 8 日，六部衙门竣工，皇太极在各部门领导的陪同下，前去视察。视察完毕后，皇太极亲自给六部衙门负责人——吏部的多尔衮、兵部的岳托、刑部的济尔哈朗、户部的德格类、工部的阿巴泰和礼部的萨哈粼，分别颁发了银印。

颁发完银印之后，皇太极又把各部的启心郎召集到一起，作了重要讲话。

启心郎职位虽然不高，但责任不小。你们的主要责任，就是监督各部诸贝勒的工作。一旦你们发现他们在工作中存在过失，就应该公开批评。如有不服或者抵制者，你们就直接告诉我，只要情况属实，不论是谁，我绝对会严惩不贷。谁不努力工作，我就让他一辈子努力找工作。

要想正人，首先正己。作为启心郎，要想把工作做到位，就要对自己严格要求，事事、时时做得正确，才有资格去批评别人。不然，即使有我支持你们，人家也不一定心服口服。

从征讨林丹汗归来后，皇太极对后金圈里圈外再没有什么大动作，每天都是按时上下班，处理圈子里的琐事。

皇太极的那些亲信，基本上都是行伍出身，没有多少文化，现在成为六部衙门的负责人，坐在办公室里处理政务，都不太适应。除了多尔衮负责的吏部，岳托负责的兵部，德格类负责的户部还像回事儿以外，礼、刑、工部的事务，几乎是一团糟。

六部，乃是后金政府的政权核心。这些部门办事效率低下，推诿扯皮，甚至屡屡出错，必然会影响皇太极的执政效果。

皇太极看在眼里，急在心上。在后金圈子里，比六部负责人有才能、有思路、有效能的人，大有人在，但是，皇太极并不想更换。在他看来，忠诚大于能力，态度高于才干。

但是皇太极这些亲信的执政能力，确实不太像话，已经到了不管不行的地步。

为了提醒这几个人，皇太极还是用了一个巧妙的办法，选择一个恰当的时机，给各部的一把手间接地提了个醒——他对他们的工作很不满意。

10月10日，皇太极派人通知文馆的满汉儒臣、六部满汉启心郎，到内廷开会。与会者，没有六部的负责人。

皇太极亲自主持这次会议。

皇太极在会上说："各位都是满汉饱学之士，身怀治国、齐家、平天下的旷世之才。我后金政府，尚属初始阶段。开国的各位贝勒、大臣，虽说久经沙场，战功无数，但在治理国家上，却是新人、生手，他们的工作，自然会有很多不尽如人意的地方，还需要大家为了后金国的利益，不吝赐教。"

皇太极即位后，范文程、宁完我、高鸿中等人，从奴隶到将军，从底层到高层，自然对皇太极感恩戴德。

宁完我与众人不同，自从他被皇太极从奴隶提拔成将军后，一直把自己视为后金国第一文臣，皇太极的高参、诤臣。

皇太极设置六部后，并没有把六部的制度进一步完善。在宁完我看来，只设六部，不设六科，置通政，六部工作陷入混乱是必然的。

宁完我毫不客气地说："我们的六部，与明政府的六部比较而言，制度制定得不专业，不完善，各部负责人也不敬业，现出现这种混乱局面，是必然的。我曾多次公开上疏给大汗，要求立谏臣、更馆名，置通政等事，遗憾的是，每次我的上疏都如泥牛入海，有去无回。"

宁完我措辞激烈，不给皇太极留有丝毫情面，让皇太极的脸色一阵红一阵白。的确，关于进一步完善六部的管理制度，宁完我曾多次公开上疏，均被皇太极压下未办。

皇太极之所以压着不办，不是宁完我的建议不正确，而是皇太极对政改速度太快有所顾忌。那些大小贝勒本来就对满人汉化有抵触情绪，如果皇太极敢一下子取消努尔哈赤延续下来的"八王共治国政"，完全照搬明政府的"六部制度"，肯定会伤及大部分人的切身利益，从而激起众怒。皇太极的权势在八旗中尚未形成压倒性优势时，他绝对不想冒这个险。

这事皇太极没办法向宁完我解释。等宁完我发完牢骚之后，皇太极又问其他人："你们的意见呢？"

范文程说："自后金开国以来，特别是大汗当政以来，我国政府的管理制度日趋完善，各个部门人尽其才，物尽其用，使我国的政治、经济、军事上了一个新台阶。当然，任何事物不可能完美，我政府在管理上虽有瑕疵，但不足为虑。只要我们做臣属的紧密团结在大汗身边，后金逐鹿中原指日可待。"

索尼说："大汗雄才伟略，英明神武，高屋建瓴，非常人能及！

在我们看来，后金政府已经非常健康地运转，实在看不出还有什么问题。如果大汗看出问题，请大汗赐教，我们会按大汗的要求认真整改。”

其他人也纷纷发言，不过也是一些官话、套话、屁话。这些人，对六部的弊端，心知肚明，不敢说，也不想说。不是他们不负责，而是担心哪句话惹恼皇太极，耽误了自己的前途。

皇太极知道，这些肉麻的吹捧，对他治理国家百无一用，但他对此还是感到很舒服，很受用。

他干咳一声说：“自从设置六部以来，说句公平话，吏部、兵部、户部的工作还算过得去，其他 3 部的工作，就有点不尽如人意了，很多事务处理得很不得当。比如说，刑部处理狱讼，原告、被告都到位时，就应该立即拿出人证、物证，三头对案，自然会把案子搞个水落石出。如果当审不审，当办不办，一拖再拖，导致被告之间相互串通，互作伪证，还能做到公正公平吗？

“工部的工作，可能是六部中最差的。我认为出现这种情况，原因不外乎两个，一是主管贝勒不尽心，二是主持部务工作的承政不尽力。工作能力差，责任心更是问题。

“礼部工作也有不足。我们后金从无到有，从弱到强，经济、军事方面有了很大发展，与其相应的制度却没有跟上，拖了后金快速发展的后腿。

“以前，我曾多次告诫、提醒你们这些启心郎，不得干预部务。你们的主要工作，是监督他们的工作。如果他们办事不当，处理有误，就应该及时提醒他们。如果他们不听，可以向上级汇报嘛。你们是怎么做的？碍着情面，照顾关系，当和事老，好好先生，和稀泥，推太极。我告诉你们，你们这样做，也许你们是贝勒眼里的好人，却是后金的罪人，我的仇人。

“我听说，各部贝勒都不按时上班，经常在家里处理公务。如果果真如此，我们花那么多钱建设各部衙门干吗？我们是一个国家，不是私人作坊。一些人、一些话，在家里说，肯定是要走形变味的。像这种严重违纪行为，你们这些作监督工作的，为什么视而不见？是习惯还是习以为常？

“我把丑话说在前头。各部工作，如果不勤加处理，3年之后，我们按勤、能、德、绩考核，能者上，庸者下，决不姑息。到那时，被降职的贝勒、大臣、启心郎，就别说我面冷心黑。谁不为后金前途负责，我就不可能为他的前途负责。

“在这里，我要表扬一下英俄尔岱。英俄尔岱这个人，才能一般，脾气执拗，对本旗人还会走走后门儿。这样的人，我为什么还要点名表扬他呢？我认为，在这个世界上，十全十美的人不存在，有才的也许无德，有德的也许无能。我没指望你们德才兼备，只担心你们对工作不能尽心竭力。英俄尔岱虽然有这样或那样的不足，但是他工作思路清晰，责任心强，效率、效能都很高。在六部中，在尽职尽责方面，恐怕没有人超过他吧？我确实非常欣赏他。

“你们这些汉人启心郎，还是老毛病，好大喜功，说话、办事不能实事求是。你们动不动就劝我航海攻取山东，发兵夺取山海关。我告诉你们，南明是一头羸弱的骆驼，不是一只蚂蚁。我们的兵力有限，与南明作战，我们赢得起，输不起。没有必胜的把握，我们是不会贸然出兵的。你们别以为看过几本兵书，就以为自己是诸葛亮。我不采纳你们的意见，你们就牢骚满腹。你们这些建议，事实上是帮助南明，对我们百害无一利。我身经百战，对于打仗，比你们更有发言权。你们对军事不了解，以后这方面的事，就不劳你们费心，更不允许你们多嘴。

“做你们分内的工作，操你们应该操的心。如果我和贝勒们贪财好物，迷恋酒色，荒废政务，你们应该直言批评。我如果不接受，不改正，那就是我的错误了。”

虽然没有重量级贝勒参加，这次会议却开了很长时间，皇太极也说了很多、很重。那些自我感觉良好的人，一直以为他们在下面的小动作神不知、鬼不觉，没想到，他们的所作所为，都在皇太极的掌控之中。

这些人突然意识到，在后金圈子里，混是混不下去了。只有老老实实做人，规矩规矩做事，才能保住位置，才能有前途。

第十九章

无规则也是一种规则

1. 不能用正常人的思维揣测领导的想法

后金圈子里的人，正在反省自己、琢磨领导真正需要时，圈子里发生了7.8级的大地震，让每个人都感到脊背发凉。

1632年12月2日，一条令人震惊又难以置信的消息传出——莽古尔泰突患暴病，医治无效身亡，享年46岁。

据传，莽古尔泰临死前，非常痛苦，想说话却说不出来。

圈子里的大部分人，对莽古尔泰的死，都持兔死狐悲式的悲伤，没有人去想他为什么会死。只有岳托、德格类两个人，对莽古尔泰的暴死持怀疑态度。

他们的怀疑，不是没有道理。可以说，莽古尔泰是后金圈子里体格最壮、体质最好的人之一，虽然说上了年纪，但依然能吃能喝，健硕如牛。

莽古尔泰去世前一天，还和往常一样，和大家谈笑风生，畅想未来。

岳托、德格类，是皇太极“五大金刚”成员，在他们的斡旋之下，皇太极顺利即位。他们之所以拥护皇太极成为后金圈子里的一把手，就是看中皇太极的管理能力、领导能力。他们认为，后金圈子在皇太极的领导下，一定会在政治、经济、军事等方面，获得飞速的发展、质的飞跃。

皇太极即位之后的所作所为，让两个人看到了皇太极的另一面——贪婪、阴暗、龌龊、卑鄙、无耻、冷酷。在皇太极心目中，只有权、财、利，而无爱、情、理。

通过阿敏的永平事件、莽古尔泰的“御前拔刀”事件，让两个人看到，在皇太极的人生字典里，只有他的需要，不存在别人的生死。

今天，莽古尔泰离奇死亡，两个人认为，这与皇太极有着直接关系，肯定是皇太极运用了不为人知的手段，害死了莽古尔泰。

皇太极做的事，只有别人想不到，没有他做不到的。

岳托、德格类对此只能怀疑、猜测，他们找不到导致莽古尔泰非正常死亡的直接证据，也无法证明皇太极与莽古尔泰暴死有什么关联。

有一点，两个人承认，现在的皇太极与当初的皇太极，已经不再是同一副面孔了。

莽古尔泰去世，正蓝旗旗主的位置出现空缺。莽古尔泰的7个儿子，都有继承正蓝旗旗主的资格。

皇太极在讨论正蓝旗旗主人选的会议上说：“关于正蓝旗旗主人选，大家还应该本着为正蓝旗负责、为后金国负责的态度，全面衡量，认真考虑。先汗对旗主继承，有过明确的规定，我们必须遵守。但是，正蓝旗是八旗中的大旗，人口众多，财产庞大，事务繁多，只有德才兼备者才能担此大任。所以，未来的正蓝旗旗主，一定是有威望、有战功、对正蓝旗、对后金作出过巨大贡献之人。”

皇太极没说谁适合当正蓝旗旗主，但是他对于正蓝旗旗主人选，已经画了线，定了调子。诸贝勒心里很清楚，一把手要他们推荐德格类。于是诸贝勒一致推荐德格类接任正蓝旗旗主。

皇太极认为，德格类作为他的“五大金刚”之一，担任正蓝旗旗主之后，在八旗之中，除代善掌管的正红旗之外，其他七旗，均被他或者他的嫡系掌管。因此，他不能不同意德格类继任正蓝旗旗主之职。

到此时，皇太极基本控制了八旗。

德格类和岳托两个人，通过莽古尔泰的悲剧，发现他们一直尊重、敬佩、支持的皇太极，并不是他们心目中理想中的领导，最起码在人品上就不是。

两个人都是大局观非常强的人，在他们心目中，后金圈子的利益至上。只要皇太极能为后金圈子前途着想，他们还是能接受皇太极的龌龊和卑鄙的。

莽古尔泰去世，皇太极内心虽然高兴，但表面上却装出如丧考妣一般，不但过府吊唁、慰问家属，还拨款厚葬。

三大贝勒，阿敏被终身囚禁，莽古尔泰暴病身亡，只剩下政治脊梁被打断多次的代善，对皇太极不会再有威胁。后金圈子里，没有一个人能和皇太极相提并论。至此，可以说，在后金的圈里圈外，皇太极想打谁就打谁，想整谁就整谁，他有资本、有实力按照他的脾气办事了。

莽古尔泰死后，后金圈子里依然好事不断。

1633 年 5 月，明政府登州都元帅孔有德、总兵官耿仲明以及属下官兵航海来投。

7 月，岳托、德格类等贝勒，与石廷柱、孔有德、耿仲明率马步兵一万多人，攻克明政府的旅顺口。

10月，明朝广鹿岛副将尚可喜向后金政府投降。

这些名将率众投降后金，使后金的实力骤增，也使皇太极的野心不断膨胀，他再一次把目光转向明朝圈子。

1934年5月11日，皇太极召开贝勒、大臣扩大会议。

皇太极一改以前拐弯抹角的说话方式，开门见山地说："这次会议的主要议题是，我想再一次征讨南明。今天开会，就是请大家谈谈你们对此次出兵的看法。我要求大家畅所欲言，言之有物。"

诸贝勒和投降的明将，一致赞同攻打明政府。他们认为，现在后金兵强马壮，粮草充足。明政府软弱无能，有钱有粮无能人，不打白不打，打了也白打。

皇太极说："既然大家都认为此时攻打南明最合适，那么，我们应该从哪条路线进兵呢？"

贝勒大臣都认为走山海关。理由是，现在后金军兵力比以前多出数倍，又有强大的炮团支持，锦州有祖大寿潜伏。

皇太极和诸贝勒、大臣的意见正好相反，他有另一套算法。

皇太极说："打仗，不仅仅是为了一城一地。这就像下棋，不能在乎一步一子一样。我说过，南明是有200多年历史的大树，非一两斧子下去就能砍倒的。我们要想砍倒这棵大树，必须先挖其根，断其杈，折其枝。耐心、机会远比实力更重要。我认为，我们这次出兵，还是应该绕过山海关，取大同和宣府为上策。"

不识时务的宁完我，当场就提出反对意见。

"大汗，我的看法正好与你相反。如果照您所言，一斧子一斧子地砍伐明政府这棵200多年的老树，最终伤及的谁？是天下的百姓！我们几次进入明政府腹地，除了抢掠点人口、牲畜、财物，还落下什么了？恐怕就是天怒人怨了。得民心者得天下，我们图的是天下，不是那几包财物！所以，我坚持以讨伐腐败的明政府、拯救天下百姓于水火的名义，正大光明地攻打锦宁、山海关。”

宁完我再次当着众人的面，与皇太极唱反调，让皇太极很郁闷。

皇太极冷冷地说：“我是要考虑明政府属地子民，但我更要考虑八旗子民。宁完我的建议，也许正确，但不可行，最起码，现在不可行。”

济尔哈朗是个马屁精，拍马屁不留痕迹。他说：“大汗，奴才等愚昧迟钝，缺乏战略眼光。上一次，我们绕过山海关，是因为锦宁有硬骨头袁崇焕，而现在我后金军力已增数倍，祖大寿为我所用，锦宁无大将，我们为什么还要舍近求远呢？请大汗明示！”

皇太极说：“察哈尔的林丹汗横征暴敛，不得民心，我们替天行道，将他赶出老巢，他逃遁青海。大部分察哈尔人不愿远离故土，必然会前来归我。我们这次攻明，经察哈尔取大同、宣府，中途肯定会收服很多察哈尔人。”

多尔衮连连拍手说：“大汗深谋远虑，高瞻远瞩，我等佩服至极。”

皇太极听到此等吹捧，心里很舒服，故意卖弄说：“宣府，在秦朝时被称为上谷郡。明初，南明政府在此设开平卫，与辽左互为唇齿。宣府距离北京只有 300 里，我们占领此城，必然会对北京造成直接军事威胁，足以动摇南明政府的政治根基；大同，秦朝时被称为云中郡。明初，南明政府在此设大同府，朱元璋封一子为代王，在此镇守，可见其战略位置的重要性。现在，两地经蒙古人的不断冲击、破坏，边备损失严重；南明政府为了对付我们，抽掉两地之兵到山海关一带驻防，致使两地城池空虚，岌岌可危。”

济尔哈朗叹了一口气道：“大汗思维缜密，眼光独到，而我等总是用习惯性思维考虑问题。听大汗的分析，真令我等汗颜啊！”

众贝勒一致同意皇太极的建议，决定第二次绕过山海关防线，长途奔袭，直接攻打明朝圈子的腹地。

2. 写在卫生纸上的政令

1634年5月22日，皇太极率领大军出沈阳，渡辽河，到达都尔鼻。蒙古各部落的首领，带着本部的精锐骑兵及时到达。

皇太极为这次远征制定的16字作战方针是：抢掠为主，攻城为辅。相机而战，视情而行。因此，这次后金入关部队，几乎全是骑兵。

林丹汗败走青海，察哈尔部群龙无首。后金成为蒙古各个圈子的老大，已经是不争之实。在后金骑兵路过察哈尔时，果然不出皇太极所料，已成散兵游勇的察哈尔各部，纷纷主动归附后金。

为了更大范围地打击明政府，更严重地破坏明政府的经济，在行军途中，皇太极把满蒙联军，陆续分成4队，按不同路线入关，进行攻杀抢掠。

6月20日，德格类带领一支骑兵部队，从独石口入关，到朔州与大部队会合。

6月30日，代善、萨哈粼和硕托3人，带领一支骑兵部队，从得胜堡入关，经怀仁县，到朔州与大部队会合。

7月5日，阿济格、多尔衮、多铎3人，带领一支骑兵部队，从龙门口入关，经河北涿鹿，到朔州与大部队会合。

皇太极带领大队人马，从上方堡入关，经宣府、应州到大同。

皇太极对各路人马的要求是：严格遵守他的16字作战方针，以最小的伤亡代价，更多地掠夺明人的财富，最大限度地破坏明政府的经济，尽可能消耗明政府的军事实力。对于城镇，能攻取则攻取，一时攻不下即放弃，转而去别处。

这仗很好打，各位将领像导游一样，带着他们的团队，在明政府的领地上，免费旅游。

阿济格率兵从龙门口入边，直攻龙门，没攻下，转攻涿鹿。

代善父子入边后，攻怀仁县没攻下，再攻山西井坪，也没攻下，接着转攻朔州附近的马邑。

德格类率领的队伍，攻占了长安岭堡，又打赤城，遭到抵抗后，又攻保安州，在应州与皇太极的部队会合。

皇太极带领主力部队，进入长城之后，直取宣府，被明军炮火击退，转头围应州。明军守城，唯一的依仗就是城上的大炮，后金兵见炮火猛烈，掉头就走。在应州，后金军没有遭遇抵抗，便占领应州。

崇祯虽是明政府的一把手，名义上掌握着明朝圈子里的生杀大权，但是他无法驾驭这个烂圈子使其正常运转。明朝圈子里的大部分官员们，心里都是有家无国、有权无民，导致上级下达的政令很难执行。

在 6 月份，皇太极带兵入关的消息就已经被北京方面得知，并断定满蒙联军攻击的重点城市是大同和宣府。

崇祯让兵部给大同、宣府等地的守将下命令，要求周边各个城市进入一级警戒状态，做好战前的各种准备。谁负责的城市被攻破，负责人立即被重刑处死。

明朝圈子里的官员，当官的目的就是以权谋利，吸国家的骨髓和百姓的血汗，没有最贪，只有更贪，心思根本不在治一方水土、保一方平安上。

后金军路经之地的政府官员，基本上都是花钱买的官、跑来的官。他们把当官当生意做，敲诈下级，孝敬上级，中间截余。没有好处不办事，有了好处乱办事。

这些官员上任之后，考虑最多的不是为民办实事，而是利用国家的政策，巧立名目，盘剥百姓，中饱私囊。至于城区防务，备战练兵，一是不懂，二是不愿，导致兵慵将懒，军队毫无战斗力可言。

崇祯瞎着急，下面的人不着急。兵部 10 几次 800 里加急送达的文件，地方负责人把这些文件全当擦屁股的卫生纸了。

平日里花纳税人的钱，并对纳税人作威作福的大老爷们，根本不敢、也不想面对既要钱又要命的后金军。这些平日里满嘴忠君报国、仁义道德的父母官，得知后金军要攻打他们负责的城池时，要么紧闭城门，对后金打两炮，做做样子；要么领着老婆孩子，弃城不顾。

南山参将毛镔，接到上级通知去永宁开会，研究布防事宜。毛镔带领属下赶到永宁城下时，正赶上后金军逼近永平。无论毛镔作如何解释说明，永平守城负责人张将官死活不让他进城，理由是非常时期，要为城内百姓安全负责。

山西崞县地方官，听说后金军要攻打崞县，便带着家属跑到乡下避难。后金军一箭未发，便占领了崞县，把城里抢劫一空，仅财物就装了 300 多车。地方官听说后金军撤离后，又跑回来，向北京打报告说，经历血战，收复崞县，要求政府嘉奖。

二十几个后金兵，在山西崞县掠获 1000 多名妇女儿童，经过代州城下时，城上有千余名守军，被俘人群中，有很多是守兵的亲人。亲人相见，相互呼喊，哭成泪人。守将却不允许士兵开炮射箭。理由是，后金军只是路过。

皇太极这次带兵入关，历时 2 个多月，以宣府、大同为中心，在河北北部，山西北部、中部大肆杀掠，围攻大小城、镇、台、堡多达 50 多个，杀掠无数。

杀够了，也抢足了，后金军用马车、骡队载着财物，驱赶着人口、牲口，大摇大摆地出关东去，明兵纷纷行注目礼。

3. 谁永远是各种游戏的受益者

在这次入关抢掠过程中，皇太极发现，在八旗之中，存在着一个极大的问题。

由于主旗贝勒的经营能力、军事指挥水平不同，各旗参加抢掠次数、人数不等，导致每旗人口、战斗力不同。在战争中，各旗抢掠的能力、分到的财物也就不同。

皇太极派人调查过，在八旗中，最富有的是正蓝旗。正蓝旗，以前由莽古尔泰经营，莽古尔泰英勇善战，贪财好物，每次战斗他都带着正蓝旗人冲锋在前，搜刮在先。特别是皇太极即位以来，皇太极为了压制正蓝旗，制造各种理由，让正蓝旗当差、参战次数最多。这在一定程度上，让正蓝旗损失严重，但同时也增加了正蓝旗人掠夺财富的机会。

按理说，战争中所获财物，由八家均分，八家财富应该均等才是。但是，上有政策，下有对策，各旗主为了在战争中获得更多的财富，便利用手中的权力，绞尽脑汁，想尽办法，钻制度的空子，寻找一切机会，攫取额外的财富。

譬如，每次出征时，各位旗主总是私带家奴，或者旗中不在编制内的闲散无甲之人冒充护军。旗主这样做，就是让他们在掳掠中，多抢财物却不上缴。倘若这些人立了战功，让其他人冒领奖赏。

每旗中，上自主旗贝勒，下至牛录章京，在征战中掠取的马匹、金银等物，一般都是上缴一部分，藏匿一部分，截留于个人之手。

皇太极意识到，正白旗的多尔衮，正蓝旗的德格类，镶红旗的岳托，镶蓝旗的济尔哈朗，都是能征善战之辈，如果对其不加以限制，这四旗的富有程度、战斗实力，将来都要远远超过两个黄旗。这与两黄旗在八旗之中的特殊地位不相符。

在一个圈子里，一把手永远是各种游戏的受益者。或者，一把手想让谁成为游戏的受益者，谁就会受益。这与圈里人的能力无关。因为一把手是游戏规则的制定者，也是裁判者。

皇太极提出，在维护两黄旗在八旗中特殊地位的基础上，保证各旗均衡发展，要改变战争中俘获人、财、物的八家均分之法。

皇太极和他的智囊团，利用几天时间，便拟出八旗发展规划。规划如下：

一、各旗拥有牛录数额，一律定为30个。

二、如果某旗的牛录数额，超过30个，超出部分必须裁撤，拨给不足30个牛录的旗。

三、如果某旗的牛录数额少于30个，选择年轻力壮的人，作为牛录额真，根据其才能任命职务，让他和所管壮丁另居一堡，等以后俘获到人口再予补足。

皇太极拟就的八旗发展规划，明确限制了各旗的人口数量，每旗不得超过30个牛录，多退少补，不足也要设编制，这就保证了各旗人口数量均衡，避免出现一旗或几旗独大。

由于皇太极主管正黄、镶黄两旗，其他旗主在每次战争归来，或者大小节日，为了讨皇太极高兴，都会向皇太极孝敬人、财、物和牲畜，使两黄旗的灰色收入远比其他旗多得多。这样，在同等条件下，两黄旗的势力、实力，就会超过其他各旗。

济尔哈朗、多尔衮是后金圈子里比较“明白事儿”的人，每逢年节，都会准时给皇太极送钱送物，以表忠心。

最不“明白事儿”的，当属岳托和德格类。正蓝旗和镶红旗，是八旗中比较富裕的，但是这两个人却对皇太极没有任何表示。虽然皇太极不缺那点儿东西，但是作为上级的皇太极认为，下级送的不是东西，是态度。

自从莽古尔泰去世后，岳托和德格类尽管像往常一样上下班，工作上也没有什么瑕疵，但敏感的皇太极发现，这两个人对他的态度，似乎发生了微妙的变化，不知道是鄙视还是蔑视。这让皇太极很不爽，他认为他对两个人一直不薄。

以前，皇太极在岳托和德格类面前，一直标榜自己是一个虚怀若谷、高风亮节、大公无私、以后金圈子发展为己任的公仆式人物。在皇太极没即位，甚至在没掌握后金圈子实权之前，他一直在用行动证明，他的确是这样的人。

随着时间的推移，皇太极在后金圈子里的势力不断增长，岳托和德格类发现，皇太极是一个戴着伪善面具的魔术师。他们见过无耻的卑鄙的，但皇太极的无耻和卑鄙的程度，远远超出他们的想象。

圈子里所有的人，都会沦为这位高级魔术师实现目标的道具和牺牲品。

岳托和德格类意识到，只要皇太极需要，他们就是下一个阿敏或者莽古尔泰。皇太极是一个贪婪的嗜血鬼，越满足他，他就越贪婪。

他们无法阻止皇太极的卑鄙，只能提醒自己不再助纣为虐。

皇太极经过多年的经营，特别是在阿敏被囚、莽古尔泰莫名其妙地去世、代善蜕变好好先生之后，他已经成为后金圈子里集军政大权于一身的独裁者。

一把手独裁专断，圈子里的任何事，基本上都是一把手说怎么办就怎么办，没有人敢反对，哪怕一把手的行为动机是祸国殃民损人利己的。因为在独裁专断者面前，任何反对不但无效，反对者还要付出前途、职位，甚至身家性命的代价。

后金圈子里，很多人都清楚皇太极为什么要制定这样的制度，却没有人敢站出来说不，而且还一致表示，皇太极这样做，是功在当代，利在千秋的英明决策。因此，皇太极的改制报告，全票通过，立即执行。

在独裁者掌控的圈子里，圈子里的人，能做的只有三件事：一保命，二保职位，三谋利益。

这三件事的成败，都取决于一把手的喜怒哀乐。一把手高兴，不好办的事儿、不应该办的事儿都好办；一把手不高兴，好办的事儿、应该办的事儿，也不好办。

皇太极利用他的权力，名正言顺地限制了除两黄旗之外其他

6 旗的发展速度。其他 6 旗旗主对皇太极的用意，虽然心知肚明，但也无话可说。

4. 不想壮烈去死，就得窝囊活着

在后金政府发动第二次入关战争之后，特别是林丹汗病死他乡之后，群龙无首的察哈尔残部，纷纷到沈阳投诚。

1635 年 1 月 22 日，皇太极命人统计出察哈尔残部归顺后金政府的总人数，共计 3211 人，平均分配给八旗，并对 127 名大臣、191 名属官加以封赏。

林丹汗虽死，但察哈尔残部并没有完全投降，还有一批人继续跟着林丹汗的儿子额哲负隅顽抗。皇太极为了鼓励更多的察哈尔人来沈阳投诚，对已降者非常优待，不仅给他们分房分地安排工作，还隔三差五地请他们吃饭，目的就是让未投降后金的察哈尔人认识到，只有加入后金圈子，团结在皇太极身边，才会有出路。

皇太极经常请察哈尔人吃饭，把北京、大凌河城等地归顺的汉官晾在一边，让这些爱面子胜过爱性命的汉官心里很不是滋味。

这些汉官投降后金之后，被分到各旗。各旗的满人，从骨子里就瞧不起这些贪生怕死的汉官，所以这些汉官在后金圈子里过得并不如意，难免在背地里发些牢骚。

这些人的牢骚传到皇太极的耳朵里，皇太极才意识到，已经很久没请那些汉官吃饭了。这些汉官把面子看得比性命还重，被冷落久了，要出大事的。

于是皇太极在正式场合上，满脸歉意地说："近来察哈尔投诚的官员比较多，招待他们的次数也很多，导致我抽不出时间和北京、大凌河城归顺的将官吃个饭、聊聊天。我和他们没有沟通、交流，并不是因为我已经将他们忘记，而是我最近确实非常忙。明天，就明天，我请大家吃个饭，在一起好好地聚一聚、聊一聊。”

第二天，皇太极便在大殿内设宴，宴请在北京、大凌河城归顺的守备、都司级别以上的官员。

这些汉官，大部分人脸上都显得忧郁、憔悴，一副心事重重的样子。

皇太极见了，非常关心地问：“你们怎么是这个样子？是不是病了？”

众人都摇摇头。

皇太极又问：“是不是贝勒们没有给予你们相应的待遇？还是他们……”

众人集体答道：“贝勒们对我们都很好，照顾得也很周到。可能是我们初到塞北，水土不服的原因吧！我们的贱体，烦劳大汗挂念，真是折杀我们了！”

即使贝勒们对他们不好，他们也不敢当着皇太极的面说出来。人在矮檐下，就得猫着腰。既然没有壮烈死去的勇气，就得有窝囊活着的决心。

皇太极对众贝勒们说：“托上天的福，让你们这些能人志士归顺我们，帮助我们成就伟业。凡是与我们志同道合的人，我们都应该一体加恩，不分种族身份，不分先来后到。你们一定要体念我的心意。如果因为你们工作上的失误，导致先归顺我们的人，对我后金心灰意冷，那就别怪我对你们不客气。你们敢让他们过不好，我就能让你们过不好！”

众贝勒赶紧回应道：“对于这些人，我们一定遵照汗谕，加以恩养，不敢怠慢！”

皇太极说：“这年头什么最值钱？不是金银财宝，不是牲口地产，而是人才！得人才者得天下。我们要想把后金做大做强，各种人才不可或缺。现在无论满汉蒙回的官员，你们的首要、重要的工作，就是为政府发现人才，推荐人才。一旦你们发现的确有才能之人，不论出身，不论背景，不论是否担任过官职，都要举荐。举荐的人才，办事公道，有工作能力，就立即报送吏部。如果读书多，文笔好，品质不错，有一定的工作能力，就立即报送礼部。总之一句话，只要是人才，你们这些贝勒，都应该没有任何借口地推荐给我，我肯定量才适用。天下之大，德才兼备之人，少之又少，不允许我们忽视。一旦我们忽视，是要付出惨重代价的！”

皇太极一通人才论，就是想告诉这些汉官们，没事别抱怨，在我们后金，天高任鸟飞，海阔凭鱼跃。只要你们是人才，有能力，为后金统一大业作贡献，前途一片光明！

这些给点阳光就灿烂、给点洪水就泛滥的汉官，皇太极的一顿饭、一席话，又让他们找到归属感，纷纷给皇太极献计献策，以证明自己确实是人才。

皇太极要求贝勒们推荐人才的政策，又让投降后金的汉官们担心了。这些以人才自诩的人，担心皇太极的人才政策会招来真正的高人，从而占据他们一直惦记的位置。高山出现，就要挡住皇太极的视线。他们这些洼地，就可能永远沦为烂泥塘了。

宁完我上疏建议：对于推荐人才，应该制定更加严谨的制度。如果荐举的人才名不副实，要负连坐之责。

正红旗牛录章京许世昌提出四条建议：一、应该为先汗加上徽号，二、应该设置辅弼大臣，三、选拔人才应该谨慎，四、应该开放言路。

新归顺的生员杨明显，不甘寂寞，也提出建议。他认为，明政府腐败无能，内部政治混乱，后金政府应该迅速兵发北京，把崇祯赶下台。同时，他还建议，领导要对文武官员同等对待，以此收揽各种各样的人才。

八旗之中，也有非常多的人赞同对软弱无能的明政府出兵。在他们眼里，明政府就是人软、钱多，那么多金银、珠宝和美女，不抢白不抢，抢了也白抢。

这些汉官，在皇太极眼里能够称得上人才的人，也只有范文程、宁完我、高鸿中和鲍承先几个人，其他的那些人，基本上属于志大才疏、眼高手低，自以为读过几本书，就觉得自己是旷世奇才，说什么都能说得头头是道，事实上不过是纸上谈兵。

这些人建议皇太极挥师南下，少杀人或者不杀人，不战而驱明之兵，以德感动更多的汉官，让他们把大明江山拱手奉上。

皇太极看到这些人的建议，感觉又可气又可笑。明政府虽然是将倾的大厦，但明朝圈子里是民不聊生，不是官不聊生。别看明朝圈子里灾害连年，刀兵四起，可那些当官的，照样吃香的、喝辣的，过着纸醉金迷的生活。他们不会因为皇太极比崇祯会经营，就轻易地交出统治权。

皇太极觉得有必要给这些人开个会了。如果再允许这些不干正事儿的人胡说八道，后金圈子里那些没读过几天书的满人，就不知道什么是正确的事儿了。

5. 该干时会干是一种能力

皇太极把各部的承政召集在一起，开了一个小范围的会议。

会议由刑部承政高鸿中主持。

与会人员到齐之后，高鸿中说："近来，在后金政府中，对于出兵伐明一事，众说纷纭。特别是各旗的汉官、生员，要求政府尽快挥师南下。真可谓公说公有理，婆说婆有理。为了统一思想，大汗决定召开这个短会。对于是否出兵的问题，大汗将给出明确答复。希望在座各位回去以后，认真传达大汗在这次会议上的讲话精神，并落实到实际工作中去。下面，请大汗讲话！"

坐在主位上的皇太极，阴沉着脸，看看众人，干咳一声说："近来，汉官及生员们多次向我建议，南明已经到了垂亡之际，我政府应该迅速出兵，拯救天下百姓于水火。同时，他们还建议，出兵时，不要杀人以揽人心。没错，得人心者得天下，但我现在明确告诉大家，发动战争，出兵杀人，决不是我的本意，更不是我的习惯。我想问一问提出这样要求的人，两国交兵，你们可以让我们不杀对手，你们能制止对手不杀我们吗？如果战争中不存在杀伐、流血和死亡，谁会投降？谁会臣服？

“我带兵多年，可以说是战无不胜，攻无不克。在用兵驭众方面，恐怕我要比你们更有发言权。我认为，我们对明人正确的策略是，顽抗者杀之，归顺者养之。

“很多人都劝我，南明气数已尽，我后金应尽快出师成就大业。我可以明确告诉大家，统一天下，拯救苍生，是我毕生的追求。但是，急功近利，急于求成，乃治国者之大忌。两国交兵，不是拍脑袋工程，必须视时、视势而动！

“我国现在是什么情况呢？察哈尔刚刚归附，归顺人员尚未安置妥当，很多城池没有修整，粮草贮备不足以打消耗战。我们的人口、军队虽然比前几年多了十几倍，但是多出来的部分，都是刚刚归顺的汉民和蒙民，这些人，对我后金政府还处于观望状态。在这时仓促出兵，我们胜算的把握有多大？

“那些极力劝我出兵的人，口口声声要我顺应天意，推翻南明暴政，救民于水火，他们的真正意图是这个吗？我看未必！我看他们不过是想借出兵之机，浑水摸鱼，发战争财、国难财而已。对于军国利益，他们从来没有考虑过！

“这些天，我也没有闲着，反复考虑征讨南明的最佳时机。我现在有几个问题，想问问大家。一、察哈尔大部归顺我们，但是林丹汗的儿子还在，依然贼心不死，伺机与我后金为敌。这股力量，终究是我们的隐患，除不除，什么时候除？二、我们大军征明，南明皇帝迁都南京，我们是追他们，还是攻占北京？如果上天保佑，让我们占领了北京，我们如何管理那么大的城市？三、如果南明皇帝提出议和，我们拿什么办法应对？四、我们后金是一个十足的家族企业，各部门的领导，都和我沾亲带故，他们想发战争财，我拿什么限制？如果这四个问题没有找到合适的办法解决就盲目出兵，后果是非常严重的。高鸿中、宁完我、鲍承先和范文程，你们是我后金政府的智囊，会后针对我提出的问题，好好想一想，群策群力，拿出可行的办法，第一时间向我汇报。”

宁完我、高鸿中、鲍承先和范文程回去之后，凑在一起，连夜研究皇太极的讲话内容，想从中找到皇太极的真实意图。

很多人头脑发热，建议后金政府出兵伐明。会上，皇太极对此未置可否，只是提出一些伐明之后可能存在的问题。

这四个人，是非常了解皇太极的。他们分析完皇太极讲话中字里行间的意思之后，得出结论——现在，皇太极并不想马上伐明，而是想彻底收服察哈尔的残部，把林丹汗之子额哲的反动势力扼杀在摇篮之中，根除后金伐明的后顾之忧。

几个人分析出皇太极的真实意图之后提出，眼下后金政府最应该做的，不是伐明，而是进军漠南。理由是，林丹汗虽死，其部众大部分归附后金，但是，蒙古族人彪悍、无信仰、贪财善战，一切以利己为导向，降叛反复无常。

察哈尔部，属于蒙古族的黄金家族，成吉思汗的后裔，元帝的嫡支，现况虽然大不如前，但影响力、号召力还在。

蒙古族人最让人不放心的是，他们衰也容易，盛也容易。别看察哈尔部现在的势力不足为患，稍不留神，他们就可能形成一支让世人头痛的铁骑之师。

明政府为了牵制后金，不惜重金扶持察哈尔部，使察哈尔部成为明政府对付后金的右臂，一直拽着后金的尾巴。只要察哈尔部一息尚存，明政府还会扶持，使其成为毛文龙式的跳蚤，让后金痛痒不已。

如果彻底征服察哈尔部，就等于打开了明政府的北大门。明政府在山西方面的边防力量异常薄弱，后金军从山西进入中原，可以说轻而易举。到那时，满蒙联军骑兵的优势才能得到充分发挥。明政府面对行动迅速的后金铁骑，将会首尾难顾。

因此，这四位皇太极驾前的高参一致认为，后金政府应趁额哲残余处于风烛之时，彻底将其根除，为将来伐明免除后患。于是，宁完我把四人对察哈尔部的分析形成书面报告，报送皇太极。

他们的建议正中皇太极的下怀。

皇太极把这份报告转送各部。众人见皇太极不想伐明，便掉头支持皇太极进军漠南，围剿额哲残余势力。

在众贝勒思想统一之后，于1635年2月27日，皇太极命多尔衮、岳托、萨哈粼、豪格为统兵元帅，固山额真纳穆泰为右翼，吏部承政图格尔为左翼，率兵一万，到黄河以西围剿额哲残余势力。

欲知后金官场如何变幻，请看第二部。